Anthony de Mello

Von Gott berührt

Anthony de Mello

Von Gott berührt

Die Kraft des Gebetes

Herder
Freiburg · Basel · Wien

Titel des Originalwerkes:
CONTACT WITH GOD
Retreat Conferences
© Gujarat Sahitya Prakash, Anand, India, 1990

Aus dem Englischen übersetzt von
P. DR. RADBERT KOHLHAAS OSB

Dritte Auflage

Alle Rechte vorbehalten – Printed in Germany
© Verlag Herder Freiburg im Breisgau 1992
Herstellung: Freiburger Graphische Betriebe 1993
ISBN 3-451-22539-5

Vorwort

Wer Anthony de Mello (1931–1987) gekannt hat, wird sich erinnern, daß sein geistlicher Dienst verschiedene Stadien durchlaufen hat, die einerseits den Bedürfnissen der Menschen, für die er dasein wollte, und anderseits den Forderungen einer inneren Entwicklung entsprachen. Nach außen hin konnte man in ihm nacheinander den geistlichen Begleiter, den Therapeuten und den Guru erblicken; von seinem geistlichen Leben hat ein enger Freund das Wort von der „Entwicklung der Werte von der Heiligkeit über die Liebe bis hin zur Freiheit" gebraucht.

Diese Werte schließen einander natürlich nicht aus; auch waren die einzelnen Stadien nicht scharf voneinander getrennt. In der je verschiedenen Ausprägung seines Wirkens lag nicht nur ein Zusammenhang, sondern auch eine gewisse Einheit. Man könnte wohl sagen, er sei ein geistlicher Ratgeber nach bester christlicher Tradition gewesen. Auch könnte man geltend machen, der tiefste Grund für seine große Beliebtheit bestehe darin, daß er seinen Anfängen treu geblieben ist und als ein unvergleichlicher Wegbegleiter zu engerer Gottverbundenheit immer das richtige Wort fand.

So legen wir dieses Buch vier Jahre nach seinem frühen Tod seinen Lesern vor. Es enthält die Niederschrift einer Folge von Vorträgen bei einem Kurs „Geistlicher Übungen", die er selbst ausgearbeitet, aber nie aus der Hand gegeben hat. Auf die Frage, warum er sie nicht anderen zugänglich machen wolle, oder was er von unserer Veröffentlichung in diesem Buch halte, gibt es keine Antwort. Fest stehen dürfte jedoch, daß viele Menschen froh sein werden, diese Aufzeichnungen lesen zu können.

Der Text hat die Gestalt, in der ihn Tony uns hinterlassen hat; nur die Überschriften haben wir eingefügt und ein paar Flüchtigkeitsfehler korrigiert. Von einer Bearbeitung, etwa der Anrede, die hier immer die männliche Form wählt – ein Schönheitsfehler, der inzwischen als unverzeihlich gilt, wenn auch damit entschuldbar, daß die Vorträge ursprünglich vor Jesuiten gehalten wurden –, haben wir abgesehen. Die Vorträge behandeln drei klassische Grundthemen: Gebet, Buße und Christusliebe. Der Stil ist typisch Tony: prägnant.

So war er immer: er drängte sich nie auf, lud aber unwiderstehlich dazu ein, seine Erfahrung mit ihm zu teilen. So mag dieses Buch für viele zu einer Wiederbegegnung mit Tony werden. Es erscheint zum fünfhundertsten Jahrestag der Geburt des heiligen Ignatius von Loyola – 1491–1991 – und will wie dieses Jubiläum eine Einladung sein, tiefer in das geistliche Erbe dieses Heiligen einzudringen und zu „einer tiefen Verwurzelung in Gott" zu gelangen.

Parmananda R. Divarkar SJ

11. Der soziale Aspekt der Sünde 156

Bin ich für das Leid meines Bruders verantwortlich? *156* – Die Beichte *159*

12. Die benediktinische Gebetsmethode 164

13. Das Königreich Christi 170

1. Die Gnade, für seinen Ruf nicht taub zu sein *173* – 2. Die Gnade des Verstehens *174* – 3. Die dritte Gnade, um die wir bitten sollen, ist die, ihm unser Leben lang zu folgen *176*

14. Christus kennenlernen, ihn lieben und ihm nachfolgen 178

Christus kennenlernen *178* – Christus lieben *183* – Christus nachfolgen *184*

15. Betrachtungen über das Leben Christi 193

Die Heilung von Erinnerungen *202*

Anhang: Gebetshilfen 206

Der Leib beim Beten *207* – Non-verbale Kommunikation *209* – Ein Körper in Ruhe *211* – Das Problem von Spannung und Rastlosigkeit *215* – Ihre Lieblingshaltung *217* – Die Anfälligkeit unseres Gebetslebens *218* – Die Auswahl des Ortes zum Beten *219* – Immer am gleichen Ort beten: „heilige" Stätten *222* – Gebetshilfen: die Zeit *225* – Gebetsrhythmus: Kairós gegen Chrónos *226*

Inhalt

Vorwort 5

1. Den Heiligen Geist empfangen 11

Das dringendste Bedürfnis der Kirche *12* – Wie man den Heiligen Geist erhält *12* – Worauf es konkret ankommt: eine Haltung *14* – Worauf es konkret ankommt: eine Übung *16*

2. Die Ausgangsdisposition für „Geistliche Übungen" 19

Warum Exerzitien machen? *19* – Der Gotteshunger der Welt *21* – Praktische Ratschläge *22* – Das Verlangen nach Gott *26* – Großherzigkeit und Mut *29* – Bibelstellen *32*

3. Wie soll man beten? 35

Das Bedürfnis des Apostels nach Gotteserfahrung *35* – Die Identitätskrise *37* – Das Stillschweigen *38* – Worte der Heiligen zum Stillschweigen *39* – In der Gebetsschule Jesu *42* – Theozentrisches Beten *43* – Das Bittgebet *44* – Der Schlüssel zur Kunst des Betens *46* – Beim Beten Kind werden *49*

4. Ein Gebetskodex 51

Das erste Gebetsgesetz: der Glaube *52* – Das zweite Gebetsgesetz: die Vergebung *61* – Seinen Zorn „ausschwitzen" *63* – Wie man durch Gebet vergibt *64*

5. *Das Bittgebet und seine Regeln* 72

Die Macht des Gebetes: Narada *73* – Die „Theologie" des Bittgebetes *77*

6. *Weitere „Regeln" für das Beten* 82

1. Weltabgewandtheit *82* – 2. Großherzigkeit *83* – 3. Beten im Namen Jesu *83* – 4. Beharrlichkeit *85* – Das Bittgebet: eine Lebensform *87*

7. *Das Jesusgebet* 90

Wie man dieses Gebet praktiziert *97* – Die Macht der Namensanrufung *102* – Die Macht im Namen Jesu *105* – Die „psychologische" Begründung für diese Gebetsform *106* – Der Rosenkranz *111*

8. *Miteinander beten* 113

Hinweise für die Praxis *120* – Weitere Hinweise für die Praxis *126* – Hinweise für den Priester *129*

9. *Die Umkehr* 131

Umkehr: ein Weg zum Christuserlebnis *131* – Die Notwendigkeit der Umkehr *132* – Das Gespür für die Sünde *134* – Das Wesen der Umkehr *135* – Die Umkehr folgt der Christusbegegnung *137* – Bibelstellen *140*

10. *Die Gefahren der Umkehr* 141

Die Weigerung, sich etwas zu verzeihen *141* – Die maßlose Angst vor Gott *146* – Christus als Forderung erleben *153*

Heiligen Geist empfängt. Er hat gesagt: „*Wartet* auf die Verheißung des Vaters, die ihr von mir vernommen habt. Johannes hat mit Wasser getauft, ihr aber werdet schon in wenigen Tagen mit dem Heiligen Geist getauft ... Ihr werdet *Kraft empfangen,* wenn der Heilige Geist auf euch herabkommt, und ihr werdet meine Zeugen sein in Jerusalem und in ganz Judäa und Samarien und bis an die Enden der Erde."

Jesus hat gesagt, wartet. Wir können den Geist nicht hervorbringen. Wir können nur auf seine Ankunft *warten.* Und das ist etwas, das unserer Menschennatur in unserer Welt von heute sehr schwer fällt. Wir können nicht warten. Wir können nicht stillsitzen. Wir sind zu unruhig, zu ungeduldig. Wir müssen auf den Beinen und unterwegs sein. Wir würden eher stundenlang schwer arbeiten als unter Schmerzen bewegungslos auf etwas warten, das wir nicht im Griff haben; etwas, dessen Eintrittszeit wir nicht kennen. Wir müssen aber warten; so warten und warten und warten wir – aber nichts geschieht (oder vielmehr nichts, was wir mit unserem für geistliche Wirklichkeiten ungeschulten Blick wahrnehmen können), so daß wir des Wartens und des Betens müde werden. Das „Arbeiten für Gott" liegt uns mehr, und so ertrinken wir wieder in Geschäftigkeit. Doch der Geist wird nur denen geschenkt, die warten; denen, die Tag für Tag im Gebet Gott und sein Wort auf ihr Herz einwirken lassen; die Stunden um Stunden auf etwas verwenden, das für unser produktionsorientiertes Denken schiere Zeitverschwendung zu sein scheint.

In der Apostelgeschichte (1,4) lesen wir: „Als Jesus in ihrer Mitte war, gebot er ihnen, Jerusalem nicht zu verlassen. ‚Ihr müßt', sagte er, ‚auf die Verheißung meines Vaters warten...'" Geht nicht weg von Jerusalem. Noch einmal: Widersteht dem Drang, aufzubrechen und zu wirken, bevor ihr vom Handlungszwang befreit werdet, dem Drang, anderen mitzuteilen, was ihr selbst noch nicht erlebt habt. Wenn der Geist dann da ist, „werdet ihr meine Zeugen sein in Jerusalem ... und bis an die Enden der Erde." Aber nicht vorher, oder ihr werdet lügnerische Zeugen sein – oder bestenfalls „Drücker", doch nicht Apostel. Drücker sind ängstliche Menschen, die unter innerem Zwang andere zu überzeugen suchen, um ihre eigene Ängstlichkeit abzuschütteln.

Jesus hat gesagt: „Ihr werdet Kraft empfangen ..." Empfangen ist das richtige Wort! Jesus erwartet nicht von uns, daß wir Kraft erzeugen, denn eine Kraft wie diese kann man nicht erzeugen, wie sehr wir uns auch abmühen. Man kann sie nur empfangen. Dabei fällt mir das Wort eines jungen Mädchens ein: „Ich habe Dutzende von Seminaren mitgemacht, in denen ich wenigstens hundert herrliche Gedanken aufgegriffen habe. Was ich jetzt brauche, sind nicht mehr herrliche Gedanken. Ich brauche die *Kraft,* wenigstens einen dieser Gedanken in die Tat umzusetzen!" Deshalb ist auch ein Kurs „Geistlicher Übungen" nicht wie ein Seminar: für Referate und Gruppendiskussionen ist da kein Platz, viel Platz jedoch für Schweigen, Gebet und Verweilen in der Gegenwart Gottes.

Worauf es konkret ankommt: eine Haltung

Für Ihr Gebet morgen und in den nächsten Tagen möchte ich Ihnen eine Haltung und eine Übung empfehlen. Die Haltung ist die einer hochgespannten Erwartung. Der heilige Johannes vom Kreuz sagt, jemand erhalte so viel von Gott, wie er von ihm erwarte. Wenn Sie nur wenig erwarten, werden Sie gewöhnlich auch nur wenig erhalten. Wenn Sie viel erwarten, werden Sie viel erhalten. Brauchen Sie in Ihrem Leben ein Wunder der Gnade? Dann müssen Sie fest damit rechnen, daß ein Wunder geschieht. Wie viele Wunder haben Sie schon ganz persönlich erlebt? Keine? Das liegt nur daran, daß Sie keine

1
Den Heiligen Geist empfangen

Ich möchte diese „Geistlichen Übungen" in den Zusammenhang mit der Kirche und der Welt von heute stellen. Wir versammeln uns zu Schweigen, Gebet und Einkehr in einem Augenblick, in dem die Kirche sich in einer Krise befindet und die Welt verzweifelt nach Frieden, Entwicklung und Gerechtigkeit sucht. Kann man uns da nicht zu Recht den Vorwurf der Flucht machen? Dürfen wir uns den Luxus einer achttägigen stillen Einkehr leisten, wenn das Haus lichterloh in Flammen steht und selbst die letzte freie Hand zum Löschen gebraucht wird?

„Geistliche Übungen" sind anscheinend auf den ersten Blick wirklich so etwas wie Luxus und Flucht. Doch ist es der Luxus, den sich ein General gestattet, der sich aus der vordersten Linie zurückzieht, um Zeit zum Überlegen zu gewinnen und einen wirkungsvolleren Plan zu entwickeln. Es ist eine Art von Flucht, die uns befähigt, unsere Tatkraft zu stärken, unsere Herzen zu weiten, unseren Blick zu schärfen und Kraft zu schöpfen, um sich mit um so größerer Hingabe den Aufgaben zu widmen, die Gott uns in der Welt zugewiesen hat. Dag Hammarskjöld, ein Mystiker, der es zum Generalsekretär der Vereinten Nationen brachte – er verunglückte 1961 –, hatte ganz recht, als er in sein Tagebuch notierte: „In unserer Zeit führt der Weg zur Heiligkeit unausweichlich durch die Welt der Aktion." Wir versenken uns in Kontemplation und beten, um Atem zu schöpfen und entschiedener zur Ehre Gottes und zum Wohl der Welt zu *handeln*.

Das dringendste Bedürfnis der Kirche

Die Kirche macht eine Zeit des Chaos und der Krise durch. Das ist nicht unbedingt schlimm. Eine Krise fordert zum Wachstum heraus. Das Chaos ist die Vorstufe der Schöpfung, vorausgesetzt – und das ist eine gewaltige Voraussetzung – der Geist Gottes schwebt über ihm.

Was die Kirche heute am dringendsten braucht, sind nicht neues Recht, neue Theologie, neue Strukturen, neue Liturgien – sie alle sind ohne den Heiligen Geist ein leb- und seelenloser Leib. Wir benötigen verzweifelt jemand, der uns unser Herz aus Stein nimmt und ein Herz aus Fleisch gibt; wir benötigen wieder eine Infusion aus Begeisterung, Eingebung, Mut und geistlicher Kraft. Wir müssen ohne Entmutigung oder Zynismus zu unserer Aufgabe stehen, mit neuem Glauben an die Zukunft und an die Menschen, für die wir wirken. Mit anderen Worten: Wir brauchen eine neue Herabkunft des Heiligen Geistes. Um es noch konkreter zu sagen, wir brauchen Menschen, die vom Heiligen Geist erfüllt sind ... Deshalb machen wir diese Exerzitien. Wir ziehen uns in derselben Haltung und Erwartung zurück, in der die Apostel sich vor dem Pfingstfest in das Obergemach zurückgezogen haben.

Wie man den Heiligen Geist erhält

Nichts ist gewisser als dies: Der Heilige Geist ist kein Erzeugnis irgendwelcher Bemühungen unsrerseits. Man kann ihn sich nicht „verdienen". Wir können absolut nichts *tun,* um ihn zu erlangen. Er ist reines Geschenk des Vaters.

Wir stehen da vor demselben Problem wie die Apostel. Auch sie haben, wie wir, für ihr Apostolat den Heiligen Geist gebraucht. Jesus hat sie unterwiesen, wie man den erwartet haben. Gott läßt Sie nie im Stich, wenn Sie große Hoffnungen auf ihn setzen; vielleicht läßt er Sie warten, vielleicht kommt er aber auch sofort; oder er kommt plötzlich und unverhofft wie – um mit Jesus zu sprechen – „ein Dieb in der Nacht". Aber kommen wird er sicher, wenn Sie damit rechnen, daß er kommt.

Man hat zu Recht gesagt, *die* Sünde gegen den Heiligen Geist bestehe darin, nicht mehr daran zu glauben, daß er die Welt verändern kann, nicht mehr daran zu glauben, daß er mich verändern kann. Hier haben wir es mit einem gefährlicheren Atheistentyp zu tun als bei dem Mann, der sagt: „Es gibt keinen Gott", denn während er sich einredet, er glaube an Gott, hat er sich von einem praktischen Atheismus blenden lassen, den er kaum wahrnimmt. Er sagt: „Gott kann mich nicht mehr ändern. Er hat weder den Willen noch die Macht, mich umzuwandeln, mich von den Toten zu erwecken. Das weiß ich, ich habe nämlich alles versucht. Ich habe so oft Exerzitien gemacht, mit solcher Inbrunst gebetet, so viel guten Willen gehabt – aber nichts ist geschehen, genau nichts."

Der Gott dieses Menschen ist, im Grunde genommen, ein toter Gott – nicht der Gott, der uns durch die Auferweckung Jesu von den Toten gezeigt hat, daß ihm nichts unmöglich ist. Oder, um mit dem schönen Pauluswort über Abraham aus dem Römerbrief (Kap. 4) zu sprechen, der Gott, dem Abraham geglaubt hat, „der Gott, der die Toten lebendig macht und das, was nicht ist, ins Dasein ruft, als ob es schon da wäre. Als alle Hoffnung aussichtslos zu sein schien, war sein, Abrahams, Glaube so, daß er der ‚Vater vieler Völker' geworden ist nach dem Wort, das an ihn ergangen ist: ‚So zahlreich sollen deine Nachkommen sein.' Ohne im Glauben schwach zu werden, hat er bedacht, daß sein eigener Leib so gut wie tot war, denn er war etwa hundert Jahre alt, und daß Saras Mutterschoß erstorben war. Und er zweifelte nie an der Verheißung Gottes, sondern stark im Glauben, erwies er Gott die Ehre, fest davon überzeugt, daß Gott die Macht besitzt zu tun, was er verheißen hat."

Worauf es konkret ankommt: eine Übung

Ich schlage vor, einmal sorgfältig die Verse 1–13 aus dem 11. Kapitel des Luksevangeliums zu lesen. Lesen Sie die Perikope wieder und wieder und fragen Sie sich: Wie stelle ich mich zu den Worten Jesu: „Wieviel mehr wird der Vater im Himmel den Heiligen Geist denen geben, die ihn bitten!"

Warten Sie, bis Sie spüren, daß Ihr Glaube an Jesu Wort ausreicht, wirklich in aller Zuversicht den Heiligen Geist zu erbitten. Und dann – *bitten Sie!* Bitten Sie immer wieder, bitten Sie ernstlich, bitten Sie immer dringlicher, sogar unverschämt wie der Mann, der um Mitternacht bei seinem Freund anklopft und sich nicht mit einem *Nein* abwimmeln läßt. Es gibt Dinge, die wir von Gott nur mit der Einschränkung: „Wenn das dein Wille ist", erbitten können. Hier steht keinerlei Einschränkung. Es ist eindeutig Gottes Wille, seine ausdrückliche *Verheißung,* Ihnen den Geist zu geben. Es fehlt nicht an seinem Wunsch, Ihnen den Geist zu geben, sondern (a) an Ihrem Glauben an seine Absicht, Ihnen den Geist zu geben, und (b) an der beharrlichen Bitte Ihrerseits.

Verwenden Sie also unbedenklich eine Menge Zeit darauf, einfach zu bitten, unermüdlich zu bitten. Sagen Sie etwa: „Gib uns den Geist Christi, Herr, denn wir sind deine Kinder", oder, „Komm Heiliger Geist, komm, Heiliger Geist." Jedes Stoßgebet ist recht: sprechen Sie es langsam, gesammelt und eindringlich. Sprechen Sie es hundertmal, tausendmal, zehntausendmal.

Oder bitten Sie ohne Worte. Schauen Sie still und in einer Gesinnung des Bittens zum Himmel auf oder zum Tabernakel. Wenn Sie allein auf Ihrem Zimmer sind, können Sie diese Bitte auch mit Ihrem ganzen Körper zum Ausdruck bringen: die Hände zum Himmel erheben oder sich mehrmals zu Boden werfen.

Das ist vielleicht keine „Meditation". Es mag Ihnen keine großen Einsichten oder „Erleuchtungen" bringen. Aber es ist *Gebet*. Und die Gabe des Heiligen Geistes ist die Antwort auf eindringliches *Beten,* nicht das Ergebnis klug ersonnener Meditationen. Beten Sie, nicht nur für sich persönlich, sondern alle, für den ganzen Kurs. Sagen Sie nicht nur: „Gib mir", sagen Sie auch: „Gib uns".

Und wenn Sie wollen, daß Ihr Beten seine größte Kraft und Inständigkeit erlangt, tun Sie, was die Apostel getan haben, als sie vor dem Pfingstfest den Heiligen Geist erwarteten – beten Sie mit Maria. Die Heiligen versichern uns, nie habe man gehört, daß jemand, der ihre Fürsprache gesucht oder seine Zuflucht zu ihr genommen hat, im Stich gelassen worden ist. Sie können sich diese Erfahrung der Heiligen zu eigen machen, wenn Sie sich in all Ihren Nöten an Maria wenden. Dann werden Sie das nicht aus den Worten der Heiligen erfahren, sondern weil Sie es selbst gespürt und erlebt haben. Weihen Sie diese „Geistlichen Übungen" Maria, der Mutter Jesu. Beginnen Sie sie mit der Bitte um ihren Segen. Sie werden feststellen, welch einen Unterschied das ausmacht.

Schließlich nenne ich Ihnen noch ein paar Psalmen, die Ihnen bei der Formulierung Ihres Bittgebetes um den Heiligen Geist hilfreich sein können: *Psalm 4:* Nur das Leuchten deines Angesichts kann uns Freude bringen. *Psalm 6:* Du aber, Herr, ... wie lange noch? Ich weine jede Nacht. Wende dich mir zu, Herr, ... wie lange noch? *Psalm 12:* Wie lange noch verbirgst du dein Gesicht vor mir? *Psalm 15:* Mein ganzes Glück bist du allein. *Psalm 23:* (zweite Hälfte) Laßt einziehen den König der Herrlichkeit. *Psalm 26:* Nur eines erbitte ich vom Herrn, danach verlangt mich ... Nur danach verlangt mich – im Haus des Herrn zu wohnen. Dein Angesicht, Herr, will ich suchen. *Psalm*

32: Unsere Seele hofft auf den Herrn. An ihm freut sich unser Herz. *Psalm 37:* All mein Sehnen, Herr, liegt offen vor dir, mein Seufzen ist dir nicht verborgen. *Psalm 41:* Meine Seele dürstet nach Gott. Tränen waren mein Brot bei Tag und bei Nacht. *Psalm 42:* Warum bist du betrübt? Harre auf Gott. *Psalm 62:* Nach dir schmachtet mein Leib wie dürres, lechzendes Land ohne Wasser. Ich denke an dich auf nächtlichem Lager. *Psalm 129:* Meine Seele wartet auf den Herrn mehr als die Wächter auf den Morgen. *Psalm 136:* An den Strömen von Babel, da saßen wir und weinten, wenn wir an Zion dachten.

Vielleicht wollen Sie sich an den einen oder anderen dieser Psalmverse halten und Ihr Herz in Worten vor Gott ausgießen, die er selbst uns gegeben hat, um ihn damit anzureden. Sie werden die Kraft besitzen, Ihren Glauben zu wecken und für Sie zu erwirken, worum Sie bitten.

2
Die Ausgangsdisposition für „Geistliche Übungen"

Warum Exerzitien machen?

Es ist sehr nützlich, die Erwartungen, mit denen jeder „Geistliche Übungen" beginnt, zum Ausdruck zu bringen. Ich habe schon öfter an gruppendynamischen Gesprächsrunden teilgenommen, in denen jeder Teilnehmer zuallererst aufgefordert wurde, seine Erwartungen und Befürchtungen zu äußern. Was befürchten Sie in dieser Begegnungsrunde? Stellen Sie sich vor, Sie verabschiedeten sich nach Abschluß der Gesprächsrunden von der Gruppe; was hätten Sie gern von ihr profitiert? Anders ausgedrückt: was versprechen Sie sich konkret von diesem gruppendynamischen Treffen? Solche Fragen sind sehr hilfreich zur Klärung der Ziele und zur fruchtbareren Teilnahme am gruppendynamischen Prozeß.

Ich empfehle jedem, sich das ebenso zu fragen und es in sein Beten aufzunehmen. Fragen Sie sich: Habe ich irgendwelche Befürchtungen bezüglich dieser „Geistlichen Übungen"? Welcher Art sind sie? Gehe ich in diese „Geistlichen Übungen" mit bestimmten Erwartungen? Mit welchen, konkret?

Solche Erwartungen können sehr unterschiedlich sein: Die einen möchten ihr Gebetsleben vertiefen, andere einen Fehler ablegen oder sich von einer maßlosen Zuneigung oder Furcht trennen; wieder andere suchen Klarheit über das, was Gott von ihnen will. Haben Sie sich erst einmal Ihren Ängsten gestellt und Ihre Erwartungen konkret formuliert, wird wohl mit Ihrem geistlichen Begleiter zu erörtern und zu überlegen sein, was Sie tun sollten, um während dieser Exerzitien Ihre Ziele zu verwirklichen.

Eine sehr berechtigte Erwartung, die man an „Geistliche Übungen", wie ich sie anbiete, stellt, läuft auf die Gotteserfahrung hinaus, auf die tiefere und intensivere Begegnung mit ihm. Dies ist ein „Geistlicher Übungskurs", kein Seminar. Infolgedessen ist er darauf angelegt, nicht Theologie, nicht einmal „Spiritualität", zu vermitteln, sondern eine Erfahrung: das Gotteserlebnis, das Erlebnis, sich in ihn zu verlieben und zu spüren, tief von ihm geliebt zu sein. Solch ein Erleben wird in Ihrem Herzen bewirken, was noch so viel Theologie oder Gelehrsamkeit nicht fertigbringen, so gut und nützlich sie am rechten Ort und zur rechten Zeit auch sind.

Wir brauchen in unserem Leben diese Erfahrung, wenn wir andere nicht nur für Gottesformeln, sondern für Gott selbst gewinnen wollen. Wie können wir andere Gott oder Jesus Christus nahebringen, wenn wir ihn selbst nie kennengelernt haben? Die Welt von heute kann nicht noch mehr Worte ausstehen. Der Markt ist überschwemmt von Büchern und immer mehr Büchern; von Ideen und Ideen, Reden und Reden. Worauf die Welt wartet, ist das *Tun* und die *Erfahrung*. Das Gerede von Gott kann sie nicht mehr hören. Die Welt von heute sagt: Zeig mir, wo ist denn euer Gott? Kann ich ihm in meinem Leben begegnen? Wenn nicht, was habe ich dann von ihm? Wenn ja, wie? Wo? Die Welt von heute wird mehr und mehr gottlos. Wie läßt es sich beweisen, daß Gott existiert? In einem Hindu-Text heißt es sehr prägnant: „Der schönste Beweis für seine Existenz ist die Vereinigung mit ihm." Wenn wir anderen zur lebendigen Vereinigung mit Gott und zu dem Frieden und der Freude verhelfen können, die dieses Erleben mit sich bringt, wird es uns längst nicht mehr so schwerfallen, Atheisten zu Gott zu führen.

Der Gotteshunger der Welt

Bevor Charles Davis aus der Kirche austrat, veröffentlichte er in der Zeitschrift „America" einen Artikel, der im Rückblick besonders treffend zu sein scheint. Er schrieb: Nach dem Zweiten Vatikanischen Konzil war ich begeistert, daß jetzt Aussicht bestand, die Kirche zu erneuern, ihre Strukturen auf den jüngsten Stand zu bringen und zu verändern. Die Säle waren überfüllt, wenn ich über die großartige neue Theologie des Zweiten Vatikanums sprach mit ihren reichen Möglichkeiten des Aggiornamento und der Reform. Doch allmählich ging mir auf, daß all die Gesichter, die zu mir aufschauten, keine neue Theologie suchten: sie suchten Gott. Sie schauten nicht zur mir als Theologen auf, der mit einer Botschaft kam, sondern zu dem Priester, der ihnen vielleicht Gott bringen könnte. Sie hatten offensichtlich Hunger nach Gott. Ich mußte dann immer in mich gehen und mit sinkendem Herzen feststellen, daß ich ihnen Gott nicht bringen konnte; ich hatte ihn ja selbst kaum! In meinem Herzen herrschte gähnende Leere – und je mehr ich in Anspruch genommen war von Dingen wie Kirchenreform und Erneuerung der Strukturen, selbst von liturgischer Erneuerung, Bibelstudien und Seelsorgsmethoden, um so leichter war es für mich, Gott und der Leere in meinem Herzen zu entfliehen.

Das ist mehr oder weniger der Kern dessen, was Charles Davis in seinem Artikel zu sagen hatte. Wie viele müssen zugeben, daß auch für sie zutrifft, was er offen von sich bekannt hat? Wenn der Priester, ausgestattet mit allen erdenklichen Gaben, zur Welt von heute kommt, aber die unmittelbare, persönliche Gotteserfahrung nicht besitzt, wird die Welt sich einfach weigern, sein Sprechen von Gott ernst zu nehmen, und für ihn als Priester kaum Verwendung haben, wie sehr sie ihn als Pädagogen, Philosophen oder Naturwissenschaftler auch schätzen mag.

Was die moderne Welt, zumal die jüngere Generation, uns heute sagt – „Red' nicht bloß daher – zeig mir" –, ist nichts anderes als das, was Indien uns schon seit Jahrhunderten sagt. Ich entsinne mich, wie P. Abhishiktananda mir vor ein paar Jahren den Ausspruch eines Hindu-Heiligen wiederholte, den er in Südindien getroffen hatte: „Ihr Missionare werdet bei uns nie etwas ausrichten können, wenn Ihr nicht als Gurus zu uns kommt."

Ein Guru ist ein Mann, der nicht bloß über das redet, was er sich angelesen hat, sondern aus der Gewißheit seiner eigenen religiösen Erfahrung spricht. Er führt seine Jünger mit sicherer Hand, denn er führt sie Wege zu Gott, die er selbst gegangen ist und nicht nur aus Büchern kennt. Es wird uns wenig nutzen, unseren Hindu-Brüdern etwas von der Erfahrung eines heiligen Johannes vom Kreuz zu erzählen, dessen Werke in unseren Bibliotheken stehen und auf den wir mit gutem Grund stolz sind. Sie werden Interesse zeigen, aber nicht beeindruckt sein und werden sagen: „Das ist schön. Und wie haben Sie Gott erlebt? Sie kommen zu uns mit Theologie, Liturgie, Bibel und Kirchenrecht. Aber hinter all diesen Riten, Worten und Begriffen befindet sich eine Wirklichkeit, für die die Riten ein Symbol sind und für die die Begriffe nicht ausreichen. Stehen Sie in direkter Verbindung mit dieser Wirklichkeit? Können Sie mich mit ihr verbinden?"

Praktische Ratschläge

Wenn die Gotteserfahrung eine Ihrer Erwartungen ist, sind diese „Geistlichen Übungen" für Sie das Richtige. Ich werde Ihnen im Laufe des Kurses eine Reihe von Ratschlägen geben, die Ihnen helfen sollen, sich für die Gotteserfahrung bereit zu machen, zu beten und den Umgang mit Gott zu intensivieren. Dazu möchte ich Ihnen schon jetzt ein paar Ratschläge geben:

1. Beobachten Sie den ganzen Tag strenges Stillschweigen:

Noch vor ein paar Jahren war es selbstverständlich, daß man die Stimme Gottes am besten in der Stille hört; daß man bei Exerzitien schweigen sollte. Für viele ist das nicht mehr selbstverständlich. Die Übung des Schweigens betrifft eher das Ohr als die Zunge. Wir zügeln unsere Zunge, um besser hören zu können. Wie schwer ist es, leise Laute wahrzunehmen, wenn wir reden! Und Gottes Stimme ist sehr zart und fein, zumal für Ohren, die nicht mit ihr vertraut sind. Wenn Ihre Ohren nicht gewohnt sind, Gottes Stimme zu hören, brauchen Sie das Schweigen erst recht. Ein Dirigent hört den Ton eines so zarten Instruments wie der Flöte im Orchester sogar mitten aus dem Dröhnen von hundert Instrumenten heraus. Ein ungeübtes Ohr muß man aber für geraume Zeit einzig und allein auf die Flöte richten, damit es sie dann deutlich aus dem Orchester heraushören kann. Auch wir müssen geraume Zeit schweigend auf die Stimme Gottes lauschen, wenn wir sie dann aus dem Lärm der Straße heraushören sollen.

Der heutige Mensch scheut das Schweigen ganz besonders. Es fällt ihm schwer, für sich allein innezuhalten. Immer drängt es ihn, in Bewegung zu sein, etwas zu unternehmen und etwas zu sagen; er kann nicht darüber hinwegtäuschen, und so ist denn sein Handeln meistens nicht frei, schöpferisch und dynamisch, wie er gern annimmt; es ist zwanghaft. Wenn man lernt, innezuhalten und zu schweigen, wird man *frei*, zu handeln oder nicht zu handeln, zu reden oder nicht zu reden, und menschliches Reden und Handeln erlangen dann neue Tiefe und neue Kraft.

Der heutige Mensch steckt mit seinem Hang zur Oberflächlichkeit in einer ernsten Krise. Er kann nicht mehr tief in sich gehen. Sobald er es versucht, wird er aus seinem Herzen gleichsam herausgeschwemmt, so wie die See eine Leiche ans Ufer spült. Ein Autor hat dies sehr treffend beschrieben: Der Mensch kann nur glücklich werden, wenn er zu den Quellen des Lebens in den Tiefen seiner Seele gelangt; doch wird er dauernd aus seinem Zuhause verbannt und aus der stillen Klause seines geistlichen Lebens ausgeschlossen. Somit hört er auf, Person zu sein. Der Dichter Khalil Gibran sagt: „Man redet, wenn man nicht mehr mit sich selbst in Frieden lebt. Und wenn man nicht mehr in den Tiefen seines Herzens wohnen kann, lebt man auf seinen Lippen. Dann wird Getön zum Vergnügen und zum Zeitvertreib."

Möchten Sie mit einem einfachen Test feststellen, wie sehr Sie selbst der Krise der Oberflächlichkeit erlegen sind? Prüfen Sie einmal, ob Sie sich im Schweigen wohlfühlen. Wieviel Schweigen können Sie ohne den Drang zum Reden ertragen? Das ist freilich bei weitem nicht das einzige Kriterium für Tiefgang, aber ein zimelich gutes.

2. Vermeiden Sie Lektüre

Vermeiden Sie alle Lektüre außer der Heiligen Schrift und Büchern, die eindeutig das Beten fördern, wie etwa die „Nachfolge Christi". Ein Buch kann eine Hilfe für das Beten sein. Doch während „Geistlicher Übungen" verhindert es oft das persönliche Gegenüber mit Gott. Man kann seinen Kopf so in einem Buch verstecken, wie man seinen Kopf hinter einer Zeitung versteckt, wenn man den Kontakt mit anderen meiden möchte. Wenn sich Schwierigkeiten einstellen und das Gespräch mit Gott frustrierend oder trocken wird – was es früher oder später werden muß –, ist die Versuchung, zu einem Buch Zuflucht zu nehmen, sehr stark. Anstatt sich den Härten und Enttäuschungen des Berührtwerdens von Gott mutig zu stellen, anstatt die schmerzliche Trockenheit und Öde auszuhalten, betäubt man sich dann gern mit einem interessanten Buch. Lernen Sie, gegen Ihre Ablenkungen anzukämpfen,

Ihre Herzenskälte ohne die Krücken in Form eines Buches geduldig durchzustehen; der Schmerz wird Sie läutern; es ist eine der üblichen Prüfungen im kontemplativen Leben. Ihr Beten wird tiefer werden, wenn sie die Prüfung und den Schmerz auf sich nehmen, ohne sich dagegen abzuschirmen.

Meiden Sie während der „Geistlichen Übungen" Bücher nicht nur zu den Zeiten, in denen Sie beten, sondern auch zu anderen Zeiten, wie Sie ja auch die Unterhaltung mit anderen meiden. Richten Sie den ganzen Tag Ihre Aufmerksamkeit still auf Gott, und das nicht nur, wenn Sie beten, und lassen Sie sich nicht durch Lektüre ablenken – eine zweifellos fromme Ablenkung, aber trotzdem eine Ablenkung.

Für viele ist die geistliche Lesung, mag sie für ihr *geistliches* Leben auch noch so wertvoll oder gar notwendig sein, in Zeiten des Gebets ganz und gar unangebracht. Sie ist eine Art Betäubungsmittel zur Linderung der Schmerzen der Kontemplation. Ich muß jedoch zugleich sagen, daß es für manche Menschen besser wäre, dieses Mittel in kleinen Dosen zu nehmen als völlig darauf zu verzichten. Mag sein, daß dies auch für Sie gilt. Die meisten Exerzitienteilnehmer sagen jedoch nach ein paar Tagen: „Lesen? Ich habe ja gar keine Zeit dazu!" Normalerweise ist das ein gutes Zeichen – sie haben wirklich vom Boden abgehoben.

3. Investieren Sie reichlich Zeit ins Beten

Verwenden Sie so viel Zeit wie nur möglich für das stille Verweilen vor Gott. Auf diese Weise profitiert man von Exerzitien am meisten. Zwar ist es die schwierigste Methode, doch die entschieden beste. Wenn Sie für Ihr Gebet viel Zeit verwenden, wird es sehr gewinnen; es wird zu einem bleibenden Schatz, den Sie aus den Exerzitien mitnehmen können.

Die meisten Exerzitienteilnehmer verwenden täglich

fünf bis sechs Stunden für das Beten, wobei die Zeit für die Feier der Eucharistie, für das Stundengebet und das freie Beten in der abendlichen Runde der Gebetsgruppe nicht mitgerechnet ist. Das ist ganz und gar nicht zu viel. Ich habe einmal bei einem Buddhisten Exerzitien gemacht, der uns um vier Uhr morgens aufstehen und durchschnittlich zwölf Stunden täglich meditieren ließ; einige von uns brachten es bis auf vierzehn oder fünfzehn Stunden. Dabei mußte ich schmunzelnd an unsere katholischen Exerzitien denken, bei denen die Teilnehmer oft meinen, sie hätten Heroisches geleistet, wenn sie täglich sechs Stunden gebetet haben.

Ich werde später noch auf das Thema „Zeit zum Beten" zurückkommen. Hier möchte ich es bei dem Rat belassen, möglichst viel zu beten und feste Gebetszeiten von je einer Stunde oder mehr einzuhalten. Ich bestehe auf der „festen Zeit", einer Zeit, zu der Sie anfangen, und einer Zeit, zu der Sie aufhören. Für die meisten ist es eine große Hilfe. Sie würden sonst „den ganzen Tag lang beten", aber ihrem Gebet würde es an Tiefe und Intensität mangeln, weil es zu allgemein und verschwommen ist. Halten Sie sich also an feste Gebetszeiten – und beten Sie, natürlich, auch außerhalb dieser Zeiten.

Das Verlangen nach Gott

Wenn Sie in diesen „Geistlichen Übungen" zu einer tieferen Gotteserfahrung gelangen wollen, müssen Sie zwei unerläßliche Voraussetzungen mitbringen. Fehlen diese Voraussetzungen, so müssen Sie sich zu Beginn der „Geistlichen Übungen" die Zeit nehmen, sie zu erwerben. Die erste Voraussetzung ist das *Verlangen nach Gott*, die zweite *Mut und Großherzigkeit.*

Das Verlangen nach Gott: Gott kann einem Menschen, der brennend nach ihm verlangt, nicht widerstehen. Mich beeindruckt immer die Hindu-Erzählung von einem Dorfbewohner, der einen Sannyasi (einen heiligen Mann), während dieser meditierend unter einem Baum saß, aufsuchte und mit den Worten anredete: „Ich möchte Gott sehen. Zeig mir, wie ich Gott erfahren kann!" Der Sannyasi sagte, wie es für seinen Stand typisch ist, nichts und meditierte weiter. Der gute Mann aus dem Dorfe kam mit seiner Bitte am nächsten Tag und an den Tagen darauf wieder, obgleich er keine Antwort erhielt. Schließlich sagte der Sannyasi angesichts seiner Beharrlichkeit zu ihm: „Du scheinst wirklich ein Gottsucher zu sein. Heute nachmittag gehe ich zum Fluß hinunter, um mein Bad zu nehmen. Komm auch dahin." Als die beiden im Wasser waren, packte der Sannyasi den Kopf des Mannes mit festem Griff und drückte ihn eine Zeitlang unter Wasser, bis der arme Mann strampelte, um nach Luft zu schnappen. Nach einer Weile ließ der Sannyasi ihn los und sagte: „Komm morgen wieder zu dem Banyan-Baum." Als er am nächsten Tag kam, war es der Sannyasi, der das Gespräch begann. „Sag mir doch", sagte er, „warum hast Du so gestrampelt, als ich Deinen Kopf unter Wasser hielt?" – „Weil ich nach Luft schnappen wollte", erwiderte der Mann, „ohne Luft wäre ich doch gestorben." Da lächelte der Sannyasi und sagte: „An dem Tag, an dem Du so verzweifelt nach Gott verlangst, wie Du nach Luft verlangt hast, wirst Du ihn sicher finden."

Das ist der Hauptgrund, warum wir Gott nicht finden: wir sehnen uns nicht glühend genug nach ihm. Unser Leben ist mit viel zuvielen Dingen vollgepackt. Dabei kommen wir ganz gut ohne Gott aus. Er ist für uns sicherlich nicht so unentbehrlich wie die Atemluft, anders wie für einen Mann wie Ramakrishna. Jedesmal wenn ich an sein Leben denke, bin ich gerührt. Er war kaum sechzehn Jahre alt, als er Priester in einem Hindu-Tempel und mit dem Kult der Tempelgottheit betraut wurde. Ihn erfaßte das Verlangen, den Schleier der Tempelgottheit zu durchdringen und Verbindung mit der Unendlichen Wirklichkeit aufzunehmen, deren Symbol die Gottheit war, einer Wirklichkeit, die er „Mutter" nannte. Dieses Verlangen beherrschte ihn mit der Zeit so sehr, daß er bisweilen seine Kultdienste vergaß. Manchmal fing er auch an, die heilige Lampe vor der Gottheit zu schwenken, und schwenkte sie dann von leidenschaftlichem Verlangen ergriffen selbstvergessen stundenlang weiter, bis jemand kam, ihn zur Besinnung brachte und ihm Einhalt gebot. Alle Symptome einer tiefen, leidenschaftlichen Liebe zeigten sich bei ihm. Jeden Abend setzte er sich, bevor er schlafen ging, vor die Gottheit hin und rief: „Mutter, schon wieder ist ein Tag vergangen, und ich habe dich immer noch nicht gefunden! Wie lange muß ich warten, Mutter, wie lange noch?" Daraufhin vergoß er bittere Tränen.

Wie kann Gott solchem Sehnen widerstehen? Ist es da verwunderlich, daß Ramakrishna ein großer Mystiker wurde? Als er einmal darüber sprach, was es heißt, sich nach Gott zu sehnen, sagte er zu einem Freund: „Wenn ein Dieb in einem Raum schliefe, der nur durch eine dünne Wand von einer Schatzkammer voller Gold getrennt wäre, würde er dann schlafen? Er würde die ganze Nacht wach liegen und überlegen, wie er an das Gold käme. Als ich noch jung war, verlangte es mich sogar noch glühender nach Gott als diesen Dieb nach Gold."

Der heilige Augustinus spricht von der großen Ruhelosigkeit des Menschenherzens, die es so lange drängt, bis es Ruhe findet in Gott. Ohne Gott, für den wir erschaffen wurden, sind wir wie Fische auf trockenem Land. Wenn wir nicht die Todesnot der Fische empfinden, so nur, weil wir den Schmerz mit einer Unzahl anderer Bedürfnisse und Vergnügen betäuben, sogar mit Problemen, denen wir in unseren Gedanken Spielraum lassen, und so die Sehnsucht nach Gott und den Schmerz, ihn noch nicht zu besitzen, unterdrücken.

Wenn Sie kein solches Verlangen nach Gott haben, bitten Sie darum. Es ist eine Gnade, die der Herr allen gewährt, denen er sich offenbaren will.

Großherzigkeit und Mut

Die zweite notwendige Voraussetzung sind Großherzigkeit und Mut. Beten ist keine leichte Aufgabe, vor allem dann nicht, wenn man viel Zeit ins Beten investiert. Sie werden in sich starke Widerstände spüren – Gefühle der Langeweile, des Überdrusses und, in dem Maß, in dem Ihr Beten tiefer wird, sogar der Angst. Die heilige Teresa von Ávila sagt, daß es Zeiten gegeben habe, in denen sie des Betens so überdrüssig war, daß sie ihren ganzen Mut aufbieten mußte, um sich zum Betreten der Klosterkapelle zu zwingen. „Ich weiß, wie schlimm solche Prüfungen sind", sagt sie, „sie erfordern mehr Mut als viele Prüfungen in der Welt." Niemand kann der heiligen Teresa nachsagen, sie würde die vielen Prüfungen in der Welt nicht kennen – sie war weit in der Welt herumgekommen, als sie darum kämpfte, in ganz Spanien ihre Reform des Karmels durchzusetzen. So werden auch Sie in der Zeit der „Geistlichen Übungen" Gott gegenüber Großherzigkeit und Mut brauchen, um im Gebet durchzuhalten.

Auch aus einem anderen Grund brauchen Sie Mut und Großherzigkeit: es liegt nicht allein daran, daß das Beten selbst eine anstrengende Übung sein kann, sondern auch daran, daß der Gott, dem Sie im Gebet begegnen, Ihre Ausflüchte entlarven und Ihre Schutzmauern niederreißen wird, damit Sie sich sehen, wie Sie wirklich sind. Das kann sehr schmerzlich sein. Die Begegnung mit Gott ist nicht immer eine angenehme, beruhigende Erfahrung. Jemand hat einmal treffend gesagt, daß die Begegnung ein chirurgischer Eingriff ist, bevor sie lindernd wirkt. Dem Gott der Bibel begegnet man in einem Gebot. Sooft ihn ein

Mensch in der Bibel erfährt, steht dies im Zusammenhang mit einem Opfer, das man bringen, mit etwas, wovon man sich trennen, mit einer Aufgabe, die ausgeführt werden muß, in der Regel mit einer unangenehmen Aufgabe. Man denke nur an das Widerstreben, mit dem Menschen wie Jeremia und Mose an die unangenehme Aufgabe gehen, die Gott ihnen auferlegt. Wenn Sie Gott begegnen wollen, müssen Sie bereit sein, zu hören, wie seine Stimme Sie zu etwas auffordert, was Ihnen vielleicht ungelegen kommt. „Als du noch jung warst, hast du dich selbst gegürtet und konntest gehen, wohin du wolltest. Wenn du aber alt geworden bist, wirst du deine Arme ausstrecken, und ein anderer wird dich gürten und dich führen, wohin du nicht willst" (Joh 21,18).

Damit soll nicht gesagt sein, daß wir Angst haben müssen. Die Worte, die wir vernehmen, werden nicht nur gebieterisch sein. Es werden liebende und ermutigende Worte sein. Gott wird uns die Liebe und die Kraft schenken, die wir brauchen, um seinen Forderungen zu entsprechen. Dennoch sollten wir uns nicht darüber hinwegtäuschen, daß die Forderungen bestehen, daß er uns dazu beruft, uns selbst zu sterben. Doch der Tod ist etwas, wovor wir uns zunächst einmal fürchten.

Wir müssen uns Gott ohne Vorbedingungen nahen, in einer Haltung völliger Selbsthingabe. Wenn man anfängt zu sagen: „Verlange alles von mir, nur das nicht" oder: „Befiehl, was du willst, nur dies und jenes nicht", legt man der Begegnung mit Gott ein ernstliches Hindernis in den Weg. Ich sage hier *nicht,* daß von Ihnen erwartet wird, Sie hätten die Kraft, das zu tun, was Gott von Ihnen verlangt. Ganz im Gegenteil: wir müssen wissen, daß wir als arme, schwache Geschöpfe die Kraft *nicht* haben. Kraft ist ein Geschenk, das von Gott kommt. Es liegt an ihm, sie zu geben.

Was von uns erwartet wird, ist Ehrlichkeit: daß wir uns nichts vormachen, daß wir uns der Wahrheit über uns selbst, unsere Feigheit, unsere Selbstsucht und unsere Besitzansprüche stellen und unsere Ausflüchte ablegen. Sobald wir uns ins Gebet begeben, werden wir merken, daß sich Stimmen in uns melden, die wir lieber überhören möchten. Was von uns verlangt wird, ist der Mut, zuzuhören, die Ohren nicht zu verstopfen und nicht wegzuschauen, wie unangenehm das auch sein mag.

Begeben Sie sich nicht auf den Weg mit der vorgefaßten Meinung, Gott könne dieses oder jenes einfach nicht von Ihnen verlangen. Das wäre töricht und dumm. Gott hat keinerlei Hemmungen, Torheiten und Dummheiten von uns zu verlangen. Was könnte törichter sein als die Erlösung ausgerechnet durch das Kreuz? Was lächerlicher, als daß die Apostel in Zungen reden und sich dem Vorwurf der Trunkenheit aussetzen sollten? Unser übergroßes Verlangen, immer vernünftig, ausgeglichen und respektvoll zu erscheinen, ist tatsächlich eins der größeren Hindernisse für die Heiligkeit. Wir möchten einen ordentlichen und ausgeglichenen Eindruck erwecken und tun, was vernünftig, anständig und üblich ist, mit anderen Worten, was die Gesellschaft für angebracht und vernünftig hält. Der Heilige Geist kann nach den Normen dieser Welt ausgesprochen „unvernünftig" sein. Auch die Heiligen waren, mit dem gleichen Maßstab gemessen, verrückt. Die Grenze zwischen Heiligkeit und Verrücktheit ist tatsächlich sehr fein; oft ist das eine vom anderen kaum zu unterscheiden. Wenn wir große Heilige sein und Großes für Gott leisten möchten, müssen wir die Furcht, für verrückt gehalten zu werden, und die Sorge um unseren guten Namen ablegen. Wir wollen daher von der Liste dessen, was Gott von uns verlangen könnte, „Verrücktheiten" nicht ausschließen. Wir wollen uns ihm nahen mit offenem Geist und offenem Herzen für alles, was er will, mag es auch auf den ersten Blick noch so verrückt oder schwierig erscheinen.

Bibelstellen

Die folgenden ausgewählten Schrifttexte können morgen früh beim Beten eine Hilfe sein:

Matthäusevangelium 13,44–46: Das Gleichnis vom Perlenhändler und das Gleichnis vom Schatz im Acker. Da haben wir Verrückte! Stellen Sie sich einen Mann vor, der beim Juwelier auf die kostbare Perle stößt. Sein Herzschlag stockt! Hier ist wirklich ein ungewöhnliches Juwel; unser Mann erkennt einen guten Stein, wenn er ihn sieht. Was soll er kosten? 10 000 Rupien. 10 000 Rupien? Schon an eine so hohe Summe zu denken, ist verrückt, denn er ist nicht reich. Er geht also wieder – aber der Gedanke an die Perle läßt ihn einfach nicht los. Er ist von ihm besessen. Dann nimmt in seinen Gedanken ein wirklich verrückter Plan Gestalt an: angenommen, er verkaufte sein Haus, sein Land, seine Gerätschaften und sogar seine Kleider – einfach alles (Jesus sagt ausdrücklich, daß er alles verkaufte, was er hatte). Wenn er noch seine gesamten Ersparnisse zu dieser Summe schlüge, würde er mit Ach und Krach diese 10 000 Rupien zusammenkratzen können. Wieviel Zweifel müssen ihm zugesetzt haben, bevor er diesen entscheidenden Entschluß gefaßt hat! Lohnt es sich, wirklich alles aufs Spiel zu setzen, restlos alles wegen einer einzigen Perle zu verlieren? Was werden die Nachbarn sagen ...? Aber wenn man von einem Gedanken besessen ist, bleiben alle anderen Rücksichten auf der Strecke. Dieser Narr hat restlos alles verkauft und seine Perle erstanden. Solch ein Mann gewinnt Gott – der Mann, der alles hingibt, der Mann, den jeder auslacht und für einen Narren hält. Doch Jesus sagt uns, daß solch ein Narr *voller* Freude seines Weges zieht. Ein tiefes Geheimnis! Er hat alles verloren – und ist voller Freude. Hier ist die Perle, die Perle der Freude und des Friedens, die Gott denen schenkt, die seinetwegen alles aufgeben. Aber bedenken wir: es muß *alles* sein. Gott handelt nur mit Festpreisen: 9000 Rupien reichen nicht zum Erwerb dieser Freude, auch 9900 nicht und nicht einmal 9999 – gib alles, und Du wirst alles erhalten. Demgegenüber haben wir den reichen Jüngling im 19. Kapitel des Matthäusevangeliums – er hat einen riesigen Besitz und geht *traurig* weg! Echte und bleibende Freude findet man nur im völligen Verzicht.

Ein lebendiges Beispiel dafür findet sich bei Paulus, der im *Philipperbrief 3, 7–22* so eindringlich von sich sagt, daß er tatsächlich alles um Christi willen verloren hat: „Doch was mir damals ein Gewinn war, das habe ich um Christi willen als Verlust abgeschrieben. Ja noch mehr: ich sehe alles als Verlust an, weil die Erkenntnis Christi Jesu, meines Herrn, alles übertrifft. Seinetwegen habe ich alles aufgegeben und halte es für Unrat, um Christus zu gewinnen und in ihm zu sein ... Es geht mir einzig darum, Christus zu erkennen und die Macht seiner Auferstehung und die Gemeinschaft mit seinen Leiden; sein Tod soll mich prägen. So hoffe ich, auch zur Auferstehung von den Toten zu gelangen." Ich möchte einzig Christus erkennen ... Können wir das auch von uns sagen? Ist es unser *ganzes* Verlangen? Wenn ja, dann haben wir Gott schon gefunden oder sind schon auf der Schwelle zu seiner Entdeckung.

Nehmen Sie auch die Worte Jesu aus dem *Lukasevangelium 14, 26 ff.* oder *Matthäusevangelium 10, 37–39* und lassen Sie sich von ihnen ansprechen. Sie können auch Anregung finden in *Genesis 12,* wo Abraham im Gehorsam gegen Gott auf Wanderschaft geht, oder *Genesis 22,* wo von ihm verlangt wird, seinen Sohn Isaak zu opfern. Sodann noch die Stelle über die Nachfolge und die Aussendung der Jünger im *Lukasevangelium 9, 57 – 10, 9* und der zündende Ausruf des heiligen Paulus, daß nichts ihn von der Liebe Christi trennen könne, im *Römerbrief 8, 35* ...

Vielleicht kommen manchem diese Texte zu streng

vor, zu erschreckend für die eigene Schwäche. Dann schlage ich die Stelle in der *Apostelgeschichte 1, 4f.8.11* vor, wo die Apostel um den Geist bitten, der sie von ihrer Feigheit befreien und ihnen den Mut geben wird, den sie für ihr Apostolat brauchen werden. Und tun Sie, was auch die Apostel getan haben: (a) Gehen Sie nicht weg von Jerusalem – bleiben Sie in Ihrer stillen Zurückgezogenheit und meiden Sie jeden unnötigen Umgang mit Menschen. (b) Warten Sie geduldig auf eine Kraft, die Sie „empfangen" werden – man kann sie nicht durch eigenes Bemühen, gleich welcher Art, herbeiführen. (c) Beten Sie beharrlich mit Maria und den Heiligen. Oder nehmen Sie die Stelle mit der Bitte, um den Heiligen Geist im Lukasevangelium 11, 1–13.

Schließlich die Stelle im *1. Timotheusbrief 1, 15 ff.*, wo Paulus so ermutigend sagt: Gott hat durch mich, der ich ein großer Sünder bin, Wunderbares gewirkt, um mich anderen als Beispiel hinzustellen; denn wenn er mit einem Menschen meines Schlages Wunder wirken konnte, was wird er dann nicht für andere tun, die ihm vertrauen:

Was Sie auch tun, welche Texte Sie auch beim Gebet verwenden, versuchen Sie um Himmels willen nicht, selbst zu erreichen, was in Wirklichkeit reine Gabe Gottes ist: der Mut und die Großherzigkeit, die Sie suchen, sind so heroisch, das Verlangen nach Gott, das Sie brauchen, ist so stark, daß kein Mensch sie im eigenen Herzen hervorbringen kann. Sie sind Gottes Gabe; eine Gabe, die dem demütigen, beharrlichen Bittgebet *immer* gewährt wird. Beten Sie also um Mut, beten Sie um Kraft, beten Sie um Ehrlichkeit. Beten Sie um diese Gaben nicht nur für sich selbst. Beten Sie, daß wir in diesen Tagen ein neues Pfingsten erleben. Daß jeder einzelne in diesen „Geistlichen Übungen" den Heiligen Geist in Fülle erhält und im eigenen Leben seine verwandelnde Kraft erfährt.

3
Wie soll man beten?

Zu Beginn möchte ich Ihnen etwas zu diesem Thema sagen, dessen praktische Verwirklichung das Anliegen ist, daß Sie zu diesem Exerzitienkurs bewogen hat. Sie sind gekommen, um zu beten. Deshalb möchte ich denn über das Beten sprechen, über sein Wesen und seine Praxis. Doch bevor ich mit dem eigentlichen Thema beginne, möchte ich noch zwei damit zusammenhängende Punkte ansprechen: die für einen Apostel unerläßliche Gotteserfahrung und das Stillschweigen.

Das Bedürfnis des Apostels nach Gotteserfahrung

Swami Vivekananda berichtet irgendwo von seiner ersten Begegnung mit Ramakrishna. Die Begebenheit ist ein anschauliches Beispiel für das, was ich zu diesem Punkt sagen möchte. Vivekananda, der damals noch Narendra hieß, war ein frühreifer, etwas eingebildeter junger Studienanfänger, der sich als Agnostiker ausgab. Er hatte von Ramakrishnas Heiligkeit vernommen, suchte ihn daher auf und traf ihn auf seinem Lager hockend an. Das Gespräch verlief etwa so:

Narendra: Glauben Sie an Gott, Sir?
Ramakrishna: Jawohl.
Narendra: Ja, ich nicht. Was veranlaßt Sie, an ihn zu glauben? Können Sie mir beweisen, Sir, daß er existiert?
Ramakrishna: Ja.

Narendra: Warum sind Sie so sicher, daß Sie mich überzeugen können?
Ramakrishna: Weil ich ihn in diesem Augenblick deutlicher sehe, als ich Sie sehe.

Der Klang der Stimme, mit dem diese Worte gesprochen wurden, und der Gesichtsausdruck Ramakrishnas überwältigten Narendra, und er war nie mehr der alte. Diese Worte wandelten ihn völlig um. So wirken die Worte und natürlich auch die ganze Persönlichkeit eines Menschen, der mit Gott unmittelbar in Verbindung steht. Es bringt uns aus der Fassung, vor einem Menschen zu stehen, der in ehrlicher Überzeugung für sich in Anspruch nimmt, er könne Gott spüren und sehen, einem Mann wie Mose, von dem es in der Heiligen Schrift heißt: „Er hielt standhaft aus, als sähe er den unsichtbaren Gott" (Heb 11,27).

Genau darum geht es, beim Apostelsein. Der Apostel ist nicht einfach jemand mit einer Botschaft; er ist seine Botschaft. Wenn wir einen heiligen Wandel predigen, schauen die Menschen nicht in die Richtung, in die unser Finger zeigt. Sie schauen zuerst auf *uns*. Das brauchen wir heute im Apostolat am dringendsten – keine bessere Planung, bessere Ausrüstung, bessere Übersichten, bessere Kenntnisse der Menschen, ihrer Sprache, ihres Brauchtums, bessere Bekehrungstechniken (wenn es so etwas überhaupt gibt!) –, vielmehr brauchen wir bessere Verkünder; ein ganz neues Geschlecht, dessen Leben offensichtlich von der Kraft und der Gegenwart des Heiligen Geistes erfüllt ist.

Die Identitätskrise:

Viele Priester und Ordensleute befinden sich heute in einer sogenannten Identitätskrise. Der Priester weiß nicht mehr, was er ist und was er in der Welt von heute sein soll. Das ist gewiß ein Problem. Aber eine Krise? Wir müssen zweifellos der Frage nachgehen und überlegen, damit wir zu einer passenderen theologischen Definition dessen kommen, was ein Priester eigentlich ist. Ich kann mir auch vorstellen, wie befreiend das für das Leben und Wirken vieler Priester sein wird. Aber muß denn dieses Fehlen einer passenden theologischen Definition für den Priester eine *Krise* darstellen?

Befindet sich ein glücklich verheirateter Laie in einer persönlichen Krise, weil wir immer noch auf der Suche nach einer passenden theologischen Definition der Ehe sind (und, was das angeht, immer sein werden angesichts der Fülle von Kulturen und geistlicher Gegebenheiten wie auch der Grenzen, die dem menschlichen Denken gesetzt sind)? Zwar werden eine bessere Definition und ein besseres Verständnis der Ehe dem besagten Laien in seinem ehelichen Leben zustatten kommen, aber inzwischen erlebt er doch, was die Ehe wirklich ist, wenn er sich auch noch nicht im Besitz ihrer Definition befindet. Er liebt seine Frau und seine Kinder und wird von ihnen geliebt; er erlebt das Wachstum und die Erfüllung, die die Freuden und Leiden des ehelichen Lebens mit sich bringen. Deshalb braucht er doch in keiner Krise zu sein.

Die „Nachfolge Christi" ist sehr weise, wenn sie sagt: „Ich möchte lieber Reue spüren, anstatt sie beschreiben zu können." Können wir das nicht auch von vielen heutigen Priestern sagen, die in einer Identitätskrise stecken? Haben sie den Sinn ihres Priestertums *gespürt* oder bloß darüber *geredet?* Sind sie Christus liebend zugetan? Sind sie voll des Geistes? Haben sie das Gefühl der Befriedigung, das sich einstellt, wenn man den Geist anderen weitergibt und Christus in das Leben anderer bringt? Wenn sie es haben, sehe ich nicht ein, wieso sie tiefer in einer Identitätskrise stecken können als der erwähnte glückliche Ehemann. Doch um Liebe zu Christus zu spüren, muß man Christus zuerst einmal kennengelernt haben. Um den Heiligen Geist weiterzugeben, muß man seine Kraft im eigenen Leben gespürt haben. Einzig und allein darum geht es in den Exerzitien. Sie sind kein Seminar, in dem wir über Christus reden, sondern eine Zeit der Stille, in der wir *mit* Christus reden. Das Reden „über" kommt später. Zuerst wollen wir ihn kennenlernen und uns mit ihm anfreunden. Dann haben wir wirklich etwas, worüber wir reden können.

Das Stillschweigen

Der zweite Punkt: Wenige Dinge fördern das Gespräch mit Christus so sehr wie das Stillschweigen. Das Schweigen, das ich hier meine, ist natürlich das innere Schweigen des Herzens, ohne das man die Stimme Christi einfach nicht vernehmen kann. Es ist für viele sehr schwer, dieses innere Schweigen zu verwirklichen: schließen Sie einmal für einen Augenblick die Augen, und achten Sie einmal auf das, was in Ihnen vorgeht. Man darf wohl annehmen, daß Sie von Gedankenwogen überflutet werden, denen Sie sich nicht entgegenstemmen können – Sprechen, Sprechen, Sprechen (das ist es nämlich, was Denken gemeinhin ist: Selbstgespräch) –, Lärm, Lärm, Lärm: meine innere Stimme im Wettstreit mit den Stimmen und Bildern anderer, die durch ihr Geschrei meine Aufmerksamkeit auf sich lenken wollen. Welche Chancen hat die leise Stimme Gottes da noch in all diesem Krach und Betrieb?

Das äußere Schweigen ist eine große Hilfe zur Verwirklichung des inneren Schweigens. Wenn Sie es nicht fertigbringen, das äußere Schweigen zu wahren, d.h., wenn es

Ihnen unerträglich ist, den Mund zu halten, wie wollen Sie dann das Schweigen im Innern aushalten? Wie wollen Sie Ihren inneren Mund halten? Schweigen aushalten zu können, ist ein recht gutes Merkmal für geistliche (und sogar geistige und emotionale) Tiefe. Es ist möglich, daß der Lärm in Ihrem Innern noch lauter, daß Ihre Zerfahrenheit noch größer wird, und Sie noch unfähiger werden, zu beten. Das liegt nicht am Schweigen. Der Lärm war schon immer da. Das Schweigen hebt ihn nur in Ihr Bewußtsein und gibt Ihnen die Chance, ihn zu dämpfen und seiner Herr zu werden.

Jesus heißt uns, die Tür zu schließen, wenn wir beten wollen. Wir schließen offensichtlich die übrige Welt nicht aus unserem Herzen aus, denn wir pflegen ihre Anliegen in unser Beten einzuschließen. Doch die Tür muß fest verschlossen sein, wenn der Lärm der Welt nicht hereinkommen und die Stimme Gottes ersticken soll, zumal in den Anfangsstadien, wenn uns die Konzentration Mühe macht. Der Anfänger im Gebet braucht nicht weniger Konzentration als ein Anfänger in der Mathematik, der keine schwierige Aufgabe lösen kann, wenn großer Lärm um ihn herum ablenkt. Es kommt die Zeit, da der Gebetsschüler wie der Mathematikschüler so sehr von seiner Materie gepackt wird, daß kein noch so großer Lärm seinen Geist von dem ablenken kann, was ihn beschäftigt. Doch in den Anfangsstadien sollte er demütig sein und zugeben, daß er Ruhe und Stillschweigen braucht.

Worte der Heiligen zum Stillschweigen

Viele Heiligen priesen das Stillschweigen mit beredten Worten. In einem Buch von Thomas Merton stieß ich auf zwei schöne Zitate. Das eine stammt von Isaak von Ninive, einem syrischen Mönch. Was er sagt, trifft ebenso auf den Einsiedler in der Wüste zu wie auf den Apostel im

Herzen der modernen Großstadt. „Viele sind dauernd auf der Suche", sagt er, „doch nur diejenigen finden, die dauernd im Schweigen verharren ... Jeder, der im Wortgeklingel schwelgt, ist, mag er auch Wunderbares sagen, in seinem Inneren leer. Liebst du die Wahrheit, liebe das Schweigen. Das Schweigen wird dich wie das Sonnenlicht in Gott erleuchten und dich von den Trugbildern der Unwissenheit befreien. Das Schweigen wird dich mit Gott selbst vereinen ... Liebe das Schweigen über alles: es bringt dir eine Frucht, die keine Zunge beschreiben kann. Anfangs müssen wir uns zum Stillschweigen zwingen. Dann aber wird etwas geboren, das uns zum Stillschweigen hinzieht. Möge Gott dich dieses ‚Etwas' verkosten lassen, das aus dem Schweigen geboren wird. Übe dich doch darin, so wird dir ein unsägliches Licht aufgehen ... nach einiger Zeit wird im Herzen dieser Übung eine gewisse Wonne geboren, und der Leib wird geradezu mit Gewalt dahin geführt, im Stillschweigen auszuharren."

Jedes Wort dieser Zeilen verdient eigens meditiert zu werden: sie sprechen das Herz eines jeden an, der schon einmal praktisch erfahren hat, wie kostbar das Stillweigen ist.

Das andere Zitat stammt von einem Wüstenvater, Ammonas, einem Jünger des heiligen Antonius: „Seht, meine Lieben, ich habe euch gezeigt, was das Schweigen vermag, wie gründlich es heilt, und wie es Gott ganz und gar wohlgefällig ist. Deshalb habe ich euch auch geschrieben, ihr möchtet euch in dem Werk stark erweisen, zu dem ihr euch verpflichtet habt, damit ihr erkennen könnt, daß durch das Stillschweigen Gottes Kraft in ihnen gewohnt hat, daß ihnen aufgrund des Stillschweigens Gottes Geheimnisse bekannt waren."

Isaak von Ninive spricht offenbar aus Erfahrung, wenn er sagt: „Anfangs müssen wir uns zum Stillschweigen *zwingen.*" Das Schweigen fällt uns anfangs nicht leicht. Wenn wir es zu halten versuchen, werden wir in uns starke Widerstände feststellen: Evelyn Underhill sagt uns in ihrem Buch „Mysticism", was wir durch die Überwindung dieser Widerstände gewinnen: „Das Selbst ist noch nicht vertraut mit der seltsamen Ebene des Schweigens, die denen recht bald vertraut wird, die sich auch nur in den bescheidensten Anfängen des kontemplativen Lebens versuchen; wo das Selbst von dem Eins-ins-Andere befreit wird, hört man nie die Stimmen der Welt und ereignen sich die großen Abenteuer des Geistes."

Es sind tatsächlich Abenteuer. Sie werden erregende Entdeckungen machen, sobald Sie die anfängliche Langeweile und das Unbehagen durchgestanden haben, die das Schweigen mit sich bringt. Sie werden feststellen, daß das dunkle Schweigen in Wirklichkeit voll von himmlischem Licht und himmlischer Musik ist; was auf den ersten Blick Leere und Nichts zu sein schien, ist in Wirklichkeit von Gottes Gegenwart erfüllt, einer Gegenwart, die sich unmöglich beschreiben läßt, die aber sehr überzeugend in den Worten zusammengefaßt ist, mit denen Simone Weil zu sagen versucht, was sie empfand, wenn sie das Vaterunser betete: „Manchmal entreißen schon die allerersten Worte meinem Leib die Gedanken und versetzen ihn an einen Ort außerhalb des Weltraums, wo es weder eine Aussicht noch einen Aussichtspunkt gibt ... Zugleich herrscht dort ein Schweigen, das diese Unendlichkeit der Unendlichkeiten ganz und gar erfüllt, ein Schweigen, das keine Lautlosigkeit, sondern Gegenstand einer positiven Wahrnehmung ist, positiver als der eines Lautes. Geräusche erreichen mich, falls überhaupt vorhanden, erst, wenn ich das Schweigen durchquert habe."

Ich glaube, diese Worte genügen, um sich in den Tagen der Exerzitien in strenges Schweigen zu versenken – denn eine bessere Gelegenheit bietet sich nicht so leicht. Auch wirkt sich das Schweigen kumulativ aus, d. h., das Schweigen, das auf vier Schweigetage folgt, ist tiefer als das Schweigen zu Beginn der Exerzitien.

Wie soll man beten?: In der Gebetsschule Jesu

Wenn diese „Geistlichen Übungen" so fruchtbar sein sollen, wie Sie erwarten, müssen Sie viel Zeit für das Beten verwenden. Und wenn Sie gut beten sollen, müssen Sie wissen, wie man betet. Wie sollen Sie beten? Das ist eine Frage, die die Apostel an Jesus gerichtet haben. Und Jesus selbst hat sie gelehrt, was sie tun sollten, wenn sie beteten. Das ist ein Glück für uns, denn auch wir können von ihm lernen, wie man betet. Es gibt keinen besseren Lehrer für die Kunst des Betens; es gibt sogar für uns Christen keinen anderen Lehrer.

Im 11. Kapitel des Lukasevangeliums lesen wir: „Jesus betete einmal an einem Ort; und als er das Gebet beendet hatte, sagte einer seiner Jünger zu ihm: ‚Herr, lehre uns beten, wie schon Johannes seine Jünger beten gelehrt hat.'" Es war sehr weise von den Aposteln, daß sie sich gleich an den Meister gewandt haben, als sie beten lernen wollten. Wir sollten dasselbe tun. Niemand sonst kann Sie beten lehren, wirklich nicht, ich gewiß nicht. Die Anregungen, die ich in diesen Tagen geben möchte, werden Ihnen, so Gott will, eine Hilfe für Ihr Gebetsleben sein. Doch früher oder später werden Sie in Schwierigkeiten geraten, die kein irdischer Lehrer für Sie lösen kann. Dann müssen Sie sich direkt an Jesus wenden und ihm sagen: „Herr, lehre mich beten." Und er wird Ihre Schwierigkeiten für Sie lösen und Sie persönlich anleiten. Ich rate Ihnen daher gleich zu Anfang: richten Sie, wenn Sie in Schwierigkeiten geraten und steckenbleiben, den Blick auf Jesus und sagen Sie ihm: „Herr, lehre mich beten." Sagen Sie es immer wieder – den ganzen Tag, wenn nötig. Sagen Sie es ohne krampfhafte Anstrengung oder Ängstlichkeit, ruhig und in der festen Erwartung, daß er Sie lehren wird; er wird es auch tatsächlich tun! Das ist also meine erste Antwort auf die Frage: „Wie soll man beten?" Gehen Sie zu Jesus und bitten Sie ihn, Sie zu lehren. So lernt man beten.

Theozentrisches Beten

Wir wollen in demselben Abschnitt des Lukasevangeliums weiterlesen und sehen, welche Art von Belehrung der Herr über das Beten erteilt. „Er sagte zu ihnen: ‚Wenn ihr betet, so sprecht: Vater, dein Name werde geheiligt. Dein Reich komme'."

Hier erfahren wir etwas über den Gebetstyp, den Jesus lehrt. Er lehrt uns, nicht bei uns zu beginnen, sondern beim Vater, nicht mit unseren Anliegen und Bedürfnissen, sondern mit seinem Reich. „Euch muß es zuerst um Gottes Reich und um seine Gerechtigkeit gehen; dann wird euch alles andere dazugegeben" (Mt 6,33). Jesu Beten war im Grunde theozentrisch wie sein ganzes Leben. Wir sprechen heute von ihm als dem Menschen für andere, was er auch war. Aber noch mehr war er der Mensch für seinen Vater. Die Evangelien zeigen an vielen Stellen, daß der eine große Gedanke, der das Leben Jesu beherrschte, nicht die Menschheit war, sondern der Vater. Es war ihm Speise und Trank, den Willen seines Vaters zu tun. Wir würden nur dann seine Brüder, Schwestern und Mutter sein, wenn wir den Willen des Vaters täten. Es liegt ihm weniger daran, daß wir ihn Herr, Herr, nennen, als daß wir, ganz wie er selbst, den Willen seines Vaters tun – ist er doch von dem Gedanken beherrscht, uns alle zu liebenden Verehrern des Vaters zu machen, wie er es selbst war. Wir gefallen uns in dem Gedanken, er sei aus Liebe zu uns seinen Leidensweg gegangen, was auch so war. Man stellt allerdings ernüchternd fest, daß er bei all seiner Liebe zu uns vor dem Leiden zurückgeschreckt ist; Jesus wollte es nicht; allein der Vater war es, der ihn den Leidensweg gehen ließ: Vater, nimm diesen Kelch von mir; ich will ihn nicht; doch wenn du ihn für mich bestimmt hast, werde ich ihn nehmen. „Die Welt soll aber erkennen, daß ich den Vater liebe und so handle, wie es mir der Vater aufgetragen hat. Steht auf, wir wollen weitergehen!" (Joh 14,31).

Das ist die erste Lektion, die Jesus uns erteilt, wenn er uns beten lehrt. Er lehrt uns, mit Gott zu beginnen, uns um das Kommen seines Reiches, um die Verherrlichung seines Namens und darum zu sorgen, daß überall sein heiliger Wille geschieht. Hier ist einer der Gründe für das Versagen unseres Betens zu suchen: es ist zu egozentrisch, zu anthropozentrisch. Wir müssen aus uns herausgehen und uns ganz auf Gott und sein Reich ausrichten.

Jesus wird uns auch für uns selbst beten lassen. Weg mit der überlegenen Art heiliger Gleichgültigkeit, die behauptet: Ich mache mir aus mir überhaupt nichts – ich überlasse all meine Bedürfnisse Gott. So geht es nicht! Da macht Jesus nicht mit. Wir müssen demütig werden, uns darein finden, daß wir Bedürfnisse haben, sogar materielle Bedürfnisse, und Gott bitten, diese Bedürfnisse zu befriedigen. Jesus heißt uns, dreierlei für uns selbst zu erbitten: unser tägliches Brot (Brot, keinen Luxus!), geistliche Kraft und Vergebung unserer Sünden.

Das Bittgebet

Ist Ihnen an dem Gebet, das Jesus seine Apostel lehrt, etwas aufgefallen? Es ist von A bis Z Bittgebet: „Vater, dein Name werde geheiligt, dein Reich komme, dein Wille geschehe..." Sogar das ist Gegenstand unserer Bitte! Das Kommen des Gottesreiches ist sicherer als der nächste Sonnenaufgang. Und dennoch heißt uns Jesus, um sein Kommen zu bitten.

Das hat Jesus unter Beten verstanden. Beten, wie er es die Apostel gelehrt hat, hieß, zu erbitten, was wir brauchen, zu erbitten, was gut für uns ist. Als ob er das bestätigen wolle, gibt Jesus uns eine Art von Kommentar zum Vaterunser. Er sagt: „Nehmen wir einmal an, einer von euch hat einen Freund, der um Mitternacht zu ihm kommt und sagt: Freund, leih mir drei Brote; denn einer meiner Freunde, der auf Reisen ist, ist zu mir gekommen, und ich habe ihm nichts anzubieten!, wird dann etwa der Mann drinnen antworten: Laß mich in Ruhe, die Tür ist schon verschlossen, und meine Kinder schlafen bei mir; ich kann nicht aufstehen und dir etwas geben? Ich sage euch: Wenn er schon nicht deswegen aufsteht und ihm seine Bitte erfüllt, weil er sein Freund ist, so wird er doch wegen seiner Zudringlichkeit aufstehen und ihm geben, was er braucht. Darum sage ich euch: Bittet, dann wird euch gegeben; sucht, dann werdet ihr finden; klopft an, dann wird euch aufgetan. Denn jeder, der bittet, empfängt; wer sucht, der findet; und wer anklopft, dem wird aufgetan."

Diese Worte sind in ihrer Schlichtheit ganz einfach bestürzend: *jeder* – ohne Unterschied zwischen Heiligen und Sündern, ohne Wenn und Aber; *jeder,* der bittet, wird empfangen. Es ist, als sei das zuviel zu glauben. „Das sind harte Worte, und wer kann sie glauben?" In unserem Bewußtsein steigen allerlei Zweifel und Einschränkungen auf: So oft haben wir um etwas gebeten und nichts empfangen; Jesus konnte wohl kaum buchstäblich meinen, was er da sagt. Infolgedessen macht er es uns gewissermaßen unmißverständlich klar: „Ist denn unter euch ein Vater, der seinem Sohn eine Schlange gibt, wenn er um einen Fisch bittet, oder einen Skorpion, wenn er um ein Ei bittet? Wenn nun schon ihr, die ihr böse seid, euren Kindern gebt, was gut ist, wieviel mehr wird der Vater im Himmel den Heiligen Geist denen geben, die ihn bitten!"

Das Neue Testament lehrt uns unablässig: das Gebet ist mächtig, das Gebet verschafft uns alles, was wir brauchen – und das Gebet ist im Grunde Bittgebet. Sie können es an den folgenden Texten selbst nachprüfen, die betend gelesen werden sollten; sie müssen wie ein Faustschlag treffen – es sei denn, Sie hätten die Macht des Bittgebets natürlich gekannt und es schon immer praktiziert: Lk 11, 1–13; Mk 11, 22–26; Mt 21, 20 ff.; Lk 18, 1.8; Joh 14, 12 ff.; Joh 15, 7;

Joh 16,23f.; Jak 1,5–8; Jak 5,13–18; 1 Joh 3,22; 1 Joh 5,14f; Phil 4,4–7; 1 Tim 2,1ff.

Der Schlüssel zur Kunst des Betens

In den ersten Jahren meines Ordenslebens hatte ich das große Glück, unter einem außergewöhnlichen Mann Exerzitien zu machen, P. José Calveras, der im Ruf stand, er lehre bei seinen Exerzitien die Teilnehmer, wie man betet. Es war mir bekannt, daß alt-ehrwürdige Jesuiten, die ein langes Ordensleben hinter sich hatten, mit den Worten aus einem Exerzitienkurs bei P. Calveras gekommen waren: „Dieser Mann hat mir wirklich das Beten beigebracht" – natürlich stimmt das nicht ganz, da es kaum einen Christen gibt, der nicht weiß, wie man auf die eine oder andere Weise betet. Ich nehme an, sie wollten sagen, Calveras habe ihnen beigebracht, zufriedenstellender und intensiver zu beten. Bestimmt hat er das bei mir erreicht.

Ich ging mit großen Erwartungen in seinen Exerzitienkurs. Aber schon nach ein paar Tagen machten mir all meine üblichen Gebetsprobleme zu schaffen. Als ich mich deswegen an P. Calveras wandte, sagte er mir ganz einfach: „Wie beten Sie?" (Später fiel mir auf, daß mir noch niemand diese Frage so unverblümt gestellt hatte!) So begann ich also, ihm Schritt für Schritt darzulegen, wie ich beim Beten vorging. „Ich nehme mir einen Betrachtungspunkt vor und gehe von ihm aus", sagte ich, „und im Verlauf von einer oder zwei Minuten schweift mein Geist ab. Ich bin hoffnungslos zerstreut." – „Was tun Sie dann?" fragte Calveras. „Wenn ich merke, daß ich abschweife (und das geschieht normalerweise nicht zu bald), kehre ich zu dem Punkt zurück, über den ich betrachten wollte." – „Und dann?" sagte Calveras. „Dann werde ich wieder abgelenkt." – „Und dann?" Calveras hörte sehr geduldig zu, als ich ihm erklärte, wie ich beim Beten von der

Betrachtung in die Zerstreuung, in die Betrachtung und wieder in die Zerstreuung geriet – wobei auf die Zerstreuung normalerweise neunzig Prozent der Zeit entfielen. Ich habe seither Dutzende von Leuten getroffen, denen es ganz genauso erging.

Calveras sagte dann zu mir: „Was Sie machen, ist Denken – Meditieren. Sie *beten* nicht. Gegen das Meditieren ist natürlich nichts einzuwenden, vorausgesetzt, es hilft Ihnen beim *Beten*. Sagen Sie 'mal, haben Sie Ihren Rosenkranz bei sich?" (Das war, sollte ich zur Erklärung sagen, in der Zeit vor dem Zweiten Vatikanischen Konzil – obgleich ich auch heute noch ein Rosenkranzfan bin.) „Ja", sagte ich. „Dann nehmen Sie ihn doch einmal zur Hand, ja?" (Ich war ein ganz junger Jesuit, und Calveras war ein alter Mann. Er konnte so etwas ungestraft tun.) Ich tat es. „Können Sie damit umgehen?" – „Natürlich kann ich das." – „Warum tun Sie's dann nicht?" „Was? Meinen Sie, ich sollte während der Meditation den Rosenkranz beten?" Ich war etwas schockiert und gab es zu erkennen. Was ich nicht zu erkennen gab, waren die Gedanken, die mir durch den Kopf gingen. Erwartet dieser Mann, dieser angesehene Meister in der Kunst des Betens, wirklich, daß ich während der Meditation den Rosenkranz bete? Ich war gewohnt, den Rosenkranz mit der Vorstellung von sehr einfachen, ungebildeten Leuten zu verbinden – als Gebetsform für Bauern und Fischer, und in ihm etwas zu sehen, worauf man zurückfiel, wenn man beim Beten besonders verwirrt war und nichts anderes tun konnte. Eine Art Ersatzlösung. Aber ich war doch durchaus in der Lage, zu meditieren – ich hatte soeben mein Philosophiestudium abgeschlossen!

Calveras fuhr in seiner ruhigen Art fort: „Beten Sie ein Gesätz und bitten Sie Unsere Liebe Frau, Ihnen die Gnade des Gebetes zu erwirken, die Gnade, Ihrer Zerstreuungen Herr zu werden. Dann kehren Sie zu Ihrer Meditation zurück, wenn Sie wollen. Und wenn Sie immer noch zerstreut sind, beten Sie noch ein Gesätz und noch eines. Und dann lassen Sie vielleicht Ihre Meditation ganz und beten Sie um alle Gnaden, die Sie brauchen. Beten Sie für Ihre Mitexerzitanten. Beten Sie für Ihre Lieben. Beten Sie für die Welt. Der Erfolg eines Exerzitienkurses hängt nicht von intensiver Meditation oder tiefer Besinnung ab, er ist reine Gabe Gottes. Wenn auch ein gewisses Maß an Besinnung nützlich und sogar notwendig ist, so erlangt man diese Gabe durch Bitten und Betteln. Betteln Sie also darum, und der Herr wird sie Ihnen geben. Bitten Sie um die Gande des Gebetes. Bitten Sie um die Gnade des Großmuts Christus gegenüber. Bitten Sie um die Gnade, seine Liebe zu erfahren."

Die Aussagen des Evangeliums über das Beten nahm Calveras offenbar recht buchstäblich. Meine späteren Erfahrungen sollten mir zeigen, daß er vor allem aus diesem Grund ein echter Meister in der Kunst des Betens war. Er hat wirklich geglaubt und hat uns gelehrt zu glauben. Dann brauchten wir den Herrn nur noch um das zu bitten, was wir benötigten, und der Herr ließe uns nie im Stich. Er sagte uns: „Der Schlüssel zur Kunst des Betens ist das Bittgebet. Viele lernen niemals beten, weil sie niemals gelernt haben, das Bittgebet richtig anzuwenden. Die ausgestreckte Hand des Bettlers erhält das, wonach die Hand, die die Denkerstirn stützt, nicht greifen kann."

Er sagte mir auch in jenem Gespräch: „Beten Sie gern die Allerheiligen-Litanei? Oder die Lauretanische Litanei? Ja? Dann beten Sie sie so, langsam, gesammelt: ‚Heilige Maria, bitte für mich. Heilige Gottesmutter, bitte für mich. Heilige Jungfrau der Jungfrauen, bitte für mich ...' Können Sie so beten?" Natürlich konnte ich so beten. Der Haken war nur, daß es mir zu leicht vorkam. Beten müßte doch sicher eine schwierigere Angelegenheit sein als das! Später sollte ich ein Buch von Calveras lesen, in dem er darlegte, daß das schlichte Lippengebet und die fromme Praxis des Stoßgebets Vorstufen zur Mystik sind. Man hatte mich gelehrt, darin das Gebet für Anfänger und Ignoranten zu sehen! Für ihn und tatsächlich auch für jeden mit etwas Erfahrung in der Kunst des Betens war dies das Gebet für Fortgeschrittene.

Beim Beten Kind werden

Pater Calveras hat mich wirklich beten gelehrt. Von da an konnte ich nicht mehr ehrlich sagen, ich wüßte nicht, wie man beten soll. Ich hatte meine Schwierigkeiten beim Beten und habe, leider, nicht immer treu gebetet. Aber nie habe ich sagen können, ich wüßte nicht, wie man betet. Das wäre einfach falsch. Ich weiß ganz bestimmt, wie man betet. Ich brauche nur auf das schlichte Lippengebet zurückzufallen, auf das Bittgebet. Das kann jedes Kind. Hier liegt bei vielen der Haken: wir sind keine Kinder mehr und haben daher vergessen, wie man betet.

Immer wieder sind mir Priester und Ordensleute begegnet, die vor ihrem Eintritt ins Noviziat oder ins Seminar viel besser gebetet haben als nachher. Überrascht Sie das? Früher beteten sie mit einer großen Einfalt des Herzens. In all ihren Nöten wandten sie sich an Gott, baten die Mutter Gottes um Fürsprache – um die Gnade, in der Schule die Prüfungen zu bestehen, um Gesundheit, um Erfolg bei der Arbeit ... Später hörten sie eine Menge schlauer Begründungen dafür, daß Gott sich um solche weltlichen Bagatellen nicht schert ... Gott hilft denen, die sich selbst helfen ... Gottes Willen können wir nicht ändern ... usw. usw. Da wurden keine Wunder mehr erwartet, da wurde nicht mehr um ein Wunder gebetet; und Gottes Eingreifen in das Leben wurde immer seltener. Auch die Gebetsmethoden wurden komplizierter. Man wurde gelehrt, wie man tief nachdenkt; m. a. W., man legte einzig Wert auf Lektüre, Meditation und diskursives Beten. Doch dann kam die Ansicht auf: um heilig zu werden, brauchte es feste Überzeugungen; und zur Festigung der Überzeugungen bedürfe es des Nachdenkens und immer wieder des Nachdenkens, das heißt des Meditierens und immer Mediterens. Dabei ist es doch in Wirklichkeit so, daß, um heilig zu werden, viel dringender, tausendmal dringender als Überzeugungen Stärke, geistliche Kraft, Mut und Ausdauer notwendig sind – und darum müssen wir bitten und noch einmal bitten; beten und noch einmal beten.

Auf all diese Einwände gegen das Bittgebet werde ich noch später näher eingehen. Im Augenblick genügt es, Sie lassen die Worte Jesu über das Beten, die im Evangelium stehen, auf sich wirken. In Ihrem Herzen wird eine ungestüme Hoffnung aufbrechen – ja die Gewißheit: wenn ich ernstlich um den Heiligen Geist bete, werde ich ihn erhalten ..., auch in unserer Zeit, sogar heute noch. Warum nicht? Sie haben wirklich großes Glück, wenn Gott Ihnen solch einen Glauben gibt, denn dann werden Sie bitten, und Sie werden sicher empfangen. Beachten Sie: ich lege Ihnen *nicht* nahe, die Meditation ganz aufzugeben. Schon daß ich Ihnen vorschlage, diese Abschnitte aus den Evangelien zu lesen, will heißen, daß ich Sie zu einer Art Meditation und Besinnung einlade. Was ich Ihnen vorschlage, ist, sich – anstatt allein auf die Meditation zu bauen – auf die Kraft des schlichten Bittgebets zu verlassen, und diesem Gebet größeres Gewicht zu geben als der Meditation. Wenn Sie das tun, werden Sie die Kraft entdecken, die dieses Gebet verleiht, wie auch die Zuversicht und den Frieden. Sie werden feststellen, wie wahr das Pauluswort an die Philipper ist: „Der Herr ist nahe. Sorgt euch um nichts, sondern bringt in jeder Lage betend und flehend eure Bitten mit Dank vor Gott! Und der Friede Gottes, der alles Verstehen übersteigt, wird eure Herzen und eure Gedanken in der Gemeinschaft mit Christus Jesus bewahren" (Phil 4, 5 ff.). Wer die Wahrheit dieser Worte einmal selbst erfahren hat, wird das Beten nie mehr im Leben aufgeben.

4
Ein Gebetskodex

Jeden, der die Worte Jesu über das Bittgebet unbekümmert und unvoreingenommen liest, müssen sie tief beeindrucken: Bittet einfach, sagt Jesus, und ihr werdet sicher empfangen. In unserem Herzen bricht ungestüm Hoffnung auf. Ob das wohl stimmt? Ich will einmal in gutem Glauben hinnehmen, was er gesagt hat, und dann meinen Bitten freien Lauf lassen – daraufhin werde ich alles erhalten, was ich brauche und wünsche. Doch unsere Erfahrung zerstört nur zu oft unsere Hoffnung. Ich habe in der Vergangenheit so viel gebetet und bin so oft enttäuscht worden. Der Ausspruch Jesu ist wohl doch nicht wörtlich zu nehmen. Wenn ja, wie erklärt sich dann mein häufiges Versagen im Gebet?

Die Antwort darauf ist ganz einfach. Wenn Sie ohne Erfolg gebetet haben, liegt das nicht daran, daß das Gebet nichts bewirkt. Es liegt daran, daß Sie nicht gelernt haben, richtig zu beten. Ein Bauingenieur mag darüber klagen, mit der Bautechnik stimme es nicht, weil jede Brücke, die er baut, einstürzt. In Wirklichkeit stimmt es mit der Bautechnik sehr wohl, nur ist er ein schlechter Bauingenieur. Wenn wir im Gebet nicht zum Ziel kommen, liegt es daran, daß wir schlechte Beter sind. Wir haben es nicht geschafft, die Gesetze zu beherrschen, die Jesus klar formuliert hat, denn das Gebet hat ebenso seine Gesetze wie der Brückenbau.

Das erste Gebetsgesetz: Der Glaube

Ist Ihnen aufgefallen, daß Jesus immer dann, wenn jemand ihn um einen Gefallen bat, sagte: Glaubst du, daß ich das kann? Mit anderen Worten, er bestand immer auf dem Glauben an seine Macht, zu heilen, wiederherzustellen und Wunder zu wirken. Es wird uns berichtet, in seiner Heimatstadt Nazaret habe er nicht viele Wunder wirken können, weil den Leuten dort der Glaube fehlte. Bei ihm galt fast als unerbittliches Gesetz: Wenn du glaubst, ist alles möglich. Wenn du nicht glaubst, kann ich nichts für dich tun. Du brauchst den Glauben nicht selbst zu haben: es genügt, jemand anders hat ihn für dich. (Ich werde das noch als einen der Vorteile des frei in der Gebetsgruppe gesprochenen Einzelgebetes herausstellen: Sie können dort den Herrn um etwas bitten, selbst wenn Ihr Glaube zur Erfüllung der Bitte vielleicht zu schwach ist; der Herr gibt Ihnen aber, worum Sie bitten.) Die Tochter des Jairus hatte den Glauben nicht, auch, soweit wir wissen, der Knecht des Hauptmanns bei Matthäus 8,5 oder der Gelähmte bei Matthäus 9,2–8 nicht. Es genügte, daß der Bittsteller, nicht unbedingt der Nutznießer, den Glauben besaß. Doch der Glaube war unerläßlich, für ihn gab es keinen Ersatz.

Das hat Jesus zum Gesetz erhoben. Im Matthäusevangelium 21,18–22 lesen wir: „Als er am nächsten Morgen in die Stadt zurückkehrte, hatte er Hunger. Da sah er am Weg einen Feigenbaum und ging auf ihn zu, fand aber nur Blätter daran. Da sagte er zu ihm: In Ewigkeit soll keine Frucht mehr an dir wachsen. Und der Feigenbaum verdorrte auf der Stelle. Als die Jünger das sahen, fragten sie erstaunt: Wie konnte der Feigenbaum so plötzlich verdorren? Jesus antwortete ihnen: Amen, das sage ich euch: Wenn ihr Glauben habt und nicht zweifelt, dann werdet ihr nicht nur das vollbringen, was ich mit dem Feigenbaum getan habe; selbst wenn ihr zu diesem Berg sagt:

Heb dich empor, und stürz dich ins Meer!, wird es geschehen. Und alles, was ihr im Gebet erbittet, werdet ihr erhalten, wenn ihr glaubt."

Im Markusevangelium 11,20–24 heißt es ebenso, nur noch nachdrücklicher: „Als sie am nächsten Morgen an dem Feigenbaum vorbeikamen, sahen sie, daß er bis zu den Wurzeln verdorrt war. Da erinnerte sich Petrus und sagte zu Jesus: Rabbi, sieh doch, der Feigenbaum, den du verflucht hast, ist verdorrt. Jesus sagte zu ihnen: Ihr müßt Glauben an Gott haben. Amen, das sage ich euch: Wenn jemand zu diesem Berg sagt: Heb dich empor, und stürz dich ins Meer!, und wenn er in seinem Herzen nicht zweifelt, sondern glaubt, daß geschieht, was er sagt, dann wird es geschehen. Darum sage ich euch: Alles, worum ihr betet und bittet – glaubt nur, daß ihr es schon erhalten habt, dann wird es euch zuteil."

Die Apostel hatten dieses Gesetz des Glaubens, das sie an die Christen der Urkirche weitergaben, gut begriffen. Jakobus formuliert es in seinem Brief (1,5–8) so: „Fehlt es einem von euch an Weisheit, dann soll er sie von Gott erbitten; Gott wird sie ihm geben, denn er gibt allen gern und macht niemand einen Vorwurf. Wer bittet, soll aber voll Glauben bitten und nicht zweifeln; denn wer zweifelt, ist wie eine Welle, die vom Wind im Meer hin- und hergetrieben wird. Ein solcher Mensch bilde sich nicht ein, daß er vom Herrn etwas erhalten wird: Er ist ein Mann mit zwei Seelen, unbeständig auf all seinen Wegen."

Jesus antwortet auch heute noch mit Wundertaten auf den Glauben. Sehr beeindruckt hat mich der Glaube einiger Menschen, deren geistlicher Dienst das Heilen ist. Anscheinend wirken sie wieder die Wunder, die Jesus gewirkt hat, wie wir in den Evangelien und in der Apostelgeschichte lesen. Ist es nicht auffallend, daß Jesus seinen Aposteln, jedesmal wenn er sie zur Predigt aussandte, die Kraft zu heilen und Wunder zu wirken gegeben hat – als ob er die beiden Dienste untrennbar miteinander verknüpft hätte, das Heilen und das Predigen? Jeder Verkündiger des Evangeliums muß sozusagen etwas von einem Wundertäter an sich haben. Daher ist es auch bezeichnend, daß die einzige Gnade, die die Apostel außer der Gnade der Furchtlosigkeit und des Mutes bei der Predigt des Evangeliums für sich erbeten haben, die Gnade, Wunder zu wirken, gewesen ist. Als man sie bei Gericht freiließ, sprachen sie dieses Gebet: „Und jetzt, Herr, sieh auf ihre Drohungen und gibt deinen Knechten die Kraft, mit allem Freimut dein Wort zu verkünden. Streck deine Hand aus, damit Heilungen und Zeichen und Wunder geschehen durch den Namen deines heiligen Knechtes Jesus." Ihr Gebet wurde offensichtlich großzügig beantwortet: „Als sie gebetet hatten, bebte der Ort, an dem sie versammelt waren, und alle wurden mit dem Heiligen Geist erfüllt, und sie verkündeten freimütig das Wort Gottes" (Apg 4, 29 ff.). „Und durch die Hände der Apostel geschahen viele Zeichen und Wunder im Volk ... Selbst die Kranken trug man auf die Straßen hinaus und legte sie auf Betten und Bahren, damit, wenn Petrus vorüberkam, wenigstens sein Schatten auf einen von ihnen fiel. Auch aus den Nachbarstädten Jerusalems strömten die Leute zusammen und brachten Kranke und von unreinen Geistern Geplagte mit. Und alle wurden geheilt" (Apg 5, 12.15 f.).

Der heilige Paulus, der in der Apostelgeschichte als Wundertäter hervorragt, beruft sich gern auf seine Macht, Wunder zu wirken, wenn es ihm darum geht, sich in der Urkirche als Apostel auszuweisen. „Jetzt bin ich wirklich ein Narr geworden; ihr habt mich dazu gezwungen. Eigentlich sollte ich von euch gerühmt werden; denn in nichts bin ich hinter den Überaposteln zurückgeblieben, obgleich ich nichts bin. Das, woran man den Apostel erkennt, wurde mit großer Ausdauer unter euch vollbracht: Zeichen, Wunder und machtvolle Taten" (2 Kor 12, 11 f.).

Warum sind wir heute nicht mehr Zeugen von Wundern, wie sie die Urkirche erlebt hat? Warum ereignen sich so selten Wunderheilungen oder gar Totenerweckungen? Manche begründen es damit, daß man heute keine Wunder mehr brauche. Ich meine aber, wir hätten noch nie so dringend Wunder gebraucht; und nur deshalb geschehen sie nicht mehr, weil wir einfach nicht mehr damit rechnen, daß sich Wunder ereignen; unser Glaube ist sehr schwach.

Ich erinnere mich an ein Gespräch mit einem Mitbruder, einem Jesuiten, der viel Gutes unter den Hindus wirkt und von ihnen als heiliger Mann und als Guru verehrt wird. Er fühlte sich berufen, loszuziehen und unter seinen Hindu-‚Jüngern' den Glauben und seine ausgesprochene Ergebenheit dem auferstandenen Herrn gegenüber zu verkünden. Doch wie ist das in einer Bevölkerung anzustellen, die alle Religionen als gleichwertig ansieht und bereit ist, Jesus von ganzem Herzen zu akzeptieren, wenngleich zu ihren eigenen Bedingungen: als eine weitere Manifestation der Gottheit wie Buddha oder Krishna? Ich sagte ihm: „Wissen Sie, wann die Dinge in Bewegung kommen werden? Wenn, sagen wir einmal, die Tochter eines Ihrer Jünger stirbt, und Sie kommen ins Haus und sagen den Anwesenden: ‚Weint nicht; das Mädchen wird leben. Im Namen Jesu Christi, des auferstandenen Herrn, werde ich sie ins Leben zurückrufen', und lösen dann Ihr kühnes Wort ein, so wie es in der Apostelgeschichte die Apostel getan haben. Dann wird es losgehen, versichere ich Ihnen. Es werden Bekehrungen zu Jesus Christus geschehen, aber es werden auch Feindseligkeiten und Verfolgungen ausbrechen." Wir haben heute in Indien von dem einen wie von dem anderen nur sehr wenig.

Ich habe schon gesagt, daß Jesus die Gabe, Kranke zu heilen und Wunder zu wirken, irgendwie an den Verkündigungsdienst gebunden hat. Er selbst hat beides in seinem eigenen Leben und Wirken miteinander verbunden und auch immer miteinander verknüpft, wenn er die Apostel zur Predigt aussandte. Es mag daran liegen, daß für die meisten nichts so wirklich ist wie der eigene Leib, und daß Gott für uns um so mehr Wirklichkeit wird, wenn wir feststellen, daß er in unserem Leib am Werk ist.

Zum Glück hat auch die Welt von heute ihren Anteil an den Großtaten des auferstandenen Herrn, der noch mitten unter uns lebt. Ich kenne Missionare, die für ihre Leute Wunder gewirkt haben. Mich beeindruckt der Glaube eines Mannes wie David Wilkerson, der in seinem großartigen Buch „The Cross and the Switchblade – Kreuz und Schnappmesser" berichtet, wie er Rauschgiftsüchtige heilt, die von der modernen Medizin und der modernen Psychiatrie als unheilbar aufgegeben wurden. Haben Drogenabhängige erst einmal begonnen, sich das Rauschgift in die Blutbahn zu injizieren, kann man offensichtlich kaum noch etwas für sie tun. Wilkerson behauptet, er heile sie einfach durch Handauflegung und Mitteilung der Kraft des Heiligen Geistes. Das heißt Glauben in Aktion!

Mehr über solch einen außergewöhnlichen Glauben ist in dem Buch „Realitäten, Gottes Wirken – heute erlebt" von Basilea Schlink und „God's Smuggler – Der Schmuggler Gottes" von Brother Andrew, nachzulesen; im letztgenannten Buch empfehle ich besonders den Abschnitt über die Seminarausbildung des Autors, während derer Predigerteams über Land geschickt wurden mit nur einem Pfund Sterling in der Tasche, um das Evangelium buchstäblich auf die Probe zu stellen, bevor man allein auszog, es zu predigen.

Wenn wir im eigenen Leben Gottes wunderbares Eingreifen nie oder kaum je erfahren, liegt es entweder daran, daß wir nicht gefährlich genug leben, oder daran, daß unser Glaube sich getrübt hat und wir kaum erwarten, daß Wunder geschehen. Es ist wichtig, daß es in unserem Leben Wunder gibt, wenn wir uns ein waches Bewußtsein von Gottes Gegenwart und Macht bewahren wollen. Religiös genommen, muß ein Wunder nicht unbedingt ein

Geschehen sein, das die Naturgesetze durchbricht – das wäre eine Naturerscheinung, die religiös völlig belanglos sein könnte. Damit in meinem Leben ein Wunder geschieht, genügt bei mir die tiefe Überzeugung, daß das Geschehen von Gott herbeigeführt worden ist, daß es ein direkter Eingriff Gottes um meinetwillen war. Jede Religion, die einen persönlichen Gott postuliert, kann nicht umhin, auf zwei Dinge großen Wert zu legen: auf das Bittgebet und auf Wunder. Gott wird mein ganz persönlicher Gott, wenn ich zu ihm rufe, wenn ich auf keinen Menschen mehr hoffen kann, und wenn er persönlich eingreift, um mich zu befreien oder mir Kraft zu geben, mich zu erleuchten und zu leiten. Wenn er das nicht täte, wäre er nicht *mein* persönlicher Gott, da er in meinem Leben kein aktiver Faktor wäre.

Es sieht so aus, als würden wir heute dieses Gefühl, daß Gott ständig in unser Leben eingreift, verlieren. Für die Juden war es in biblischer Zeit geradezu übermächtig. Deshalb waren sie auch Menschen mit einem großartigen Glauben. Regnete es da? Dann war es Gott, der Regen schickte; die veränderte Wetterlage, die ihnen den Regen brachte, übersahen sie tunlichst. Errangen sie einen Sieg oder verloren sie eine Schlacht, dann war es Gott, der sie gewinnen oder verlieren ließ. Kaum jemand wäre auf den Gedanken gekommen, den Ausgang einer Schlacht dem Geschick oder der Nachlässigkeit ihrer Feldherren zuzuschreiben. Selbst wenn ihre Truppen Feigheit vor dem Feind zeigten und Hals über Kopf die Flucht ergriffen, war es Gott, der das Herz der Soldaten sinken ließ, weil er ihnen den Mut nahm. Ihr ganzes Augenmerk galt der Erstursache: Gott. Die Zweitursachen haben sie wohl ganz einfach übersehen. So war es für sie auch in jeder Hinsicht selbstverständlich, bei Gott Zuflucht zu suchen.

Bei uns ist es genau umgekehrt. Kopfschmerzen? Das ist doch kein Grund, sich hinzuknien und zu beten. Da hilft nur eine Tablette Aspirin. Der Mensch ist mündig geworden. Statt seine Zeit beim Gebet in der Kirche zu verbringen, soll er besser Laboratorien bauen, sich auf seine Findigkeit verlassen und Arzneien, und was er sonst noch braucht, herstellen. Das stimmt ja alles, ist aber nicht die ganze Wahrheit. Wir sind so auf Zweitursachen fixiert, daß Gott in unserem Leben und Denken keine Rolle mehr spielt. Es ist ganz klar, daß man Aspirin erfinden muß, doch ist es Gott, der uns zu seiner Erfindung anregt. Es stimmt auch, daß das Aspirin Sie von Ihren Kopfschmerzen befreit; aber letztlich ist es Gott, der Sie durch das Aspirin kuriert, ist es seine Allmacht, die in den heilenden oder lindernden Faktoren des Aspirins am Werk ist. Für jedes Ereignis und für jede Tätigkeit in unserem heutigen Leben und in unseren heutigen Städten ist Gott ebenso unentbehrlich, wie er es für die Juden in der Wüste gewesen ist. Wir haben nur den Glaubenssinn verloren, der uns befähigt, ihn hinter jeder Zweitursache am Werk und durch den Schleier menschlicher Wirkkräfte seine Hand zu sehen, mit der er die Ereignisse persönlich lenkt.

Ich erinnere mich, vor Jahren einen Artikel gelesen zu haben, den zwei Psychiater, Laien, geschrieben hatten. Es handelte sich um eine Studie über Priester und Ordensleute, die sie behandelt hatten. Sie stellten fest, von den Priestern und Brüdern, die bei ihnen zu Dutzenden Hilfe in ihren persönlichen Schwierigkeiten gesucht hatten, hätten ganze zwei den Namen Gottes in all ihren Gesprächen auch nur erwähnt. Nur einer der beiden, ein Laienbruder, habe ihn als wichtigen Faktor in seinem Leben und in seiner Therapie bezeichnet. Bei allen anderen hatte es den Anschein, als spiele Gott in ihrem Leben keine Rolle; er wurde nie erwähnt, wenn sie über Schwierigkeiten sprachen, die ihre Intimsphäre betrafen.

Ist das nicht ein Zeichen dafür, wie weit Gott in den Hintergrund unseres Lebens gerückt ist? Wie schwach ist doch unser Glaubenssinn geworden! Wir rechnen einfach nicht damit, daß Gott machtvoll und unmittelbar in unser Leben eingreift. Liegt das an psychologischen Schwierigkeiten? Dann brauchen wir einen Psychiater. An einer organischen Krankheit? Lassen Sie den Arzt kommen. Jesus schien da ganz anders zu denken. Der Bäcker war für ihn sicher ein wichtiger Faktor für unsere Versorgung mit dem täglichen Brot – aber der wichtigste Faktor war unser Vater im Himmel. Er war es auch, an den wir uns mit der Bitte um unser tägliches Brot zu wenden hatten.

Wenn wir keinen Glauben haben, werden wir nicht einmal auf den Gedanken kommen, uns in all unseren Nöten an Gott zu wenden. Wenn wir keinen Glauben haben, bleibt unser Beten selbst dann wirkungslos, wenn wir uns an Gott wenden. Nehmen wir einmal an, Sie sollten einen langen Wunschzettel aufstellen und ihn Ihrem Vater im Himmel präsentieren. Wären Sie überrascht, wenn all Ihre Wünsche erfüllt würden? Warum? Haben Sie nicht einfach als selbstverständlich vorausgesetzt, daß Sie alles erhielten, worum Sie bäten? Beweist Ihre Überraschung nicht, daß es Ihnen an Glauben mangelt?

Der Glaube ist kein Erzeugnis, das wir selbst produzieren können. *Erzwingen* Sie den Glauben nicht; das wäre überhaupt kein Glaube, sondern eine gewaltsame Selbsttäuschung. Der Glaube ist eine Gabe, die man erhält, wenn man sich einfach auf den Wandel mit Gott einläßt. Je mehr man mit Gott zu tun hat, um so mehr setzt sich die Einsicht durch, daß ihm nichts unmöglich ist. Es erwacht dann bei Ihnen der Glaube, der Sie davon überzeugt, daß Gott Steine in Kinder Abrahams verwandeln kann. Das wird Sie dann davon überzeugen, daß er auch Ihr steinernes Herz leicht umwandeln kann ..., und sobald diese Überzeugung einsetzt, beginnt auch der Wandel in Ihrem Herzen.

Demnach ist das erste Gesetz für das Bittgebet: Das Gebet muß von einem unerschütterlichen Glauben begleitet sein. Denken Sie daran: „Selbst wenn ihr zu diesem Berg sagt: Heb dich empor, und stürz dich ins Meer!, wird es geschehen. Und alles, was ihr im Gebet erbittet, werdet ihr erhalten, wenn ihr glaubt." Welche Probleme Sie haben mögen, und seien sie auch wie gewaltige Berge, sie werden vor der Kraft Ihres Glaubens weichen.

Jesus erweitert sein Wort im Markusevangelium 11,24 noch um eine sehr interessante Einzelheit: „Ich sage euch: Alles, worum ihr betet und bittet – glaubt nur, daß ihr es schon erhalten *habt,* dann *wird* es euch zuteil." Wie seltsam. Glaubt, daß ihr es erhalten habt, dann *wird* es euch zuteil. Es ist noch nicht euer; aber ihr müßt beten, als wäre es schon euer. Deshalb mischen einige Menschen ihre Bitten auch mit Dank. Sie sind gewohnt, um etwas zu beten; dann beginnen sie, Gott dafür zu danken, daß er ihnen gewährt hat, worum sie gebetet haben. Wann ist der rechte Augenblick, mit dem Dank zu beginnen? Natürlich, werden Sie sagen, wenn man empfangen hat, worum man betet. Keineswegs! Der Augenblick, mit dem Dank zu beginnen, ist da, wenn Gott nach Ihrer, von ihm gewährten Überzeugung Ihr Gebet erhört hat – selbst schon bevor Sie die Gabe, um die Sie gebeten haben, wirklich erhalten. Wenn Ihnen jemand einen Scheck überreicht, warten Sie dann mit dem Dank, bis Sie den Scheck auf der Bank eingelöst haben? Wenn Sie merken, daß Gott Ihnen geben wird, worum Sie bitten, ist der Augenblick gekommen, mit dem Dank an ihn zu beginnen. Ich habe von einer Frau gelesen, die um Heilung von ihrer Arthritis gebetet hat. Sie hat mit ihrem Dank ganze drei Jahre vor Eintritt der Heilung begonnen, da die Heilung nach ihrer Überzeugung schon im Gange war.

Wenn wir beten, müssen wir uns deshalb auf das einstellen, was Gott uns sagt, und die Verheißung der Gabe entgegennehmen, bevor die Gabe selbst kommt. Könnte der heilige Paulus das vielleicht gemeint haben, als er die Philipper anwies, ihre Bitten mit Dank zu mischen? „Der Herr ist nahe. Sorgt euch um nichts, sondern bringt in jeder Lage betend und flehend eure Bitten mit Dank vor Gott! Und der Friede Gottes, der alles Verstehen übersteigt, wird eure Herzen und eure Gedanken in der Gemeinschaft mit Christus Jesus bewahren" (4, 5 ff.). Das ist übrigens eine großartige Formel für ein ständiges Leben im Frieden Gottes!

Das zweite Gebetsgesetz: Die Vergebung

Im 11. Kapitel des Markusevangeliums sagt uns Jesus, daß wir Glauben brauchen, wenn unsere Gebete etwas bewirken sollen. Im gleichen Abschnitt betont er, daß noch etwas notwendig ist: die Vergebung. „Und wenn ihr beten wollt und ihr habt einem anderen etwas vorzuwerfen, dann vergebt ihm, damit auch euer Vater im Himmel euch eure Verfehlungen vergibt" (Mk 11,25).

Das ist ein Grundgesetz für jegliches Beten, etwas, worauf Jesus immer wieder besteht. Wenn du nicht vergibst, wird auch dir nicht vergeben, kannst du unmöglich mit Gott verbunden sein. „Wenn du deine Opfergabe zum Altar bringst und dir dabei einfällt, daß dein Bruder etwas gegen dich hat, so laß deine Gabe dort vor dem Altar liegen; geh und versöhne dich zuerst mit deinem Bruder, dann komm und opfere deine Gabe" (Mt 5,23.).

Hieran liegt es meistens, daß es dem Beten so vieler Menschen an Kraft fehlt: sie hegen Groll in ihrem Herzen. Wie oft habe ich staunen müssen, wenn ich sah, wie schwer der Groll wiegt, den Menschen, auch Priester und Ordensleute, mit sich durchs Leben schleppen: Groll gegen Vorgesetzte, besonders wegen aller möglichen wirklicher oder eingebildeter Ungerechtigkeiten. Dabei sind sie sich nicht klar darüber, wie sehr das ihrem Gebetsleben, der Erfüllung ihrer Aufgaben im Dienst der Kirche und in vielen Fällen sogar ihrer Gesundheit schadet.

Diese Gefühle der Verbitterung, des Hasses und der Gehässigkeit vergiften unser Innenleben und tun weh. Und doch stellt man mit Erstaunen fest, wie zäh wir an ihnen festhalten. Manchmal würden wir uns eher von einem Besitz, und mag er noch so kostbar sein, trennen als von einem Groll, den wir gegen jemand hegen. Wir weigern uns rundweg, zu vergeben! Da macht Jesus nicht mit. Was er lehrt, ist unzweideutig: wenn du nicht vergibst, bist du für mich erledigt!

Deshalb rate ich Ihnen, schon gleich zu Beginn dieser Exerzitien Zeit darauf zu verwenden, verborgenen Groll aufzuspüren und abzulegen. Tun Sie das nicht, wird Ihr Beten während dieser Exerzitien unweigerlich darunter leiden. Widmen Sie diesem Punkt unbedenklich so viel Zeit wie nötig, selbst wenn Sie zwei oder drei ganze Tage nur darauf verwenden. Ich schlage Ihnen vor, eine Liste all der Menschen aufzustellen, die Sie hassen, denen Sie etwas nachtragen oder denen Sie Liebe und Vergebung verweigern. Das Aufstellen dieser Liste ist vielleicht für manche leichter gesagt als getan. Wenn sich besonders Priester angewöhnt haben, ein Gefühl zu verdrängen, dann ist es nach der Sinnlichkeit der Haß. Daher trifft man auch manchmal Priester, die einem guten Glaubens erzählen, sie haßten niemand und liebten jeden, die aber unbewußt ihren Groll und ihre Verbitterung im Reden und Verhalten zum Ausdruck bringen. Eine einfache Methode, eventuell verdrängten Groll freizulegen, ist die Aufstellung einer Liste der Menschen, denen Sie abgeneigt sind ... Wenn das ergebnislos bleibt, stellen Sie eine Liste der Menschen auf, von denen Sie nicht viel halten ..., oder gar von denen, die Sie weniger mögen als andere ..., oder schließlich von denen, die *Sie* nicht mögen. Vielleicht führt die Liste zu Überraschungen in Gestalt von Antipathien oder Groll, die Sie hegen könnten.

Seinen Zorn „ausschwitzen"

Was sollen Sie mit der Liste anfangen? Ich würde an Ihrer Stelle nicht zu abrupt Vergebung üben. Das könnte nur zu erneuter Verdrängung Ihrer Grollgefühle führen. Häufig hilft es, wenn Groll uns zu schaffen macht, „ihn auszuschwitzen". Ideal wäre es, die Angelegenheit mit dem Menschen, dem man grollt, zu besprechen und sich den Groll von der Leber zu reden. Dieses Ideal ist leider nicht immer erreichbar, da die betreffenden Personen entweder nicht in der Nähe sind oder, falls sie doch erreichbar sind, einfach nicht imstande wären, konstruktiv zu antworten, wenn Sie Ihrem Groll Luft machen.

Das Zweitbeste ist es dann, dem Groll in der Phantasie Luft zu machen. Stellen Sie sich vor, Sie sehen den Betreffenden, dem Sie grollen, vor sich und „sagen es ihm einmal so richtig". Vergebung ist weder Schwäche noch Feigheit. Ich kenne einen Pater, der es einfach nicht fertigbrachte, einem Kollegen, dem er grollte, zu vergeben und zu trauen: monatelang hatte er anscheinend erfolglos um die Gnade der Vergebung gebetet. Als ich ihn schließlich dazu brachte, es „auszutragen", sich dem Betreffenden in Gegenwart eines Dritten zu stellen, der geschickt als Katalysator diente, war die Vergebung solch ein Kinderspiel, daß er sich sogar fragte, was denn eigentlich zu vergeben wäre. Ein anderer Pater tat sich schwer, einem Untergebenen zu vergeben, der ihm durch Verleumdungen sehr geschadet hatte. Der Groll erbitterte ihn monatelang und stieß in ihm fast regelmäßig beim Gebet auf, sosehr er sich auch bemühte, ihn zu verdrängen. Ich konnte ihn dazu bringen, sich den Betreffenden in einem imaginären Rollenspiel einmal vorzunehmen und sogar durch Schläge mit der Faust auf ein Kissen seinem Schmerz und seinem Zorn Luft zu machen. Nach dieser Sitzung erkannte er, was für ein Feigling er gewesen war, wie schlapp er mit diesem Untergebenen verfahren war. Die Situation veränderte sich nicht, die Verleumdungen hielten an. Doch der Pater war nun emotional in der Lage, den Betreffenden zu verstehen und ihm zu vergeben. Er hatte seinen Zorn „ausgeschwitzt", so daß er ihm nicht mehr zu schaffen machte.

Es leuchtet mir ein, daß in diesen beiden Fällen eine übereilte Zuflucht zur Vergebung beim Gebet das Problem vielleicht eher erschwert statt behoben hätte. Daher muß ich Sie, so eindringlich ich Ihnen auch die Gebetsformen empfehle, die ich Ihnen hier als Mittel, anderen zu vergeben, jetzt kurz umreiße, warnen: sie werden vielleicht nicht immer unserem tiefsitzenden emotionalen (und manchmal sogar physischen) Bedürfnis gerecht, unsere Feindseligkeit „auszuschwitzen".

Wie man durch Gebet vergibt

Nach dieser Klarstellung hier nun einige passende Methoden, die Gnade des Vergebens zu erlangen und Groll abzuschütteln:

1. Beten Sie um das Wohl derer, die Sie nicht mögen. Das hat Jesus in der Bergpredigt empfohlen. Wenn Sie regelmäßig für sie beten, vollzieht sich in Ihrer Einstellung zu ihnen ein geheimnisvoller Wandel. Sie beginnen, sich für sie zu interessieren, sie positiv einzuschätzen, ja sogar zu lieben. Es ist leichter, Menschen zu vergeben, die man liebt und für die man betet.

2. Sehen Sie jedes Unrecht, das man Ihnen antut, als in geheimnisvoller Absicht von Gott geplant und gelenkt an. Es genügt nicht, zu sagen: „Gott hat es zugelassen." Gott ‚läßt' nicht einfach etwas ‚zu', er plant und lenkt es. Das Leiden Christi, dieses ungeheuerliche, von Menschen verübte Unrecht, ist von Gott nicht einfach zugelassen worden. Es war geplant, gewollt und vorherbestimmt. Daher spricht Jesus auch immer davon, daß er sein Leiden erdul-

den muß, „damit die Schrift erfüllt wird". Der heilige Petrus sagt in seiner Pfingstpredigt (Apg 2, 22 f.): „Ich spreche von Jesus von Nazaret, einem Mann, den Gott ausersehen hatte ..., ihn, der nach Gottes beschlossenem Willen und Vorauswissen hingegeben wurde, habt ihr durch die Hand von Gesetzlosen ans Kreuz geschlagen und umgebracht."

Wenn wir all die „Passionen" in unserm eigenen Leben so werten wie Jesus die seine – all das wirkliche oder eingebildete Unrecht, das uns angetan wurde –, als von Gott gelenkt und vorherbestimmt, als seinen wohlüberlegten Willen und Plan, halten wir uns nicht bei Zweitursachen auf, in denen wir uns wohl auch verlieren, bei den Menschen, die uns verletzt und wehgetan haben, bei den Herodes- und Pilatusgestalten in unserem Leben. Wir richten dann unseren Blick über sie hinaus auf den Vater, der alle Fäden unseres Lebens in der Hand hält und dieses Leid zu unserem und zum Heil der Welt verfügt hat. Dann wird es uns leichter fallen, unseren Feinden und Verfolgern zu vergeben.

Dies kann jedoch zu einer weiteren Schwierigkeit führen. Unser Groll könnte sich auf Gott verlagern! Da vor allem wir Priester gewohnt sind, Haß- und Wutgefühle zu unterdrücken, finden wir es manchmal schwerverständlich, wie Menschen in einen ganz tief sitzenden Groll gegen Gott verfallen können, wenn ein Schicksalsschlag über ihr Leben hereinbricht: der Tod eines nahestehenden Menschen, der Verlust ihrer Gesundheit, finanzielles Pech usw. Diese Menschen verstehen richtig, daß auf geheimnisvolle Weise der Herr „schuld" ist, daß er hinter all diesen Ereignissen steht. Mögen ihnen auch ihr Glaube und ihr Verstand sagen, daß der Herr das alles zu ihrem Heil geplant hat, ihr Herz und ihre Gefühle können nicht umhin, demjenigen zu grollen, der diese Schicksalsschläge verfügt hat, obwohl er sie doch hätte verhindern können. Mein Verstand mag mir sagen, daß das Messer des Chirurgen meiner Gesundheit dienen soll, was aber meinen Leib

65

nicht hindert, sich dagegen zu wehren und es als ein Übel zu hassen. So ist es auch mit dem Herzen, das sich in seinen Gefühlen nicht immer unter die Herrschaft des Hauptes beugen kann.

Wenn sich Groll gegen Gott meldet, ist es gut, ihn in seiner Gegenwart zu artikulieren – allen Zorn und Haß zu artikulieren, den man verspürt. Sie brauchen sich wegen der Ausdrucksweise keine Mühe zu geben: ich erinnere mich, das auch einmal getan zu haben. Ich war tief enttäuscht, weil ich etwas nicht erhielt, wonach ich sehr verlangte; und ich grollte Gott, weil er es mir nicht gab. Ich grollte ihm so sehr, daß ich mich zwei Tage hindurch weigerte, mit ihm zu reden, mich weigerte, zu beten. Sicherlich kindisch, aber wirksam. Ich wußte zutiefst, daß ich Gott zumuten durfte, ihm meinen Groll zum Ausdruck zu bringen, wie ich es ja auch meinen Freunden gegenüber zu tun pflege. Ich scheue mich nicht, all meinen Aversionen bei ihnen Ausdruck zu verleihen, da ich ganz sicher bin, daß sie mich genug lieben, um mich zu verstehen, und daß die Liebe unter uns infolge dieser „Kollision" wachsen wird. Wenn ich mit meinen Aversionen vor ihnen an mich hielte, würde ich sie höflich behandeln, eher wie Bekannte als wie vertraute Freunde, und ich würde mich der Gefahr aussetzen, in meinem Verhältnis zu ihnen abzukühlen, denn Groll kann man nicht immer wegwünschen: er hat es an sich, unter der Oberfläche zu schwären und auf die Dauer unsere Liebe zu untergraben.

Haben wir keine Angst, Gott zornige oder gar erbitterte Worte zu sagen. Selbst ein so heiliger Mann wie Ijob hat das getan, und es war keineswegs ein Anzeichen dafür, daß es ihm an Achtung vor dem Herrn fehlte. Im Gegenteil, es zeigte sein inniges Verhältnis zu Gott. Es ist auch bezeichnend, daß der Herr Ijob am Ende lobt und preist, während er seine Freunde tadelt, da sie an Ijobs erbitterten Worten solchen Anstoß genommen haben und ihn drängen, all sein Unglück eher sich selbst zuzuschreiben als dem Herrn. Wenn wir all unsere Aversionen dem Herrn gegenüber freien Lauf lassen, werden sie sich nach und nach verflüchtigen. Dann taucht unsere Liebe wieder auf, und wir werden glücklich feststellen, daß der „Streit", den wir mit ihm hatten, unser Verhältnis zu ihm nicht nur nicht untergraben hat: er hat es vertieft. Schließlich trete ich, auch wenn ich jemanden schelte, in Verbindung mit ihm und zeige ihm, daß mir genug an ihm liegt, mich über ihn zu erzürnen. Wenn mein Verhältnis zu einem Menschen brüchig ist und ich seiner nicht sicher bin, werde ich mich, aus Furcht, ihn zu verlieren, sehr hüten, ihm meinen Zorn zu zeigen. Ich muß seiner sicher genug und eng genug mit ihm befreundet sein, um ihm einen Zornausbruch von mir zuzumuten. Der Zorn ist vielfach die Kehrseite der Liebe, häufig sogar Liebe in anderer Gestalt. Das Gegenteil von Liebe ist nicht Zorn oder gar Haß. Es ist Kälte und Gleichgültigkeit.

3. Noch etwas können Sie tun, um Mißmut und Groll abzuschütteln: Treten Sie im Geist vor den gekreuzigten Christus hin und halten Sie den Blick fest auf dieses große Opfer des Unrechts gerichtet. Es wird nicht lange dauern, bis Sie sich schämen, sich über die kleinen Rechtsverletzungen so aufzuregen, deren Opfer Sie gewesen sind; denn Sie wollen ja Jünger sein und ihm bereitwillig nachfolgen, und das im ausdrücklichen Einvernehmen darüber, daß auch Sie Ihr Kreuz tragen würden wie er selbst.

Ich habe Menschen gekannt, die diese Übung nicht nur pflegten, um sich darüber zu schämen, daß sie Groll hegten, sondern sogar um Freude und Genugtuung darüber zu empfinden, daß sie für würdig befunden wurden, etwas vom Los ihres Meisters zu erleiden. Es wäre großartig, sollten auch Sie dieses Stadium erreichen. Dann werden Sie etwas von dem verstehen, was er in seiner Bergpredigt gesagt hat. „Selig, die um der Gerechtigkeit willen verfolgt werden, ... Selig seid ihr, wenn ihr um meinetwillen beschimpft und verfolgt und auf alle mögliche Weise verleumdet werdet. Freut euch und jubelt ..." (Mt 5,10ff.). Sie werden auch das Geheimnis der Heiligen verstehen, die große Freude darüber empfanden, wenn sie, ohne daß sie Anlaß dazu gegeben hätten, gedemütigt wurden, und große Dankbarkeit ihren ‚Verfolgern' gegenüber, die sie als Wohltäter ansahen! Hüten Sie sich aber, sich diese Empfindungen abzuringen; andernfalls werden sie nicht von Dauer sein und Sie erneut in Mutlosigkeit und Groll versinken lassen. Für Sie reicht es, wenn Sie sich an Ihren gekreuzigten Meister halten und einsehen, daß das Ihnen zugefügte Unrecht zu dem Preis gehört, den Sie für die Nachfolge in seinen Fußstapfen entrichten. Eines Tages wird er Ihnen, wenn Sie dichter zu ihm aufrücken, die Gnade gewähren, Freude an der Kreuzigung zu empfinden und statt in erbittertes Zürnen in Lob auszubrechen.

Bei all diesen Übungen zur Erlangung der Fähigkeit, zu vergeben, habe ich angenommen, daß Sie das unschuldige Opfer des Unrechts sind. In den meisten Fällen geht man allerdings mit dieser Annahme zu weit. Der Grund für das uns angetane Unrecht liegt, wenigstens bis zu einem gewissen Grad, sehr oft bei uns. Nur fällt es uns sehr schwer, das zu akzeptieren oder gar einzusehen. Es wird, sobald wir unseren Groll und unsere Aversionen abgelegt und Zuflucht zum Gebet genommen haben, hoffentlich leichter, zu vergeben, wenn Vergebung angezeigt ist.

So weit habe ich Ihnen Einblick in zwei der Gesetze gegeben, die für die Kunst des Betens gelten. Es gibt noch andere, auf die ich später noch eingehen werde. Mir scheint auch, keines der anderen Gesetze hat das große Gewicht, das diese beiden besitzen, denn für das Gebet ist nichts so wichtig wie der Glaube und die Vergebung.

Ich habe Ihnen Übungen in Vergebung genannt und Ihnen erklärt, wie wichtig der Glaube ist, so daß Sie für die Stunden des Gebetes hinreichend „beschäftigt" sind. Ich empfehle Ihnen eindringlich, die Worte Jesu über die Macht und die Wirkung des Gebetes mit kindlicher Einfalt zu akzeptieren – dann wird sich Ihnen das Himmelreich auftun. Ich möchte hier mit einer rührenden Geschichte schließen, die Ramakrishna gern seinen Jüngern als Beispiel für den schlichten Kinderglauben gebracht hat, den der Herr von uns erwartet, wenn wir uns im Gebet an ihn wenden:

In einem Dorf in Bengalen wohnte einmal eine arme Witwe, deren einziger Sohn täglich in ein Nachbardorf zur Schule ging. Der Junge mußte auf dem Schulweg jeden Tag einen Dschungel durchqueren und sagte daher zu seiner Mutter: „Mutter, ich habe Angst, allein durch den Dschungel zu gehen. Schick doch jemand mit." Die Mutter antwortete: „Kind, wir sind zu arm, uns einen Diener zu leisten, der dich zu Schule bringen und wieder abholen könnte. Bitte deinen Bruder Krishna, dich zur Schule zu begleiten. Er ist der Herr des Dschungels und wird Dein Gebet erhören." Der Junge tat, was ihm die Mutter sagte. So ging er am nächsten Tag bis an den Rand des Dschungels und rief laut nach seinem Bruder Krishna. Und der Herr antwortete: „Was willst Du, mein Sohn?" Da sagte der Junge: „Willst Du jeden Tag mit mir durch den Dschungel hier zur Schule gehen und mich auch auf dem Heimweg beleiten? Ich fürchte mich, allein zu gehen." „Ja", sagte der Herr Krishna, „es wird mir ein großes Vergnügen sein, das für Dich zu tun." Und so wartete Krishna jeden Morgen und Abend auf seinen kleinen Schützling und ging mit ihm durch den Dschungel.

Als nun der Geburtstag des Lehrers kam, sollten alle Kinder ihm ein Geburtstagsgeschenk mitbringen. Die Witwe sagte zu ihrem Sohn: „Wir sind zu arm, uns ein Geburtstagsgeschenk für Deinen Lehrer zu leisten. Bitte Deinen Bruder Krishna, Dir ein Geschenk für ihn zu geben." Krishna gab dem Jungen einen Krug voll Milch. Der Junge marschierte stolz zum Haus des Lehrers und stellte den Krug zu den vielen anderen Geschenken, die vor seinen Füßen ausgebreitet waren. Doch der Lehrer schenkte dieser bescheidenen Gabe keine Beachtung. Nach einer Weile begann der kleine Junge in kindlicher Spontaneität zu wimmern: „Niemand beachtet mein Geschenk, niemand sieht es ...," bis schließlich der Lehrer zu seinem Diener sagte: „Bring um Himmels willen den Krug in die Küche, damit diese Quengelei aufhört." Der Diener leerte den Krug in eine Schüssel und wollte ihn gerade dem Jungen zurückgeben, als er zu seinem Erstaunen bemerkte, daß der Krug wieder voller Milch war. Er leerte ihn wieder in die große Schüssel; und erneut füllte er sich unter seinen staunenden Blicken bis zum Rand – genau wie das Gefäß mit Öl, das die Witwe für den Propheten Elischa verwendete.

Als der Lehrer von diesem Wunder hörte, rief er den Jungen und sagte ihm: „Woher hast du diesen Krug?" „Bruder Krishna hat ihn mir gegeben", sagte der Bub. „Bruder Krishna? Wer ist denn dieser Bruder Krishna?" „Er ist der Herr des Dschungels. Jeden Tag begleitet er mich zur Schule und wieder zurück." Der Lehrer wollte das nicht glauben. „Wir gehen alle mit und möchten diesen Bruder Krishna, von dem Du erzählst, einmal sehen", sagte er. So brachten er, die Diener und die anderen Schüler unseren kleinen Jungen bis zum Rand des Dschungels und sagten: „Ruf deinen Bruder Krishna. Wir möchten ihn gern sehen."

Da begann der Junge nach Krishna zu rufen: „Bruder Krishna, Bruder Krishna ..." Doch der Herr, der früher immer so schnell kam, wenn er seinen kleinen Freund hörte, blieb heute still. Der Dschungel blieb still. Nichts war zu hören außer dem Echo der Stimme des Jungen, der vergeblich nach seinem Bruder Krishna rief. Schließlich brach er in Tränen aus. „Bruder Krishna, bitte komm", sagte er. „Wenn Du nicht kommst, glauben sie mir nicht ... Schon jetzt sagen sie, ich lüge. Komm doch, Bruder Krishna!" Endlich hörte er die Stimme des Herrn, der sagte: „Mein Sohn, ich kann nicht kommen. Erst wenn

Dein Lehrer Deinen Kinderglauben und Dein einfaches, reines Herz hat, werde ich kommen."

Als ich diese Erzählung zum ersten Mal las, war ich sehr gerührt. Sie erinnerte mich daran, wie es mit Jesus und seinen Jüngern war. Nur diejenigen, die Glauben besaßen, sollten ihn als Auferstandenen sehen. Wir sagen jedoch, zuerst soll er mir erscheinen, dann werde ich glauben. Oder wie soll ich sonst feststellen, ob etwas Wirklichkeit ist oder nur Autosuggestion? Dem Herrn scheint nichts daran zu liegen, uns bei der Lösung dieses Problems zu helfen. Er sagt: „Zuerst glaube, und dann wirst du sehen. Glaube nur, dann wird dir nichts unmöglich sein."

5
Das Bittgebet und seine Regeln

Unter den Schriften der Wüstenväter befindet sich eine Sammlung von Homilien, die man Makarius, dem Ägypter, zuschreibt. Sie enthält eine wunderbare Homilie, in der Makarius behauptet, selbst der größte Sünder könne danach streben, Mystiker zu werden, vorausgesetzt, er wende sich von seiner Sünde ab und vertraue auf den Herrn. Wörtlich heißt es in dieser Predigt: „Selbst ein Säugling, der noch für alles zu schwach ist und dessen Füßchen ihn noch nicht zu seiner Mutter tragen, kann sich doch von einer Seite auf die andere rollen, schreien und weinen, weil es ihn zu ihr zieht. Da tut er der Mutter leid, die sich aber auch freut, daß der Kleine sich so nach ihr sehnt. Da er nicht zu ihr kommen kann, nimmt sie ihn denn, gedrängt von seinem Verlangen und ihrer eigenen Liebe zu dem Kind, auf, streichelt ihn zärtlich und stillt ihn. So macht es in seiner Liebe auch Gott mit der Seele, die zu ihm kommt und sich nach ihm sehnt."

In dem Gleichnisbild des kleinen Kindes fängt Makarius wunderbar ein, was Jesus über das Beten lehrt. Für uns alle gibt es Hoffnung. Gott fragt nicht, ob wir würdig sind oder nicht. Er überprüft nicht unser vergangenes Leben mit seinen Pannen und Treulosigkeiten. Es genügt, daß wir (a) nach ihm rufen, daß wir uns sehr nach ihm sehnen, daß wir (b) aus Hilflosigkeit nicht erlangen können, was wir ersehnen, und daß wir (c) glauben, er werde für uns tun, was wir nicht selbst für uns tun können.

Die Macht des Gebetes: Narada

Die Literatur der Hindus enthält etliche schöne Erzählungen, die als Beispiele für die Lehre Jesu dienen könnten. Eine Erzählung handelt von einem Weisen, Narada, der zum Tempel des Herrn Vishnu unterwegs war. Bei Einbruch der Dunkelheit kehrte er in einem Dorf ein, wo ein armer Mann und seine Frau ihn gastlich aufnahmen. Als sein Gastgeber erfuhr, daß Narada sich auf einer Wallfahrt zum Tempel Vishnus befand, sagte er zu ihm: „Würdest Du wohl zum Herrn beten, daß wir Kinder bekommen? Meine Frau und ich wünschen uns sehnlichst Kinder, aber der Herr hat uns noch keine gegeben." Narada versprach, für sie zu beten und zog weiter. So kam er zum Tempel und trug Vishnu die Bitte des armen Mannes vor. Der Herr machte kurzen Prozeß. Er sagte: „Dem Mann ist es vom Schicksal bestimmt, keine Kinder zu bekommen." Narada beugte sich dieser Erklärung des Herrn und kehrte nach Hause zurück. Fünf Jahre später begab er sich wieder auf die Wallfahrt zu dem Tempel. Er bat auch wieder im Haus des einfachen Mannes um Gastfreundschaft, die man ihm gern gewährte. Diesmal entdeckte er aber zu seiner Überraschung drei kleine Kinder, die auf dem Hof spielten. „Wessen Kinder sind das?" fragte Narada. „Meine", sagte der Mann. Da sagte Narada: „Der Herr hat Dir also doch Kinder gegeben?" „Ja", sagte der Dörfler, „kurz nachdem Du uns vor fünf Jahren verlassen hattest, kam ein Heiliger durch das Dorf. Er hat mir und meiner Frau den Segen gegeben und über uns gebetet. Der Herr hat sein Gebet erhört und uns diese drei lieben Kinder geschenkt, die Du hier siehst." Narada war verblüfft und konnte am nächsten Tag nicht schnell genug zum Tempel des Herrn kommen. Kaum angekommen, sprach er zum Herrn: „Hast du mir nicht gesagt, es sei dem Mann nicht vom Schicksal bestimmt, Kinder zu bekommen? Wieso hat er denn jetzt drei?" Als der Herr Vishnu das hörte, lachte er laut und sagte: „Da muß ein Heiliger im Spiel gewesen sein. Heilige besitzen die Macht, das Schicksal zu ändern!"

Eine schöne Geschichte, nicht wahr? Das dachte ich mir auch, bis mir auf einmal eine ähnliche Geschichte einfiel. „Frau, meine Stunde ist noch nicht gekommen." Dann kam auf geheimnisvolle Weise seine Stunde doch, und er hat das Wunder der Verwandlung von Wasser in Wein gewirkt. Hat Maria da nicht gezeigt, daß das Bittgebet die Macht besitzt, das Schicksal zu ändern? „Viel vermag das inständige Gebet eines Gerechten", heißt es im Jakobusbrief (5, 16 ff.), „Elija war ein Mensch wie wir; er betete inständig, es solle nicht regnen, und es regnete drei Jahre und sechs Monate nicht auf der Erde. Und er betete wieder; da gab der Himmel Regen, und die Erde brachte wieder ihre Früchte hervor."

Im 2. Buch der Könige, Kapitel 20, befindet sich eine Erzählung, die der Narada-Erzählung sehr gleicht: Hiskija wurde schwer krank und war dem Tode nahe; der Prophet Jesaja suchte ihn sogar auf und brachte ihm diese Botschaft des Herrn: Bring deine Angelegenheiten in Ordnung; dir steht der Tod bevor, nicht die Genesung. Da drehte sich Hiskija mit dem Gesicht zur Wand und betete so zum Herrn: Ach Herr, denk daran, daß ich mein Leben lang treu und mit lauterem Herzen meinen Weg gegangen bin und immer getan habe, was dir gefällt. Und Hiskija weinte bitterlich. Worauf das Wort des Herrn an Jesaja erging, der die Mitte des Hofes noch nicht erreicht hatte: Kehr um, und sag zu Hiskija, dem Herrscher meines Volkes, hier ist eine Botschaft für dich vom Herrn, dem Gott deines Vaters David. Ich habe dein Gebet gehört und deine Tränen gesehen; sei's denn, ich habe Dir Genesung gewährt. In drei Tagen sollst du zum Tempel des Herrn hinaufgehen, und ich will dein Leben um fünfzehn Jahre verlängern.

Das ist auch ein Beispiel dafür, daß das Gebet das

Schicksal zu ändern vermag. Was hätte endgültiger sein können als ein Wort des Herrn, ausgerichtet durch seinen Propheten? Wie kann man dagegen Berufung einlegen? Wie kann man den Herrn zu einer Willensänderung bewegen? Und doch bewirkt das Gebet das Unmögliche. Nichts ist unmöglich für Gott; folglich ist auch nichts unmöglich für das Bittgebet, das man an Gott richtet, wie Jesus es uns gelehrt hat.

Häufig höre ich von Exerzitienteilnehmern folgenden Einwand: Wie ist es möglich, Gott zu einer Willensänderung zu bewegen? Gottes Wille ist doch unveränderlich. Das ist ein philosophischer Einwand, für den ich keine Lösung weiß. Ebensowenig kann ich erklären, wie es möglich ist, durch Gebet Gottes Willen zu ändern, wie ich die Menschwerdung Gottes oder die Gegenwart Christi in der Eucharistie erklären kann. Das sind Geheimnisse, die unser menschlicher Verstand niemals auch nur annähernd begreifen kann. Uns genügt es, zu wissen, daß Jesus deutlich gesagt hat, uns werde gegeben, worum wir bitten; er hat nicht erwartet, daß wir uns fatalistisch in etwas fügen, was wir für das ‚Schicksal' oder ‚den Willen Gottes' halten; er hat gewollt, daß wir bitten und empfangen, suchen und finden, anklopfen und eingelassen werden. Für uns ist es also damit getan, daß wir uns hier und jetzt aufmachen und zu unserer Freude überrascht entdecken – trotz aller philosophischen Einwände –, daß zutrifft, was Jesus über das Gebet gelehrt hat, daß Beten hilft, wie es Maria in Kana und Hiskija geholfen hat, als er sich von Jesajas Prophetenspruch getroffen sah.

Immer wieder bringt die Bibel Beispiele für die geheimnisvolle, große Freude, die Gott empfindet, wenn das Gebet seiner Freunde ihn umstimmt. Hören wir, was der Prophet Amos sagt: „Dies zeigte mir Gott, der Herr, in einer Vision: Er ließ Heuschrecken entstehen, als gerade die Frühjahrssaat zu wachsen begann – die Frühjahrssaat folgt auf den Schnitt für den König. Sie machten sich daran, alles Grün im Land zu vertilgen. Da rief ich: Gott, mein Herr, vergib doch! Was soll denn aus Jakob werden? Er ist ja so klein. *Da reute es den Herrn,* und er sagte: Es soll nicht geschehen. Dies zeigte mir Gott, der Herr, in einer Vision: Gott, der Herr, rief zur Strafe das Feuer herbei, und das Feuer fraß die große Flut und wollte schon das Land Jakobs verschlingen. Da rief ich: Gott, mein Herr, halte doch ein! Was soll denn aus Jakob werden? Er ist ja so klein. *Da reute es den Herrn wiederum,* und er sagte: Auch das soll nicht geschehen" (7, 1–6).

Exodus 32 (9–11.14) rechtet Mose lange mit Gott, und es gelingt ihm schließlich, Gott umzustimmen: „Der Herr sprach zu Mose: Ich habe dieses Volk durchschaut: Ein störrisches Volk ist es. Jetzt laß mich, damit mein Zorn gegen sie entbrennt und sie verzehrt. Dich aber will ich zu einem großen Volk machen. Da versuchte Mose, den Herrn, seinen Gott, umzustimmen ... *Da ließ sich der Herr das Böse reuen,* das er seinem Volk angedroht hatte."

Genesis 18, 17–32 zeigt uns Abraham bei dem Versuch, durch sein Eintreten für die Städte Sodom und Gomorra das ebenfalls bei Gott zu erreichen: „Da sagte sich der Herr: Soll ich Abraham verheimlichen, was ich vorhabe? Abraham soll doch zu einem großen, mächtigen Volk werden ... Der Herr sprach also: Das Klagegeschrei über Sodom und Gomorra, ja, das ist laut geworden, und ihre Sünde, ja, die ist schwer ... Abraham trat näher und sagte: Willst du auch den Gerechten mit den Ruchlosen wegraffen? Vielleicht gibt es fünfzig Gerechte in der Stadt. Willst du auch sie wegraffen und nicht doch dem Ort vergeben wegen der fünfzig Gerechten dort? ... Da sprach der Herr: Wenn ich in Sodom, in der Stadt, fünfzig Gerechte finde, werde ich ihretwegen dem ganzen Ort vergeben ... Dann sagte er: Mein Herr zürne nicht, wenn ich weiterrede. Vielleicht finden sich dort nur dreißig. Er entgegnete: Ich werde es nicht tun, wenn ich dort dreißig finde. Darauf sagte er: Ich habe es nun einmal unternommen, mit meinem Herrn zu reden. Vielleicht finden sich dort nur zwanzig. Er antwortete: Ich werde sie um der zwanzig willen nicht vernichten. Und nochmals sagte er: Mein Herr zürne nicht, wenn ich nur noch einmal das Wort ergreife. Vielleicht finden sich dort nur zehn. Und wiederum sagte er: Ich werde sie um der zehn willen nicht vernichten."

Ungeachtet all unserer philosophischen Einwände zeigt uns die Bibel einen Gott, der sich ganz und gar nicht dagegen sperrt, sich durch das Gebet derer, die er liebt, beeinflussen zu lassen; einen Gott, der seinen Propheten seine Pläne sogar eben deshalb eröffnet, damit sie ihn durch die Macht ihres Gebetes dazu bringen können, seine Absicht und seine Pläne zu ändern; einen Gott, der sich auf Grund seiner eigenen Entscheidung der gewaltigen Macht des beharrlichen Betens fügt.

Die „Theologie" des Bittgebetes

Die einzige Gebetsform, die Jesus seine Jünger gelehrt hat, war die der Bitte; sie ist sogar fast die einzige Gebetsform, die in der ganzen Bibel ausdrücklich gelehrt wird. Das mag für diejenigen merkwürdig klingen, denen man von Jugend an beigebracht hat, daß es verschiedene Gebetsarten gibt und daß die Anbetung den ersten Platz einnimmt; die Bitte steht, da sie eine ‚egoistische' Gebetsform ist, an letzter Stelle. Wir hatten fast das Gefühl – oder nicht? –, daß wir früher oder später dieser niedrigeren Gebetsform ‚entwachsen' und zur Kontemplation, zur Liebe und zur Anbetung emporsteigen müßten.

Und doch werden wir, wenn wir einmal überlegen, feststellen, daß es kaum eine Gebetsform gibt, Anbetung und Liebe durchaus eingeschlossen, die nicht im richtig vollzogenen Bittgebet enthalten ist. Das Bitten lehrt uns, daß wir ganz und gar von Gott abhängig sind. Es lehrt uns, völlig auf ihn zu vertrauen. Immer wieder kann man hören:

„Unser Vater im Himmel weiß alles, was ich brauche. Und wenn er sich um die Vögel in der Luft und die Lilien auf dem Feld kümmert, wird er sich bestimmt auch um mich kümmern. Jesus hat uns das ausdrücklich gesagt. So verwende ich meine Zeit nicht darauf, den Vater um etwas zu bitten, wovon er längst weiß, daß ich es brauche, und das er mir sowieso geben will."

Die hier vertretene Auffassung stimmt, die Logik allerdings nicht. Jesus sagt uns wirklich, daß sein Vater sich um die Vögel in der Luft und die Lilien auf dem Feld kümmert. Aber die Schlußfolgerung, die er zieht, lautet nicht: Bittet nicht – er selbst drängt uns doch dauernd, zu bitten –, sondern: Sorgt euch nicht! Kann es nach der oben angeführten Logik etwas Unsinnigeres geben, als um die Entsendung von Arbeitern in die Ernte des Herrn zu beten? Ist es doch die Ernte des Herrn. Er weiß, daß Arbeiter vonnöten sind. Und er hat bestimmt die Absicht, sie auf sein Erntefeld zu schicken. Und doch besteht er darauf, daß wir um die Entsendung dieser Arbeiter beten. Hier haben wir es wieder mit der Einstellung Gottes zu tun, dessen ausdrücklicher Wille es ist, sich der Macht des Gebetes zu fügen, daß sogar der Eindruck entsteht, als brauche er die Gebete der Menschen, um seine Macht zu entfesseln.

Gottvertrauen besagt also wiederum nicht Abkehr vom Bittgebet. Vielmehr sagt es, daß man seine Bitte Gott zur Kenntnis bringt. Tun Sie das auch wirklich! – und überlassen Sie alles ihm in der Zuversicht, daß er alles in die Hand nehmen und zu einem guten Ende führen wird. Wir brauchen uns also nicht mehr zu sorgen. Der heilige Paulus sagt das wunderbar: „Sorgt euch um nichts, sondern bringt in jeder Lage betend und flehend eure Bitten mit Dank vor Gott! Und der Friede Gottes, der alles Verstehen übersteigt, wird eure Herzen und eure Gedanken in der Gemeinschaft mit Christus Jesus bewahren" (Phil 4,6f.).

Ich habe schon in der vorausgegangenen Besinnung etwas über die Theologie des Bittgebetes gesagt und die Notwendigkeit von Bitte und Wundern begründet. Sie lassen Gott wirklich in unser Leben ein. Er ist ein Gott, der aktiv eingreift, weil ihm an uns liegt; keine ferne Gottheit, mit der wir nicht bei der Verwirklichung unseres Lebenszieles zusammenwirken könnten. Für den Wert, den Jesus auf das Bittgebet legt, gibt es aber noch einen anderen Grund: Er ist in dem Satz zusammengefaßt: „Ohne mich könnt ihr nichts tun". Wenn wir unaufhörlich das Bittgebet üben und in unserem Leben ständig seine Wirkung spüren, lernen wir auch experimentell, daß wir von Gott abhängig sind und ihn brauchen. Wir müssen einfach diese Gottbedürftigkeit „leben".

Das Konzil von Trient hat diese Theologie in den Satz gefaßt: „Gott verlangt von uns nicht, das Unmögliche zu tun, sondern das Mögliche, und zu erbitten, was uns unmöglich ist." Das Konzil von Orange hat genauer und ausdrücklicher gesagt: „Wenn unsere Gedanken rechtschaffen sind und unsere Schritte der Sünde aus dem Weg gehen, ist das Gottes Gabe: denn jedesmal wenn wir recht handeln, ist Gott es, der in uns und mit uns handelt, da er uns den Anstoß zum Handeln gibt" (Kanon 9). „Selbst diejenigen, die zum neuen Leben wiedergeboren worden, selbst diejenigen, die geheilt worden sind, müssen *immer um Gottes Beistand beten,* damit sie zur Vollendung gelangen oder auch nur im Guten durchhalten können" (Kanon 10). „Alles, was der Mensch an Wahrheit und Güte besitzt, stammt aus diesem göttlichen Quell; wir müssen in dieser Wüste immer nach ihm dürsten, damit wir, wie von einem milden Regen erquickt, die Kraft haben, auf dem Weg nicht zu versagen" (Kanon 22).

Der Christ muß von der Überzeugung durchdrungen sein, daß Frömmigkeit nicht unser *Werk* ist, nicht einmal ein Werk, das wir für Gott verrichten. Frömmigkeit ist das, was Gott für uns, in uns und durch uns wirkt, so daß selbst unser Wirken und Wünschen und das „Zusammenwirken mit der Gnade" Gottes Geschenk sind. Simone

Weil hat sehr weise festgestellt, der verhängnisvolle Irrtum der Marxisten (und, was das angeht, aller Humanisten, die sich auf den Menschen und sein Leistungsvermögen beschränken und für Gott keinen Platz haben) bestehe darin, daß sie erwarteten, sie würden sich in die Lüfte erheben, wenn sie nur eisern weitermarschierten.

Das Weitermarschieren wird Sie früher oder später wieder an Ihren Ausgangspunkt bringen; all Ihr Marschieren, und mag es noch so forsch sein, wird es nicht fertigbringen, Sie auch nur einen Fuß hoch vom Boden abheben zu lassen. Dazu bedarf es eines göttlichen Eingriffs. Und Jesus hat dafür gesorgt, daß wir uns dessen immer bewußt bleiben, und darauf bestanden, daß wir Gott ohne Unterlaß um alles, einfach um alles, bitten, selbst um das Kommen seines Reiches, um Arbeiter für sein Erntefeld und sogar um unsere kleinen materiellen Bedürfnisse und unser tägliches Brot. Wenn wir das öfter täten, würden wir den „Frieden Gottes" verkosten, der nach den Worten des heiligen Paulus „all unser Verstehen übersteigt".

In diesem Zusammenhang empfehle ich nachdrücklich, die Briefe des heiligen Paulus an die Römer und an die Galater zu lesen. Dort ist die ganze Theologie des Bittgebetes wunderbar dargestellt, denn er entwickelt in diesen Briefen meisterhaft die Theologie unserer totalen Abhängigkeit von Gott. Wir müssen vor Gott zu kleinen Kindern werden. Das Kind „erwirbt" sich seinen Unterhalt nicht; seine Eltern lieben es, und es verdient, daß sie es lieben, pflegen und für alles sorgen, was es braucht, nicht aufgrund dessen, was es *tut,* sondern aufgrund dessen, was es *ist* – ihr Kind. Es braucht seine Bedürfnisse nur zu äußern, damit die Liebe seiner Eltern sie erfüllt. Es gibt nichts Herzzerreißenderes, als ein Kind in Angst und Not um sein Aufwachsen, seine Entwicklung und sein Überleben geraten zu sehen – ein Kind, das sich eher reckt und streckt, um aufzuwachsen, statt sich voll Vertrauen auf seine Eltern zu stützen.

Ich möchte jedoch der Vorstellung vorbeugen, das sei eine Theologie für Faulenzer, und Beten dispensiere uns davon, selbst etwas zu tun, ja, uns mit aller Kraft einzusetzen. Zu Gott zu beten und sich nicht mehr zu sorgen, heißt nicht: Gib Dir keine große Mühe, um zu erlangen, was Du als Gabe von Gott erwartest. Der Herr füttert zweifellos die Vögel des Himmels, aber er läßt ihnen die Atzung nicht in den hochgereckten Schnabel fallen; er erwartet, daß die Vögel sie suchen und alles daran setzen, zu erhalten, was er ihnen gibt.

Das Geheimnis besteht hier darin, daß man arbeitet, als hinge alles von uns ab, und Gott vertraut, als hinge alles von ihm ab. Das miteinander zu verbinden, ist nicht einfach. Jemand, der schwer arbeitet, gerät leicht in Versuchung, sich eher auf seine eigene Anstrengung zu verlassen als auf Gottes Segen und Gnade. Der Erbauer des Hauses sollte schon pausenlos schaffen, sich um jede Kleinigkeit kümmern und nichts dem Zufall überlassen; aber er sollte dabei auch immer im Auge behalten, daß er vergebens baut, wenn der Herr das Haus nicht baut. Die städtischen Behörden sollten schon alle Mittel einsetzen, über die sie zum Schutz und zur Bewachung ihrer Stadt verfügen. Aber sie sollten auch ein waches Gespür dafür besitzen, daß der Herr es ist, der wacht und nicht die technischen Anlagen, die sie erfunden haben. Wir bedienen uns dieser Anlagen, all dieser menschlichen Mittel; aber wir verlassen und stützen uns nicht auf sie; wir verlassen uns nur auf den Herrn. Menschliche Mittel sind notwendig, aber sie sind auch unzulänglich; wir müssen ein Gespür für die Macht des Herrn entwickeln, die hinter ihnen steht und wirkt.

6
Weitere „Gesetze" für das Beten

In einer früheren Besinnung hatte ich begonnen, „Gesetze für das Beten" aufzustellen, jedoch nach den ersten beiden, Glaube und Vergebung, die Reihe abgebrochen. Hier sind noch vier Reden:

1. Weltabgewandtheit

Im Jakobusbrief 4, 2 ff. heißt es: „Ihr begehrt ... und erhaltet nichts, weil ihr nicht bittet. Ihr bittet und empfangt doch nichts, weil ihr in böser Absicht bittet, um es in eurer Leidenschaft zu verschwenden. Ihr Ehebrecher, wißt ihr nicht, daß Freundschaft mit der Welt Feindschaft mit Gott ist? Wer also ein Freund der Welt sein will, der wird zum Feind Gottes."

Ein nur auf sein Vergnügen bedachter Mensch kann nicht erwarten, daß Gott ihm in seinen Gelüsten Hilfestellung leistet. Daß man den Wunsch nach Vergnügen, selbst nach sinnenhaftem Vergnügen, empfindet, ist gut. Das Leben wäre sonst farblos und trist. Bedenklich sind die schrankenlose Gier nach ihm, das Sich-Verzehren nach Luxus und Tand, der Kult des Geldes, das dazu verhelfen kann.

Jesus tritt für ein Leben ein, das schlicht und von Luxus und Reichtum entrümpelt ist. Er heißt uns, um unser tägliches Brot, unseren Tagesunterhalt zu bitten, nicht um den Firlefanz, mit dem die Kaufhäuser unserer Konsumgesellschaft vollgestopft sind. Er sieht die Gefahren des

Reichtums sehr deutlich und geht sogar so weit, zu sagen, ein Mensch, der sein Geld liebe, habe dadurch automatisch aufgehört, Gott zu lieben; diese beiden Lieben können einfach nicht gleichzeitig im Menschenherzen sein.

Wenn das also die Dinge sind, um die wir Gott bitten, brauchen wir uns nicht zu wundern, daß er unsere Gebete nicht erhört. Mehr noch: wenn sie es sind, wofür wir leben – selbst wenn wir sie aus unserem Gebet heraushalten –, ist es unwahrscheinlich, daß unser Gebet vor dem Herrn etwas bewirkt. Jesus will, daß wir zuerst das Reich Gottes und seine Gerechtigkeit suchen, nicht die Annehmlichkeiten und Güter dieser Welt.

2. Großherzigkeit

Jeder, der erwartet, daß Gott mit ihm großherzig verfährt, muß seinen Mitmenschen gegenüber großherzig sein. „Gebt", sagt Jesus, „und es wird euch gegeben werden. Ein gutes, vollgedrücktes, gerütteltes und überbordendes Maß wird man euch in den Schoß häufen; denn mit dem Maß, mit dem ihr meßt, wird auch euch zugemessen werden" (Lk 6,38).

Wenn Sie den Armen, den Bedürftigen und denen gegenüber, die Sie um Hilfe oder einen Gefallen bitten, knauserig und berechnend sind, wie können Sie dann erwarten, daß Gott Ihnen gegenüber großherzig ist?

3. Beten im Namen Jesu

Diese Übung legt Jesus den Aposteln ans Herz, als er ihnen empfiehlt, seinen Vater um das zu bitten, was sie brauchen. „Wahrlich, wahrlich, ich sage euch: Wer an mich glaubt, wird die Werke, die ich vollbringe, auch vollbringen, und er wird noch größere vollbringen, denn ich gehe zum Vater. *Alles, um was ihr in meinem Namen bittet,* werde ich tun, damit der Vater im Sohn verherrlicht wird. Wenn ihr mich um etwas in meinem Namen bittet, werde ich es tun. Ich habe euch erwählt und dazu bestimmt, daß ihr euch aufmacht und Frucht bringt und daß eure Frucht bleibt. Dann wird euch der Vater *alles* geben, *um was ihr ihn in meinem Namen bittet* ... An jenem Tag werdet ihr mich nichts mehr fragen. Wahrlich, wahrlich, ich sage euch: Was ihr vom Vater erbitten werdet, das wird er euch *in meinem Namen* geben. Bis jetzt habt ihr noch nichts in meinem Namen erbeten. Bittet, und ihr werdet empfangen, damit eure Freude vollkommen ist" (Joh 14.12 ff.; 15,16; 16,23 f.).

Es handelt sich hier zweifellos um die Worte, die die Kirche zu der Praxis führten, ihre Gebete „durch Jesus Christus, unseren Herrn" und „im Namen Jesu Christi, deines Sohnes", an den Vater zu richten. Wir täten gut daran, ihr in diesem Punkt zu folgen, wenn unsere Gebete vor dem Vater etwas ausrichten sollen. Im Namen Jesu zu beten, heißt, sich auf seinen Einfluß beim Vater, auf seine Fürsprache und darauf zu verlassen, daß der Vater ihn liebt und eifrig bedacht ist, ihm zu Gefallen zu sein und alles zu geben, worum er bittet. Es heißt, fest darauf zu vertrauen, daß der Vater Jesus sicher alles gibt, worum er ihn nur bittet. Es heißt auch, unsere konkreten Bitten an Geist und Gesinnung Jesu auszurichten. Im Namen Jesu zu beten, würde also heißen, daß wir um nichts bitten, worum er den Vater nicht bitten würde. Er selbst ist Reichtum, Ehre, Pomp und Würden aus dem Weg gegangen. Es ist schwer vorstellbar, wie wir um diese Dinge oder um ein Schlaraffenland voller weltlicher Freuden bitten könnten, wenn wir in seinem Namen bitten.

4. Beharrlichkeit

Von allen Regeln, von denen ich gesprochen habe, ist die Beharrlichkeit vielleicht nach Glaube und Vergebung das wichtigste und außerdem eine Regel, auf der Jesus wiederholt bestanden hat. Er sagt uns ausdrücklich, daß es nicht genügt, nur einmal um etwas zu bitten; wir müssen beharrlich bitten, immer wieder, unaufhörlich und unermüdlich bitten, bis der Vater uns Gehör schenkt und uns unsere Bitte erfüllt. Jesus gibt uns zwei Beispiele für beharrliches Beten.

Das erste stammt aus dem 11. Kapitel des Lukasevangeliums: „Wenn einer von euch einen Freund hat und um Mitternacht zu ihm geht und sagt: Freund, leih mir drei Brote; denn einer meiner Freunde, der auf Reisen ist, ist zu mir gekommen, und ich habe ihm nichts anzubieten!, wird dann etwa der Mann drinnen antworten: Laß mich in Ruhe, die Tür ist schon verschlossen, und meine Kinder schlafen bei mir; ich kann nicht aufstehen und dir etwas geben? Ich sage euch: Wenn er schon nicht deswegen aufsteht und ihm seine Bitte erfüllt, weil er sein Freund ist, so wird er doch wegen seiner Zudringlichkeit aufstehen und ihm geben, was er braucht. Darum sage ich euch: Bittet, dann wird euch gegeben." Die Weigerung, sich mit einem Nein abwimmeln zu lassen; die Zudringlichkeit seiner beharrlichen Bitte. Jesus drängt uns richtig, so zu beten wie dieser Mann! Sagt er damit doch: „Selbst wenn Gott auf dem Ohr, an das ihr euch wendet, taub zu sein scheint, gebt nicht auf. Seid unverschämt. Seid beharrlich. Klopft immer weiter an. Setzt ihn unter Druck!"

Das zweite Beispiel findet sich im 18. Kapitel des Lukasevangeliums. Jesus hat es ausdrücklich gebracht, um Ausdauer und Beharrlichkeit beim Beten einzuschärfen: „Er sagte ihnen durch ein Gleichnis, daß sie allezeit beten und darin nicht nachlassen sollten: Es war einmal in einer Stadt ein Richter, der Gott nicht fürchtete und auf keinen

Menschen Rücksicht nahm. In jener Stadt war aber auch eine Witwe, die immer wieder zu ihm kam und sagte: Verschaff mir Recht gegen meinen Widersacher! Lange Zeit wollte er nichts davon wissen. Dann aber sagte er sich: Ich fürchte zwar Gott nicht und nehme auch auf keinen Menschen Rücksicht; trotzdem will ich dieser Witwe zu ihrem Recht verhelfen, denn sie läßt mich nicht in Ruhe. Sonst erledigt sie mich eines Tages noch mit ihrer Zudringlichkeit. Der Herr sprach: Hört, was der ungerechte Richter sagt. Sollte Gott seinen Auserwählten, die Tag und Nacht zu ihm schreien, nicht zu ihrem Recht verhelfen und Großmut an ihnen üben?"

Die Botschaft dieses Gleichnisses ist klar: Kann es eine verzweifeltere Lage geben als die einer armen Witwe ohne Einfluß, ohne Beziehungen und einem Richter ausgeliefert, der ein durchtriebener Schuft ist? Doch auch in einer so aussichtslosen Lage wie dieser siegt das beharrliche Gebet. Wenn es bei einem hartherzigen Richter den Sieg davonträgt, um wieviel eher wird es bei meinem Vater mit dem weichen Herzen gewinnen? Häufig erlangen wir nur deshalb nicht, worum wir bitten, weil wir eine Zeitlang bitten und dann das Bitten leid werden, weil wir nicht schnell genug erhalten, worum wir bitten. Wir müssen uns die Lektion zu Herzen nehmen, die Jesus uns erteilt: es der Witwe gleichtun, die den Richter „nicht in Ruhe läßt" und ihn „mit ihrer Zudringlichkeit erledigt hat".

Wir können das an einem herrlichen Beispiel im 15. Kapitel des Matthäusevangeliums sehen, in dem Bericht von der Kanaanäerin, die beharrlich blieb trotz aller harten Worte, mit denen Jesus sie abwies: „Eine kanaanäische Frau aus jener Gegend kam zu ihm und rief: Hab Erbarmen mit mir, Herr, du Sohn Davids! Meine Tochter wird von einem Dämon gequält. Jesus aber gab ihr keine Antwort. Da traten seine Jünger zu ihm und baten: Schick sie weg, denn sie schreit hinter uns her. Jesus antwortete: Ich bin nur zu den verlorenen Schafen des Hauses Israel gesandt. Doch die Frau kam, fiel vor ihm nieder und sagte: Herr, hilf mir! Er erwiderte: Es ist nicht recht, das Brot den Kindern wegzunehmen und den Hunden vorzuwerfen. Da entgegnete sie: Ja, du hast recht, Herr! Aber selbst die Hunde bekommen von den Resten, die vom Tisch ihrer Herren fallen. Da antwortete ihr Jesus: Frau, dein Glaube ist groß. Was du willst, soll geschehen. Und von dieser Stunde an war ihre Tochter geheilt" (15, 22–28).

Dieses Zwiegespräch sagt alles und braucht keinen Kommentar. Es gleicht eher einem verbissenen Ringen als einem Beten, wie wir es uns gewöhnlich vorstellen. Es erinnert mich an eine Geschichte, die ich einmal gelesen habe. Sie handelt von Abba Sisoes, dem Nachfolger des heiligen Antonius, der auf seine alten Tage noch erfuhr, daß Abraham, einer seiner Jünger, in Sünde gefallen war. Er trat im Gebet vor Gott hin und sagte: „Gott, ob es dir paßt oder nicht, ich lasse dir keine Ruhe mehr, wenn du ihn nicht heilst." Da wurde sein Gebet auf der Stelle erhört! Ungehörig, doch dann merkt man, daß es eigentlich nur das ist, was die kanaanäische Frau getan hat, die dadurch sogar Jesu Bewunderung weckte.

Das Bittgebet: eine Lebensform

Was Jesus über das Beten gesagt hat, klingt sehr einfach: „Bittet, und ihr werdet empfangen!" Entwaffnend einfach. Aber hinter der einfachen Anweisung steht eine ganze Lebensform: ein Leben des Glaubens, der brüderlichen Vergebung, der Großherzigkeit den Armen gegenüber, der Abkehr von der Welt, des ausschließlichen Vertrauens auf Gott. Bitten ist nicht einfach eine Gebetsform, es ist eine ganze Lebensform. Sobald wir das verstehen, gewinnen Jesu Worte über die gewaltigen Dinge, die das Gebet vermag, große Glaubwürdigkeit.

Wieviel Raum sollte das Bitten bei uns einnehmen?

Welchen Platz sollten wir dem Bittgebet in unserem Gebetsleben einräumen? Das ist schwer zu sagen. Hierin muß jeder dem Drängen des Geistes folgen. Wir brauchen in unserem Gebetsleben so etwas wie eine ausgewogene Diät, die für eine Vielfalt von Gebetsformen offen ist: für die Anbetung, die Kontemplation, die Meditation in ihren verschiedenen Formen, für die Sakramente und für die Schriftlesung, für das Gebet in fremden Anliegen und natürlich auch für das Bitten in eigener Sache. Der Geist wird uns bald diese und bald jene Richtung nahelegen. Dabei wollen wir uns nach seiner Weisung und nach unseren Bedürfnissen richten. Eines aber ist klar: wir „entwachsen" nie der Notwendigkeit, das einfache Bittgebet zu üben. Mögen wir auch noch so große Fortschritte im Gebet, in der Kontemplation und auf dem Weg zur Heiligkeit machen, das Bittgebet bleibt immer eine Pflicht, die uns auferlegt ist, eine Pflicht, von der wir uns nie dispensieren können, denn wir werden immer sprechen müssen: „Vater unser im Himmel, geheiligt werde dein Name, dein Reich komme ..., unser tägliches Brot gib uns heute, vergib uns unsere Schuld, führe uns nicht in Versuchung."

Das ist ja das Anstößige am christlichen Beten, der Gebetsart, die Christus uns gelehrt hat: es ist fast die einzige Gebetsart, die, rein anthropozentrisch gesehen, sinnlos ist. Meditation und Besinnung lassen sich noch verstehen; die Kontemplation, die zur Vereinigung mit dem Göttlichen und zur seelischen Entfaltung führt, ist erst recht sinnvoll; sogar die Anbetung, die tiefe Ehrfurcht, das Staunen und die Ehrerbietung angesichts der Gottheit. Doch das Bittgebet scheint so sinn- und zwecklos zu sein: da steht der winzige Mensch mit seinen Bitten den unabänderlichen Plänen des Unendlichen gegenüber! Da steht der Mensch vor Gott und bittet ihn um Dinge wie Brot, die er sehr wohl selbst erzeugen kann – und deren Erzeugung kraft seiner eigenen Leistung Gott sogar von ihm erwartet!

Doch wie sinnlos das Bittgebet auch für den Philosophen zu sein scheint, es wird für den Menschen sinnvoll, der es eifrig und mit kindlichem Glauben praktiziert. Sobald jemand die Kraft entdeckt hat, die im Gebet liegt, läßt er sich wahrscheinlich nicht von philosophischen Problemen, die das Warum und Wozu betreffen, beirren. Er hat es ausprobiert, und es funktioniert. Es beschert ihm den „Frieden, der" nach den Worten des heiligen Paulus „alles Verstehen übersteigt", und die „vollkommene Freude", die Jesus denen verheißen hat, die das Bittgebet übten. Da er das aus eigener Erfahrung weiß, bittet er recht gern auch weiterhin um alles, was er braucht, und vertraut darauf, daß sein himmlischer Vater ihn weit mehr liebt, als ein irdischer Vater je sein Kind geliebt hat. Es heißt, viele Priester gäben heute das Beten auf. Ein einfacher Grund dafür mag sein: sie haben nie erlebt, welche Kraft das Gebet verleiht. Wer schon einmal erfahren hat, daß Beten Kraft ist, wird für den Rest seiner Tage das Beten nie mehr lassen. Mahatma Gandhi sagte dazu sehr aufschlußreich: „Ich teile Ihnen da meine eigene Erfahrung mit und die meiner Kollegen: wir konnten tagelang ohne Nahrung auskommen, aber wir konnten keine Minute leben ohne Gebet." Oder an anderer Stelle: „Angesichts des Lebens, das ich führe, würde ich verrückt, wenn ich zu beten aufhörte!"

Wenn wir Gott um so wenig bitten, mag das daran liegen, daß wir so wenig Verlangen nach ihm empfinden; wir führen ein selbstgefälliges, sicheres, wohlbehütetes und mittelmäßiges Leben; wir leben nicht gefährlich genug, wir leben nicht so, wie Jesus es für uns vorgesehen hatte, als er die Frohbotschaft verkündete. Je weniger wir beten, um so unwahrscheinlicher ist es, daß wir das riskante und kühne Leben führen, zu dem das Evangelium uns drängt; je weniger Wagemut das Leben von uns verlangt, um so unwahrscheinlicher ist es, daß wir beten.

7
Das Jesusgebet

Ich möchte jetzt über eine Gebetsform sprechen, die manche etwas phantastisch finden mögen. Freilich muß ich zugeben, daß sie mir auch phantastisch vorkam, als ich meine erste Bekanntschaft mit ihr machte. Doch dann habe ich reichlich Zeit gehabt, die enorme Bedeutung zu entdecken, die sie in meinem Leben und im Leben vieler Menschen besitzt, deren geistlicher Begleiter ich sein durfte. Immer wieder kommt es vor, daß ich ehemalige Exerzitienteilnehmer treffe, die mir sagen: „Die beiden Dinge, die ich nach den Exerzitien bei Ihnen beibehalten habe, sind das Bittgebet und das Jesusgebet." Ich kenne Menschen, die durch die Praxis dieses Gebetes die ständige Gegenwart Gottes in ihrem Leben entdeckt haben, darunter zwei, deren geistlicher Begleiter ich bin, die einzig und allein diese Gebetsform geübt und schon durch die Dynamik dieses Gebetes große Veränderungen in ihrem Leben gespürt haben. Ich gebe diese Erfahrungen hier gern weiter und bin zuversichtlich, daß es wenigstens manchen, wenn nicht vielen oder gar allen zum Segen gereicht.

Lassen Sie mich zunächst berichten, wie ich an dieses Gebet gekommen bin. Eines Abends hielt ich vor einer Gruppe von Schwestern eine Konferenz und kam darauf zu reden, wie wenig Bücher es gibt, die uns wirklich beten lehren. Unsere klassische Gebetsliteratur – und ich fürchte, das trifft auch weithin für unsere moderne Literatur, moderne katholische Literatur, zu; die protestantische Literatur habe ich im allgemeinen praktischer und frommer gefunden – beschäftigt sich häufig mit der Erhabenheit des Gebets, der Notwendigkeit des Gebets, der Theologie des Gebets usw. Doch verhältnismäßig wenig ist darüber zu erfahren, wie man es eigentlich beim Beten anstellen soll. An jenem Abend sprach mich eine der Schwestern an: „Ich habe ein Buch gefunden, das genau das Problem behandelt, das Sie heute morgen erwähnt haben. Es gibt Ihnen eine praktische Anleitung zum Gebet. Möchten Sie es einmal lesen?" Ich begann nach dem Abendtisch mit der Lektüre und fand sie so fesselnd, daß ich das Buch bis tief in die Nacht zu Ende las. Der Titel dieses Buches hieß „Aufrichtige Erzählungen eines russischen Pilgers" und war von einem anonymen russischen Pilger geschrieben. Das Manuskript dieses Buches war Anfang unseres Jahrhunderts nach dem Tod ihres Bewohners in einer Mönchszelle auf dem Berg Athos gefunden worden. Der Mönch könnte sein Verfasser gewesen sein. Das Buch wurde bald ein Klassiker auf dem Gebiet der Spiritualität und wurde in die meisten modernen Sprachen übersetzt; ich kenne allein vier indische Übersetzungen: eine in Hindi, eine in Tamil, eine in Malayalam und eine in Marathi.

Die Geschichte, die dieses Buch von dem Pilger erzählt, ist ganz einfach. Er wird von allerlei Katastrophen heimgesucht: seine Frau und sein einziges Kind entreißt ihm der Tod. Sein Haus brennt ab. Daraufhin entschließt er sich, der Welt zu entsagen und für den Rest seines Lebens zu verschiedenen heiligen Stätten zu pilgern. Er macht sich auf den Weg, einen Sack auf dem Rücken und in dem Sack eine Bibel und ein Stück Brot. Beim Lesen stößt er in der Bibel häufig auf Mahnungen, beständig zu beten, unablässig zu beten, Tag und Nacht zu beten. Dieser Gedanke läßt ihn nicht mehr los. Und so beginnt er, einen Menschen zu suchen, der ihn das unablässige Beten lehren will.

Dabei begegnet er einer Reihe von Menschen, zumal

Priestern. Auf seine Frage: „Wie kann ich unablässig, ohne Unterbrechung, beten?", erhält er allerlei unbefriedigende Antworten. Einer sagt ihm: „Bruder, nur Gott kann Dich lehren, unablässig zu beten". Ein anderer sagt: „Tu immer Gottes Willen. Wer immer Gottes Willen tut, betet dadurch dauernd." Keine dieser Antworten befriedigt unseren Pilger, der den Auftrag, immer zu beten, ganz wörtlich nimmt. Wie, so fragt er sich, sollte ich in jedem Augenblick, ob im Wachen oder im Schlaf, beten, wenn so viele andere Dinge meine Gedanken beschäftigen?

Da also liegt die Schwierigkeit: der Pilger glaubt, Beten sei eine Sache des Denkens; er muß erst noch lernen, daß man mit dem Herzen betet.

Eines Tages begegnet er einem Mönch, der ihn fragt, wohin er gehe, und was er suche. Die Antwort war: „Ich pilgere von Heiligtum zu Heiligtum und suche jemand, der mich lehren möchte, unablässig zu beten." Der Mönch sagte ihm, seiner Sache ganz sicher als ein Mensch, der weiß, worum es geht: „Bruder, danke Gott von Herzen, denn er hat dir endlich jemand geschickt, der dich lehren wird, dauernd zu beten. Geh mit mir in mein Kloster!"

Im Kloster läßt der Mönch ihn in einer kleinen Hütte innerhalb der Mauern niedersitzen, drückt ihm einen Rosenkranz in die Hand und sagt zu ihm: „Sprich fünfhundertmal folgendes Gebet: Herr Jesus Christus, Sohn Gottes, sei mir armen Sünder gnädig!" Ich weiß im Augenblick nicht mehr genau, wie oft er das Gebet sprechen sollte; es war fünfhundert- oder tausendmal, ich habe es vergessen – es ist Jahre her, seit ich die Geschichte gelesen habe, weshalb ich die Einzelheiten nicht mehr so genau weiß. Unser Pilger war bald mit dem ihm aufgetragenen Gebetspensum fertig und hatte noch Zeit; er wagte aber nicht, der Weisung seines geistlichen Vaters zuwiderzuhandeln und das Gebet öfter zu sprechen, als ihm aufgetragen war. Am nächsten Tag steigerte der geistliche Vater das Pensum: tausendmal. Und von Tag zu Tag wuchs es weiter: zweitausend, dreitausend, viertausend usw.

Ich weiß noch, wie ich eine Schwesterngruppe während ihrer Exerzitien das Buch bei Tisch lesen ließ. In ein paar Tagen waren einige von ihnen ziemlich fassungslos vor Staunen. „Was bringt Sie so aus der Fassung?" fragte ich sie bei meinen Einzelgesprächen. „Das Buch", war die Antwort. „Der zählt ja beim Beten die Anrufungen ab und ist schon bei viertausend. Diese Zählerei halte ich nicht aus!" Ich fand das amüsant. „Wenn viertausend sie starr vor Staunen machen, warten Sie nur, bis er bei zwanzigtausend ist. Dann gehen Sie die Wände hoch!" Doch dazu kam es nicht! Nach den Exerzitien kauften die Schwestern weit und breit auch das letzte englische Exemplar dieses Buches! Sie hatten sich in das Buch regelrecht verliebt und wollten es ihren Freunden nicht vorenthalten.

Doch zurück zu unserem Pilger. Kaum hatte er sich angewöhnt, sein Gebet den Tag hindurch Tausende von Malen zu sprechen, da starb sein geistlicher Vater. Der arme Mann ging mit der Beerdigung und weinte über das Unglück, diesen Menschen zu verlieren, den der Herr ihm geschickt und der ihm versprochen hatte, ihn das unablässige Beten zu lehren. Jetzt war es sinnlos, noch länger im Kloster zu bleiben. Er schulterte seinen Sack und zog wieder los. Diesmal hatte er sich zu seiner Bibel aber noch ein Exemplar der Philokalie besorgt: ein Buch mit Auszügen aus den Schriften der griechischen Väter, Kirchenlehrer und Theologen über dieses Gebet, das die Griechen „Jesusgebet" nennen.

Jeden Tag las er in dem Buch und befolgte gewissenhaft seine Anweisungen. Er lernte daraus, das Gebet mit seinem Atem zu verbinden, so daß er beim Einatmen die Worte „Herr Jesus Christus, Sohn Gottes", und beim Ausatmen die Worte „sei mir armen Sünder gnädig" sprach. Dann „legte" er „das Gebet" mittels eines geheimnisvollen Verfahrens, das im Buch nicht beschrieben wird und das man nicht ohne die ausdrückliche Hilfe eines erfahrenen Meisters nachvollziehen soll, allmählich ‚in sein Herz'. Eines Tages übernahm unversehens das Herz das Gebet, und so sprach er es unaufhörlich, ob er wachte oder schlief, ob er aß oder redete oder seines Weges ging. Das Herz sprach das Gebet immer wieder einfach vor sich hin, unabhängig vom Denken, wie es Tag und Nacht unabhängig vom Denken weiterschlug. So lernt also schließlich unser Pilger das Geheimnis des unablässigen Betens. Der Rest des Buches ist den Abenteuern gewidmet, die er auf seiner Pilgerschaft erlebte, den wunderbaren Wirkungen des Gebetes und umfangreichen Ausführungen über das Gebet und das geistliche Leben im allgemeinen.

Ich muß sagen, daß ich das Buch bei der ersten Lektüre als literarisches Werk bezaubernd fand. Es sprach mich schon durch seine Schlichtheit an. Doch dabei war ich mir nicht so ganz sicher, ob seine Aussagen zum Gebet etwas taugten. Mir kam das Ganze zu mechanisch, zu sehr wie Autosuggestion vor. So war ich zunächst geneigt, es dabei bewenden zu lassen. Zugleich reizte es mich, es ein paar Tage lang auszuprobieren. Ich wählte mir also eine Formel – nicht die vom Buch vorgeschlagene; man braucht sich nicht an „Herr Jesus Christus, Sohn Gottes, sei mir armen Sünder gnädig" zu halten. Jede andere Formel, die Ihnen gefällt, ist ebenso gut. In nicht einmal einem Monat stellte ich in meinem Beten eine spürbare Veränderung fest. Ich wiederholte im Laufe des Tages nur noch, sooft ich daran dachte, diese Anmutung, und zwar nicht nur zu Gebetszeiten, sondern auch in freien Augenblicken, wenn ich auf einen Bus oder Zug wartete oder irgendwohin ging. Die Veränderung, die ich wahrnahm, läßt sich kaum beschreiben. Sensationell war sie nicht. Ich begann mich irgendwie friedlicher, gesammelter und integrierter zu fühlen – wenn man so sagen kann –, eine gewisse Tiefe in mir zu spüren. Es fiel mir auch auf, daß das Gebet, wenn ich nicht geistig beschäftigt war, es an sich hatte, mir fast von selbst auf die Lippen zu kommen; das merkte ich dann und habe es bewußt vor mich hin gesagt, manchmal rein mechanisch, manchmal auch sinnerfüllt.

Ich sprach darüber mit einer Schwester aus meinem engeren Bekanntenkreis, die in Fragen des Gebets und des geistlichen Lebens ziemlich erfahren war. Sie hatte das Buch nie gelesen, berichtete mir aber etwas Interessantes aus ihrem eigenen Leben: Als sie im Noviziat war, hatte die Novizenmeisterin den Novizinnen angeraten, sich ein Stoßgebet auszusuchen, das zu ihrem Schrittrhythmus paßte. In dem für eine Novizin bezeichnenden Eifer griff sie diese Übung sofort auf und wiederholte dauernd im Innern die Formel entsprechend dem Rhythmus ihrer Schritte. Einige Zeit nach dem Noviziat gab sie diese Übung dann auf. Doch was sie bewirkte, hielt lebenslang an. Sie sagte mir: „Ich weiß nicht warum, aber sobald ich ein paar Schritte tue, merke ich jedesmal, wie dieses Gebet in mir weitergeht. Ich mag am Schreibtisch arbeiten, wenn jemand mich ins Sprechzimmer ruft. Sobald ich mich erhebe und zu gehen beginne, werde ich fromm!" Sie führte dies auf die Übung ihres Jesusgebetes im Noviziat zurück.

Dieselbe Schwester berichtete mir auch von einem Exerzitienmeister, der einer Gruppe von Arbeitern sagte: „Richtet ein Gebet am Rhythmus der Maschinen in eurer Fabrik aus. Irgendein Gebet, wie ‚Heiligstes Herz Jesu, ich vertraue auf dich'. Wiederholt dieses Gebet innerlich den ganzen Tag im Takt der Maschinen. Es wird nicht lange dauern, bis ihr merkt, wie gut sich diese Übung geistlich für euch auswirkt." Der Exerzitienmeister hatte recht. Es erscheint einem alles recht mechanisch, doch muß es offensichtlich funktionieren. So ging ich daran, die Übung des Jesusgebetes so gründlich wie möglich zu untersuchen. Dabei entdeckte ich so manches, doch möchte ich Ihnen hier nicht alles vortragen, worauf ich gekommen bin. Vielmehr möchte ich nur das kurz ansprechen, was

Ihnen vielleicht Anregung sein könnte, es ebenfalls mit Erfolg zu praktizieren.

Anfangs war ich geneigt, diese Übung als eine Art Autosuggestion abzutun. Ich will jetzt nicht behaupten, daß hier keine Spur von Autosuggestion vorliegt; wahrscheinlich schon. Es beeindruckte mich aber die Riesenzahl von Theologen und Heiligen, die in der Vergangenheit dieses Gebet geübt und empfohlen haben. Sie alle mögen in den Feinheiten der Psychologie nicht so bis ins einzelne bewandert gewesen sein wie wir heute, wenngleich sie sicherlich nicht so naiv waren, daß sie ein rein psychologisches Phänomen nicht von einem geistlichen unterscheiden konnten. Sie stellten sich oft einschlägige Fragen und beantworteten sie, wie mir scheint, recht gut. Ich habe festgestellt, daß diese Gebetsform nicht auf die Ostkirche beschränkt war. Viele Mystiker der abendländischen Kirche praktizieren dieses Gebet. Die abendländische Formel lautete im allgemeinen: „Mein Jesus, Barmherzigkeit". Darüber hinaus gibt es jedoch noch viele andere Formeln. Vom heiligen Franz von Assisi lesen wir, daß er nächtelang „Deus meus et omnia – mein Gott und mein Alles!" betete. Der heilige Bruno, der Gründer des Kartäuserordens, hatte immer „O bonitas! O Güte Gottes!" auf den Lippen. Als der heilige Franz Xaver auf einer Insel vor der chinesischen Küste im Sterben lag, hörte man ihn unablässig sagen: „Herr Jesus Christus, Sohn Davids, erbarme dich meiner." Der heilige Ignatius von Loyola führt in seinen „Geistlichen Übungen" eine geheimnisvolle Gebetsform an, die er einem Exerzitanten empfiehlt: eine Gebetsformel im Rhythmus des eigenen Atems zu sprechen. Wo mag er wohl diese Entsprechung zum Jesusgebet gefunden haben?

Es sieht ganz so aus, als habe die Kirche diese Übung von den Hindus in Indien, die eine sechstausendjährige und längere Erfahrung in der Übung der, wie sie sie nennen, Namensanrufung besitzen. Auch die Wüstenväter müßten diese Gebetsform fast sicher praktiziert haben. Die bei ihnen geläufigste Formel war das „Deus, in adjutorium meum intende, Domine, ad adjuvandum me festina". Sie sprachen diese Formel tagsüber bei der Handarbeit und während des größten Teiles der Nacht bei den Nachtwachen vor sich hin. Daß wir so wenig über diese Übung, dieses ‚opus', dieses „Werk", wie sie es nannten, wissen, liegt an der Strenge, mit der sie einer Weisung folgten, die bei einer Reihe von Hindu-Meistern gang und gäbe ist: Laß Dir Deine Formel von Deinem Guru oder Meister geben und übe Dich in ihr Dein Leben lang – und gib niemand Deine Formel preis außer Deinem Meister. Die Formel preiszugeben, hätte sie um ihre Wirkung gebracht! Daher behielten sie die Übung dieses Gebetes streng für sich.

Wie man dieses Gebet praktiziert

Wenn Sie sich die Vorteile dieses Gebets zunutze machen wollen, rate ich Ihnen, sich ein vertrautes Stoßgebet auszusuchen und es den ganzen Tag hindurch zu sprechen. Es gibt keine günstigere Zeit, mit diesem Gebet zu beginnen, als die Zeit der Exerzitien, in der man nicht von anderen Angelegenheiten und Arbeiten abgelenkt wird und viel Zeit darauf verwenden kann, dieses Gebet gleichsam in „Fleisch und Blut" übergehen und zu einer geistigen Gewohnheit werden zu lassen. Deshalb spreche ich auch schon hier darüber. Bemühen Sie sich, Ihre Formel den ganzen Tag hindurch im Geist zu rezitieren – beim Essen, beim Spaziergang, beim Baden, sogar während dieser Vorträge und der Meditation –, es sei denn, es lenke Sie eindeutig ab; lassen Sie die von Ihnen bevorzugten Worte – Herr Jesus Christus, erbarme dich meiner, oder wie immer Ihre Formel lautet – in der Erinnerung aufklingen, während Sie diesen Vortrag hören oder beten oder sich während Ihrer Betrachtungszeit besinnen. Stören Sie sich nicht daran, daß die Worte anscheinend mechanisch wiederholt werden. Ich zeige Ihnen bald, wie wichtig diese anscheinend mechanische Wiederholung einer unbedeutenden Formel ist!

Eigentlich sollte Ihnen die Formel Ihr geistlicher Begleiter aussuchen, der selbst in der Übung dieses Gebetes erfahren ist. Da meine Erfahrung in diesem Gebet leider nicht ausreicht, andere anzuleiten, schlage ich vor, Sie bitten den Herrn selbst, Sie bei der Auswahl einer geeigneten Formel zu leiten. Ganz gleich, welche Formel Sie wählen, fast alle großen Meister, Christen wie Nicht-Christen, bestehen darauf, daß sie einen Gottesnamen enthält. Der Name Gottes ist ein Sakramentale und verleiht dem Gebet besondere Kraft. Die Meister der östlichen Christenheit legen großen Wert auf ihre eigene Formel in ihren verschiedenen Abwandlungen, besonders auf die Worte „Jesus" und „Erbarmen". „Erbarmen" besagt übrigens nicht einfach die Vergebung der Sünden, sondern steht für Gottes Huld und Güte.

Wie gesagt, können Sie aber jede Formel nehmen, die Sie anspricht. „Heiligstes Herz Jesu, dir vertraue ich", ist sehr beliebt. Hier noch ein paar andere Möglichkeiten: „Herr Jesus Christus, dein Reich komme"; „Mein Herr und mein Gott"; „Mein Gott und mein Alles". Sie können sich auch mit dem Namen Jesu begnügen. Einfach ein Wort, das dann mit immer neuen Inhalten wiederholt wird: Liebe, Anbetung, Lob, Reue. Andere Worte für Gott: „Gott" oder „Herz" oder „Feuer", empfohlen vom Verfasser der „Wolke des Nichtwissens", oder der kostbare Ausruf des Geistes in unserem Herzen, das Gebet, das einem Christen am ehesten ansteht, „Abba". Ich habe mir sagen lassen, der Akzent liege im Aramäischen auf der zweiten Silbe; das verleiht dem Wort, glaube ich, seinen Wohlklang.

Für welche Formel Sie sich auch entscheiden, es macht

viel aus, daß sie (a) *rhythmisch* ist. Ich weiß nicht warum, aber der Rhythmus bahnt dem Gebet den Weg tief bis mitten in unser Sein hinein. Sprechen Sie Ihr Gebet langsam, ohne Eile und rhythmisch, dann bewirkt es viel mehr.

Daß sie (b) *klangvoll* ist. Das ist im Englischen leider nicht immer möglich. Einige Sprachen aus dem Mittelmeerraum, wie Spanisch und Italienisch, eignen sich da besser. Latein ist noch besser. Sanskrit eignet sich meines Wissens am allerbesten: es hat Formeln und Namen für Gott, die sich in Jahrhunderten herausgebildet haben. Was könnte den heiligen Laut ‚OM' an Wohlklang, Feierlichkeit und Tiefe übertreffen? Es gibt im Sanskrit Namen für Gott und Mantras zu Dutzenden. Wenn man sie vor sich hin singt, können sie einen einfach tiefer in sich selbst und in Gott hineinziehen. Nehmen Sie, zum Beispiel, das ‚Hari Om' oder ‚Hare Ram, Ram Hare Hare'. Sollten Sie feststellen, daß diese Formeln für Sie passend sind, hätte ich keine Bedenken, wenn Sie von ihnen Gebrauch machten und sie auf unseren Herrn Jesus Christus anwenden würden. All diese Namen gehören rechtens ihm. Er ist der wahre Krishna, wahre Vishnu, wahre Rama.

Daß sie (c) *gleichbleibend* ist. Haben Sie sich einmal für eine Formel entschieden, dann ändern Sie sie nicht ohne weiteres. Wenn Sie Ihre Formel dauernd wechseln, kann sie Ihnen nicht in Fleisch und Blut eingehen und Teil Ihres unbewußten Selbst werden, wie ich noch näher erklären werde.

Ich habe nichts dagegen, daß Sie Ihre Formel wechseln, wenn Sie nach einer Probezeit feststellen, daß sie Ihnen nicht zusagt, oder wenn Sie eine andere entdecken, die Ihnen eher paßt. Wenn Sie Glauben besitzen, wird der Geist Sie früher oder später durch etwas Ausprobieren zu der Formel führen, die Ihnen am meisten liegt. Wichtig ist, nicht einfach zu wechseln, weil man gerade eine trostlose Durststrecke durchläuft. Das ist eine der alltäglichen Prüfungen im geistlichen Leben und wird ohne Unterschied bei jeder Gebetsart vorkommen, die Sie sich zu eigen machen. Seine Gebetsweise nur deshalb zu ändern, weil einem ein Anfall von Trockenheit zusetzt, ist ein Zeichen von Oberflächlichkeit. Trockenheit muß sich einstellen, wenn das Gebet tief in uns Wurzel fassen soll. Das gilt besonders für die Formeln, deren wir uns beim Gebet bedienen – in besonderer Weise sogar auch für die eucharistischen Hochgebete und das Stundengebet. Es kommt die Zeit, da die Worte unserem geistlichen Gaumen nicht mehr schmecken. Sie verlieren ihren Sinn; sie vertrocknen und beginnen zu faulen und zu verwesen. Und wir sind versucht, sie abzulehnen. Doch wenn wir geduldig durchhalten und unsere Formeln mit dem bißchen Andacht aufsagen, das wir noch aufbieten können, zumal unser Jesusgebet, werden die Formeln allmählich wieder zum Leben erwachen, eine ungeahnte Tiefe und Fülle annehmen und eine herrliche geistliche Kost für uns sein.

Man kann in ein und dieselbe Formel ziemlich viel Abwechslung bringen – und Abwechslung scheint, besonders für den Anfänger im Gebet, ein Bedürfnis zu sein –, indem man einem ganz bestimmten Wort verschiedene Bedeutungen gibt. Wie viele Bedeutungen lassen sich zum Beispiel dem Wort ‚Erbarmen' geben: Liebe, Huld, Verzeihung, Friede, Freude, Trost, Kraft, ... was immer wir vom Herrn ersehnen. Der Name Jesu läßt sich je nach der inneren Verfassung verschieden verwenden und als ein Gebet der Liebe, als Anbetung, als Dankgebet oder als sonst ein Gebet sprechen. Auch lassen sich neue Worte in ein und dieselbe Formel einfügen, etwa so: „Jesus, ich habe dich lieb. Jesus, sei mir gnädig. Jesus, erbarme dich meiner. Jesus, gedenke meiner. Oder: „Jesus, Erbarmen, Erbarmen ... Jesus, Liebe, Jesus, Liebe ... Jesus, komm, Jesus, komm ... Jesus, mein Gott, Jesus, mein Gott ..." Ihr Einfallsreichtum wird Sie auf noch andere Möglichkeiten bringen, ein und dieselbe Formel in einer gewissen Variationsbreite beizubehalten. Ich bleibe aber bei meiner Warnung, daß Sie, sosehr Sie sich auch um Abwechslung bemühen, Anwandlungen von Trockenheit und Überdruß einkalkulieren und diese Stimmungen durchhalten müssen, bis das Gebet schließlich obsiegt und Ihr ganzes Sein ergriffen hat.

Einige Meister empfehlen, das Gebet in den Anfangsstadien laut zu sprechen. Ich habe von einem großen Hindu-Meister gehört, dessen ganzes Sein vom Namen Gottes ergriffen war, weil er, wie er sagt, täglich fünf Stunden am Flußufer damit verbrachte, den Namen mit lauter Stimme hinauszurufen; das tat er, als er noch jung war; jeden Tag ist er nach seiner Rückkehr von der Büroarbeit an das Flußufer gegangen, um seine fünf Stunden „geistlicher Arbeit" zu leisten. Sie brauchen aber Ihr Gebet eigentlich nicht laut zu sprechen; das innere Sprechen genügt durchaus. Allerdings ist es bisweilen hilfreich, es, wenn Sie allein sind, mit lauter oder leiser Stimme vor sich hin zu sprechen. So werden Ihre Zunge, Ihr Geist, Ihr Herz und Ihr ganzes Sein geschult und in den göttlichen Namen hineingeformt, der dann unauslöschlich in Ihr Sein eingeprägt wird.

Zur Übung der Namensanrufung noch ein letztes Wort, diesmal als Mahnung zur Vorsicht. Sollten Sie einmal Bücher zu diesem Thema lesen, so werden Sie dabei wohl auch etwas über psycho-physiologische Praktiken erfahren, die der „Verlegung des Gebetes ins Herz" dienen sollen. Ich rate Ihnen, um all diese Praktiken einen großen Bogen zu machen. Sie können in Ihnen Kräfte aus dem Unbewußten freisetzen, die Sie nicht zu lenken imstande sind. Geben Sie sich mit diesen Praktiken, wenn überhaupt, nur unter der kundigen Leitung eines erfahrenen und vertrauenswürdigen Meisters ab. Das gilt besonders von Praktiken, die angestrengte Konzentration und Atemregelung erfordern.

Die Macht der Namensanrufung

Zum Thema der Namensanrufung gibt es eine unerschöpfliche Fülle von Hindu-Literatur, die sehr anregend ist, da sie von Menschen stammt, die die wunderbare Macht dieses Gebetes im eigenen Leben erfahren haben. Dazu ein paar Beispiele aus den Schriften der Hindu-Meister:

Besonders beeindruckend sind für mich die Worte Mahatma Gandhis, dieses geistlichen Riesen, der sein Gebetsleben mitten in der Welt der Politik, der Reform und der Revolution konsequent durchgehalten hat. Gandhi hatte sich angewöhnt, den Hindu-Namen Gottes, Rama, vor sich hin zu sprechen, was er sein Ramanama (Rama-Name) nannte:

„Als Kind hatte ich Angst vor Gespenstern und Geistern. Rambha, meine Amme, hat mir als Mittel gegen diese Angst empfohlen, dauernd Ramanama zu sagen. Ich hatte größeres Vertrauen zu ihr als zu ihrem Heilmittel, und so habe ich schon im zarten Kindesalter Ramanama zu rezitieren begonnen, um meine Gespenster- und Geisterfurcht zu kurieren ... Ich glaube, ich verdanke es der Aussaat dieser guten Frau, Rambhas, daß Ramanama für mich heute eine Arznei mit unfehlbarer Wirkung geworden ist. Unser stärkster Verbündeter beim siegreichen Kampf gegen tierische Leidenschaften ist Ramanama oder sonst ein derartiger Mantra ... Man muß ganz in dem Mantra seiner Wahl, wie immer er lautet, aufgehen. Der Mantra wird Stütze und Stab für den Lebensweg und trägt einen durch jede Feuerprobe ... Ramanama verleiht Gelassenheit und Standvermögen und läßt einen in kritischen Augenblicken nie im Stich ... Der Schlußabschnitt der zweiten Fastenzeit ist mir recht schwer gefallen. Ich hatte damals die Wunderkraft von Ramanama noch nicht ganz begriffen, und meine Fähigkeit, etwas zu ertragen, war entsprechend gering. Ramanama ist eine Sonne, die meine dunkelste Stunde strahlend erhellte. Ein Christ kann wohl denselben Trost in der Wiederholung des Namens Jesu und ein Muslim in der des Namens Allahs finden ... Was immer einen Menschen bedrücken mag, Ramanama aus Herzensgrund zu rezitieren, ist die unfehlbare Therapie. Gott hat viele Namen. Jeder kann sich den Namen aussuchen, der ihn am meisten anspricht ... Ramanama kann nicht auf wunderbare Weise ein Glied wieder anwachsen lassen, das man verloren hat. Aber es kann mit einem noch größeren Wunder dazu verhelfen, daß man sich zu Lebzeiten trotz des Verlustes eines unsäglichen Friedens erfreut, und es kann dem Tod seinen Stachel und dem Grab am Ende aller Wege den Sieg entreißen ... Zweifellos ist Ramanama die sicherste Hilfe. Wenn man es aus Herzensgrund rezitiert, zaubert es jeden bösen Gedanken weg, und ist der böse Gedanke weg, ist eine ihm entsprechende Tat unmöglich ... Ich kann ohne Bedenken sagen, daß zwischen Ramanama, wie ich es auffasse, und jantar mantar – dem Hersagen abergläubischer und magischer Formeln – kein Zusammenhang besteht. Ich habe gesagt, Ramanama aus Herzensgrund zu rezitieren heißt Hilfe von einer unvergleichlichen Macht zu erhalten. Im Vergleich zu ihr ist die Atombombe nichts. Diese Macht kann jeden Schmerz kurieren."

Gandhi glaubte fest an die Macht des Namens, sogar so fest, daß er allein ihm die Fähigkeit zuschrieb, physische Krankheiten zu heilen. Er bezeichnete ihn als „die Arznei des armen Mannes" und erklärte sogar, er werde nie an einer Krankheit sterben. Wenn das dennoch geschähe, könnte die Welt ihm einen Grabstein mit der Aufschrift „Heuchler" setzen. Ein paar Monate, bevor er im Alter von 78 Jahren starb, pilgerte er unverdrossen barfuß durch die von Aufständen geschüttelten Gebiete Bengalens. Hier und da erlitt er heftige Anfälle von Ruhr; aber stets weigerte er sich, Medikamente dagegen einzunehmen, weil, wie er behauptete, die Rezitation des Gottesnamens ihn durchbringen würde; das schien sie auch immer zu tun, so daß er sich bis zum Tag seiner Ermordung einer guten Gesundheit erfreute.

Daß ein so aktiver Politiker wie Gandhi die Namensanrufung praktizierte, sollte besonders denen Mut machen, die es gern einmal mit diesem Gebet versuchen möchten, jedoch Bedenken tragen, es sei eine Gebetsform, die sich besser mit dem klösterlichen als mit dem aktiven Leben verträge. Ich kenne viele, viele Männer und Frauen, die ein sehr aktives Leben führen und mit dieser Gebetsübung ein wunderbares Mittel gefunden haben, mit Gott ständig verbunden zu sein. Ich denke dabei besonders an eine Schwester, die Ärztin war und der die ständige Gottverbundenheit tagsüber nicht gelingen wollte. Sie legte mir ihre Schwierigkeit genau dar: „Ich bin mit meinen Gedanken ganz bei meinen Patienten. Häufig gehen mir auf dem Weg durch die Stationen des Krankenhauses plötzlich die Natur und die Therapie der Krankheit eines Patienten auf. Das würde nicht passieren, wenn ich ständig an Gott dächte. Trotzdem würde ich gern den ganzen Tag lang die Gegenwart Gottes empfinden. Ich nehme an, daß ich dazu wohl einfach nicht berufen bin." Wie so viele verwechselte die Ärztin Beten mit Denken. Man braucht nicht stets die Vernunft zum Beten; die Vernunft ist sogar, wie ich im Verlauf dieser Exerzitien noch zeigen möchte, geradezu ein Hindernis für das Gebet. Man betet mit dem „Herzen", nicht mit der „Vernunft", wie man auch Musik mit dem Ohr hört und mit der Nase an einer Rose riecht. Die Ärztin hatte natürlich recht, alle ihre Überlegungen ihren Patienten zu widmen. Genau das hat Gott von ihr gewollt. Ich riet ihr, es einmal mit dem Jesusgebet zu versuchen. Zunächst war sie ziemlich skeptisch. Als ich sie sechs Monate später wieder traf, sagte sie mir, es falle ihr längst nicht mehr so schwer – oft überhaupt nicht –, sich der liebenden Gegenwart Gottes bewußt und mit ihm vereint zu bleiben und dabei ihre Gedanken auf die Probleme ihrer Patienten zu richten. Das ist wohl am ehesten mit dem Hören von Hintergrundmusik zu vergleichen, die man schwach und gern vernimmt, während man der Unterhaltung mit einem Freund oder der Zeitungslektüre seine ganze Aufmerksamkeit schenkt.

Die Macht im Namen Jesu

Das Neue Testament weist uns deutlich auf den Wert und die Macht des Namens Jesu hin, eines Namens, der mächtiger ist als alle Gottesnamen, die den Menschen offenbart worden sind. „Darum hat ihn Gott über alle erhöht und ihm den Namen verliehen, der größer ist als alle Namen, damit alle im Himmel, auf der Erde und unter der Erde ihre Knie beugen vor dem Namen Jesu und jeder Mund bekennt: ‚Jesus Christus ist der Herr' – zur Ehre Gottes, des Vaters" (Phil 2, 9 ff.). „Und in keinem anderen ist das Heil zu finden. Denn es ist uns Menschen kein anderer Name unter dem Himmel gegeben, durch den wir gerettet werden sollen" (Apg 4, 12). „Wahrlich, wahrlich, ich sage euch: Was ihr vom Vater erbitten werdet, das wird er euch in meinem Namen geben. Bis jetzt habt ihr noch nichts in meinem Namen erbeten. Bittet, und ihr werdet empfangen, damit eure Freude vollkommen ist" (Joh 16, 23 f.).

Im Buch Exodus (20, 7) lesen wir: „Du sollst den Namen des Herrn, deines Gottes, nicht mißbrauchen; denn der Herr läßt den nicht ungestraft, der seinen Namen mißbraucht". Gott schützt seinen Namen vor Mißbrauch, wie er auch Leben, Ehre und Eigentum schützt. In fast allen alten Religionen gibt es die Anschauung, daß jeder, der den Gottesnamen besaß, auch die in diesem Namen enthaltene Macht besaß. Denn der Name war kein leerer Klang. Er bezeichnete nicht nur den Gott, auf den er hinweist; oft waren in ihm auch die Macht, die Huld und die Gegenwart dieses Gottes beschlossen. Dutzende katholischer

Mystiker spürten dies instinktiv im Hinblick auf den mächtigen Gottesnamen, der den Menschen bekannt ist, den Namen Jesu. Diesen Namen wollen wir oft vor uns hin sagen, in Liebe und ergebener Verehrung, in Glaube und Hingabe, in Anbetung und Ehrfurcht. Dann wird es nicht lange dauern, bis wir die Weisheit dieser großen Mystiker aus eigener Erfahrung bestätigen können.

Die „psychologische" Begründung für diese Gebetsform

Den Ausführungen über die Namensanrufung möchte ich noch ein paar Gedanken zur Psychologie dieser Gebetsform anfügen. Ich tue das, weil ich mich oft den Schwierigkeiten von Exerzitienteilnehmern gegenüber sehe, die diese Gebetsform gern praktizieren würden, aber davor zurückscheuen, weil sie sie für zu mechanisch und zu papageienhaft halten – für einen „actus hominis", nicht aber für einen „actus humanus", wie sich einmal jemand mir gegenüber in der Terminologie ausdrückte, die uns vom Studium der Moraltheologie her geläufig war. Sollten Sie finden, das, was ich jetzt sage, lenke vom Thema ab, vergessen Sie es einfach, und begeben Sie sich schlicht und gläubig an dieses Gebet.

Vor etlichen Jahren lernte ich die Arbeit eines Franzosen namens Emile Coué kennen, der von außerordentlichen Heilungen durch sein Verfahren der, wie er sie nannte, Autosuggestion berichtet hat. Ich möchte hier kurz erklären, wie man sich das Funktionieren der Autosuggestion vorstellt, und dann etwas über das Unbewußte und seine Macht über uns sagen. Dabei möchte ich um etwas Geduld bitten, da ich erst ganz am Schluß all diese psychologischen Theorien auf das Jesusgebet anwenden werde. Doch ich bin sicher, daß Ihre Geduld sich lohnen wird.

Beginnen wir mit dem Unbewußten. Die Verbreitung dieses Begriffes geht auf Sigmund Freud zurück, der behauptet hat, das Unbewußte sei der größere Teil der menschlichen Persönlichkeit. Es gleicht dem Teil eines Eisbergs, der sich unter Wasser befindet. Der kleine Teil des mächtigen Eisbergs, der aus dem Meer herausragt, gleicht dem wachen Bewußtsein und dem Willen des Menschen. Das Unbewußte ist bei uns ein viel wichtigerer Persönlichkeitsfaktor: es ist der Sitz all unserer verborgenen Triebe und Dränge, Leidenschaften und Instinkte.

Zum Beweis der Existenz des Unbewußten griff Freud auf Träume und Hypnose zurück. Beschränken wir uns auf das Phänomen der Hypnose: Angenommen, ich hypnotisiere John und rede ihm, während er sich im Trancezustand befindet, etwas ein. Ich sage zu ihm: „Morgen früh um 10 Uhr holst Du dieses Buch aus der Bibliothek und bringst es Henry." Dann hole ich John aus der Trance. Er kann sich an nichts erinnern, was ich ihm gesagt habe, als er im Trancezustand war. Am Tag danach treffe ich John kurz nach 10 Uhr auf dem Weg aus der Bibliothek in Richtung auf Henrys Zimmer. Ich halte ihn an und frage ihn, wohin er gehe. „Zu Henry", sagte er, „um ihm dieses Buch zu bringen". „Warum?" frage ich ihn. „Weil", sagt John, „in diesem Buch ein Kapitel über das Gebet steht, das Henry, wie ich meine, gewiß interessieren wird." „Bist Du sicher, daß das der Grund ist, der Dich dazu veranlaßt, Henry das Buch zu bringen?" frage ich und traue meinen Ohren nicht. „Natürlich", sagt John, „was denn sonst?" Diesmal ist er es, der seinen Ohren nicht traut! Wir wissen, natürlich, daß das Kapitel über das Gebet der John „bewußte" Beweggrund ist, Henry das Buch zu bringen. Es ist der Beweggrund, den John wahrnimmt. Wir wissen aber auch, daß es noch einen tieferen Beweggrund gibt, den John mit dem Buch in der Hand zu Henrys Zimmer drängt – einen „unbewußten" Grund, den er nicht bemerkt.

Dabei könnte es einem natürlich angst und bange werden. Wenn John das Bewußtsein hat, hier frei zu handeln, und in Wirklichkeit nicht ganz so frei ist, wie er meint, wie sollen wir dann wissen, inwieweit er wirklich frei ist in dem, was er sonst noch tut? Wieviel davon wird in Wirklichkeit von Beweggründen und unbewußtem Drill gelenkt, die er einfach nicht bemerkt? Hier liegt ein Problem, mit dem Theologen und Psychologen zu ringen haben. Während die Entdeckung des Unbewußten Probleme aufwirft, erschließt sie unserer Kenntnis auch ein gewaltiges Kräftereservoir, das weithin noch ungenutzt ist.

Ich habe von einem Vorkommnis gelesen, das sich vor einigen Jahren in den USA zugetragen hat: Eine ältere Frau war unter einen riesigen Lastwagen geraten, und man konnte sie nicht bergen, ohne den Lastwagen anzuheben. Der Lastwagen war aber zu schwer, um durch Menschenhand angehoben zu werden. Während nun alle auf das Eintreffen eines Kranwagens warteten, kam ein hagerer Neger vorbei, sah die Frau unter dem Lastwagen, ging instinktiv zu dem Lastwagen hin, packte die Stoßstange mit beiden Händen und hob den Lastwagen mühelos an, während die Umstehenden die Frau herauszogen! Als die Presse davon erfuhr, wurde unser Neger von Reportern umlagert und gedrängt, das noch einmal zu tun, um Fotos machen zu können. Doch sosehr er sich auch abmühte, er schaffte es einfach nicht. Was war passiert? In einem akuten Notfall machte er plötzlich von den gewaltigen Kraftreserven Gebrauch, die ungenutzt in ihm schlummerten. Er war davon überzeugt, daß er den Lastwagen heben könnte – und hat ihn angehoben.

Ich habe von ähnlichen Stücken gelesen, die Hindu-Heilige vollbracht haben: nach tagelangem Fasten nahmen sie schwere körperliche Strapazen wie Bergsteigen und lange Märsche auf sich. Ich bin geneigt, das zu glauben, und glaube auch, daß wir gewaltige Kraftreserven in uns haben, von denen wir nichts wissen; daß wir eine ganze Welt in uns tragen, die auf ihre Entdeckung wartet, ein inneres All, dem wir, leider, wenig Aufmerksamkeit schenken, während wir mit aller Kraft die Eroberung der Außenwelt und des Weltraums betreiben.

Doch zurück zur Hypnose. Man hat den Eindruck, daß das, was Sie Ihrem Unbewußten eventuell glaubhaft machen könnten, wohl auch an Ihnen in Erfüllung geht. Befindet man sich im Trancezustand, scheint das Unbewußte für Suggestionen sehr empfänglich zu sein.

Noch ein Beispiel: Der Hypnotiseur sagt seiner Versuchsperson: „Möchten Sie eine Zigarette?" Dann reicht er ihr statt einer Zigarette ein Stück Kreide, das sie sofort genießerisch zu „rauchen" beginnt! Plötzlich sagt dann der Hypnotiseur: „Passen Sie auf, Sie haben sich den Finger verbrannt!" Erschreckt schleudert die Versuchsperson die „Zigarette" sofort von sich ... Und siehe da, sie hat an ihrem Finger tatsächlich ein Brandmal samt der damit verbundenen Gewebeschädigung! Was ist das für eine enorme Suggestivkraft, die wir in uns tragen? Gibt es eine Möglichkeit, dieses „Unbewußte" zu heiligen? Unsere Spiritualität scheint zum größten Teil mit unserem wachen Bewußtsein zusammenzuhängen. Wie steht es aber mit dem verborgenen Teil des Eisbergs? Ihn zu heiligen, hieße, unsere Beweggründe, unser Tun und die Quellen eines großen Teiles unserer Kraft in ihrem Entstehen zu heiligen. Gibt es eine Methode, mit diesem Unbewußten Verbindung aufzunehmen, es zu beeinflussen und zu unserem Besten einzusetzen?

Emile Coué hat behauptet, es gäbe sie und nannte sie Autosuggestion. Dies war kurz umrissen seine Theorie: Es ist möglich, durch Auto-Suggestion fast jede Krankheit zu heilen und dem Leib Gesundheit und Lebenskraft zu schenken. Man braucht nur sein Unbewußtes davon zu überzeugen, daß man gesund ist. Wie? Angenommen, Sie haben ein Magengeschwür. Dann müssen Sie jeden Abend vor dem Einschlafen – das scheint die Zeit zu sein, in der das Unbewußte für Suggestionen am empfänglichsten ist – ganz entspannt in Ihrem Bett liegen und langsam etwa zwanzigmal folgende Formel vor sich hin sprechen: „Täglich geht's mir auf der ganzen Linie besser und besser." Nach Coué dauert es nicht lange, bis das Unbewußte die Botschaft erhält und Ihr Geschwür verschwindet! Allerdings muß man, wenn man das Unbewußte beeinflussen will, zwei wichtige Dinge vermeiden. Das erste ist, beim Hersagen der Formel ausdrücklich an das Geschwür zu denken. Tut man das, wird sich das Unbewußte irgendwie diesem direkten Beeinflussungsversuch Ihrerseits widersetzen. Sie dürfen nicht an Ihr Geschwür denken. Denken Sie ganz allgemein an die Gesundheit. Das Geschwür verschwindet dann von selbst. Das Zweite, was man nicht darf, ist, sich auf den Sinn der Worte, die man aufsagt, zu konzentrieren. Auch das wäre der Versuch einer direkten Einflußnahme. Das Unbewußte „kennt" den Sinn dieser Worte; unterstreichen Sie ihn also nicht ganz bewußt. Denken Sie lieber ganz allgemein an die Gesundheit.

Ist es nicht genau dasselbe, was beim Jesusgebet geschieht? Wir rezitieren die betreffenden Worte immer wieder den Tag hindurch, ohne unsere Aufmerksamkeit direkt auf ihren Sinn zu richten. Das braucht keineswegs ein Manko zu sein, sondern kann eher sogar von Vorteil sein. Man nimmt wahr, daß die Worte Gebetsworte sind, daß Gebet im Gange ist. Allmählich macht dann das Unbewußte mit und wird, mangels eines treffenderen Ausdrucks, „fromm". Nach einer Weile merken Sie dann, daß Ihr ganzes Leben und Handeln von dieser Frömmigkeit ergriffen wird. Mag also diese Gebetsform auf den ersten Blick das sein, was mein Priester eher als einen „actus hominis" denn einen „actus humanus" bezeichnet hat, weil Verstand und freier Wille dabei nicht unmittelbar beteiligt sind, so ist sie doch ein ebenso menschlicher wie effektiver Akt wie der, das Unbewußte durch Autosuggestion zu beeinflussen.

Manchen widerstrebt der Gedanke, daß beim Jesusgebet die Gesetze der Autosuggestion im Spiel sein könnten. Doch warum sollten sie es nicht sein? Warum dürfen wir uns denn, um frömmer zu werden und Gott näher zu kommen, der Macht der Autosuggestion nicht ebenso bedienen wie der Kräfte unseres Verstandes, unserer Phantasie und unseres Gefühls?

Der Rosenkranz

Es wird dem einen oder anderen wohl aufgefallen sein, daß alles, was ich über das Jesusgebet sagte, ohne Abstriche auch für das Rosenkranzgebet gilt. Es ist heute Mode geworden, sich über diese Gebetsübung aus lauter Wiederholungen lustig zu machen. Wenn man den Rosenkranz im Licht der kritischen Vernunft betrachtet, könnte man meinen, er sei kein Gebet, sondern nur eine Gebetsparodie. Ein und dieselbe Formel, das „Gegrüßet seist du, Maria", wird monoton, unpersönlich, ohne auf den Sinn der Worte zu achten, pausenlos wiederholt – ja, man leitet uns sogar an, nicht auf die Worte zu achten, sondern sozusagen frommer Zerstreuung nachzugeben, indem wir mit dem Verstand das Leben Christi betrachten, während wir mit dem Mund „Gegrüßet seist du, Maria, voll der Gnade..." sprechen. Auch der Ausdruck „Gebetsmühle" wurde hierfür schon gebraucht. Wäre es dagegen nicht viel besser, spontan ein Gebet zum Herrn zu sprechen?

Ich weiß von einem Fall, in dem ein Priester, um die Lächerlichkeit des Rosenkranzgebetes darzutun, seinen Vortrag vor einer Frauengruppe mit „Guten Morgen, meine Damen!" begann. Die Frauen antworteten mit „Guten Morgen, Pater!" „Guten Morgen, meine Damen!" erwiderte darauf unser Pater... und so ging es fort. Schließlich brach er mit den Worten ab: „Sie denken wohl, ich sei verrückt geworden! Ja, genau das wird Maria wahrscheinlich von uns denken, wenn wir an einem Stück immer und immer wieder das ‚Gegrüßet seist du, Maria' aufsagen." Ein wirklich gutes Argument, doch leider haben die tiefen Dinge des Geistes es an sich, sich nicht so ganz der menschlichen Logik und der menschlichen Vernunft zu fügen. Es gibt Tieferes im Leben, als die menschliche Vernunft fassen kann. Der menschliche Verstand kann uns zur Schlauheit verhelfen, aber nicht zur Weisheit. Dazu bedarf es eines Sinnes, eines Gespürs, die über den Verstand hinausreichen. Dieses Gespür besaßen die Heiligen, als sie diese Gebetsform praktizierten und empfahlen. Ich habe von großen Kontemplativen wie dem heiligen Alfons Rodrigues, einem Jesuitenbruder, gelesen, der täglich Dutzende von Rosenkränzen gebetet hat. In unseren indischen Dörfern begegnete ich immer wieder frommen, einfachen Müttern, deren Gesichter von Leid und Liebe gezeichnet waren und in der ruhigen Glut des Geistes leuchteten. Ihr einziges Gebet war der Rosenkranz. Für ihn gelten alle Grundsätze des Jesusgebetes. In ihm finden wir wieder, was ich so gern die Heilung des Unbewußten durch das anscheinend mechanische Aufsagen einer Gebetsformel nenne.

Wenn Sie sich früher vom Rosenkranz angesprochen gefühlt haben, machen Sie ihn zu Ihrem „Jesusgebet". Oder zählen Sie beim Rezitieren Ihre eigene Gebetsformel an seinen Perlen ab. Ich weiß nicht warum, aber die Perlen durch die Finger gleiten zu lassen, macht manche Menschen friedlich und fromm; das mag an dem Rhythmus liegen, der so in das Gebet kommt. Manchmal lasse ich meinen Rosenkranz durch die Finger gleiten, ohne ein Gebet zu sprechen; schon die Bewegung genügt, mich ins Gebet zu versetzen. Versuchen Sie es auch einmal. Nehmen Sie Ihren Rosenkranz zur rhythmischen Rezitation Ihres Jesusgebetes. Und mögen Sie mit dem Segen der seligsten Jungfrau Maria die Weisheit entdecken, die so viele Heilige im Gebet gefunden haben.

8
Miteinander beten

Ich komme jetzt auf eine Gebetsform zu sprechen, die anscheinend nicht in einen Exerzitienkurs paßt, wie ich ihn halte. Das habe ich wenigstens lange Zeit gemeint. Viele Jahre stand ich ziemlich kritisch dem gegenüber, was man heute „Gebetsgruppen" nennt. Gebetsgruppen wären wohl in „Gruppenexerzitien" am Platz, in denen die Teilnehmer Christus in der Gemeinschaft erleben wollten. Dies sind jedoch „Wüstenexerzitien", Exerzitien, in denen der Teilnehmer Christus in strengem Schweigen, in Zurückgezogenheit und im Gegenüber mit sich selbst sucht. Alle Kontakte, Diskussionsgruppen, Erfahrungsaustausch, selbst Kontakte in Gebetsform waren für mein Empfinden eine Ablenkung. Ich vertrete immer noch entschieden diese Meinung: Gruppenexerzitien bieten dem Exerzitanten, was Einzelexerzitien nicht bieten, und umgekehrt; ich bin sehr dafür, daß jeder Priester beide Exerzitientypen einmal ausprobiert: sie ergänzen einander. Gleichwohl bin ich dagegen, beide miteinander zu vermischen: wenn das geschieht, kommen sie einander in die Quere, und der Endeffekt wird verwässert. Wenn Sie Schweigeexerzitien machen, versenken Sie sich möglichst tief ins Schweigen und meiden Sie jedes Gespräch und Diskussionen wie die Pest, sonst werfen Sie dauernd mit der einen Hand um, was Sie mit der anderen aufbauen. „Gruppenexerzitien" haben ihre ganz speziellen Verfahren und Methoden, und das Miteinander in der Gruppe behindert dort keineswegs die Christusbegegnung, sondern ist sogar ein Mittel, das uns zur Begegnung mit ihm verhilft.

Gewiß hatte ich auch meine persönlichen Gründe gegen das Miteinander-Beten. Es paßte nicht in die religiöse Welt, in der ich aufgewachsen war, und so fand ich beste Gründe, die dagegen sprachen. Es sei wie Schmuserei vor aller Augen, habe ich gesagt. Außerdem gelangt man mit der Zeit zu einem Austausch mit Gott, der alle Worte und Begriffe übersteigt. Wie kann man solch ein Beten mit einer Gruppe teilen? Man würde ja nur etwas sagen können wie „Mein Gott, ich liebe dich", und das wäre ein sehr abgegriffenes Wort: sinnvoll für mich, aber kaum dazu angetan, die anderen Mitglieder der Gruppe aufhorchen zu lassen oder zu begeistern. Zum Glück kann ich sagen, daß diese Vorurteile mich nicht mehr plagen. Ich habe entdeckt, daß es eine Form des Betens gibt, deren man sich Gott gegenüber bedient, wenn man mit ihm allein ist, und eine Form des Betens, an der man andere – zum eigenen wie auch zu ihrem geistlichen Vorteil – teilnehmen lassen kann. Lassen Sie mich erzählen, wie ich den Wert des Miteinander-Betens entdeckt habe.

Ich hielt einmal einer Gruppe von Jesuiten dreißigtägige Exerzitien. Gegen Mitte des Kurses kam mir alles in den Sinn, was ich damals über die katholische Pfingstbewegung – oder, wie man sie auch nennt, die charismatische Erneuerungsbewegung – gelesen hatte. Wie freigebig schien doch der Herr die Gaben seines Geistes über diese Katholiken auszugießen, die ihn in Inbrunst und Einfalt des Herzens suchten. Dabei brauchten sie keine dreißigtägigen Exerzitien zu machen! Deshalb sagte ich den Exerzitienteilnehmern: „Wenn Gott diesen Menschen gegenüber so freigebig ist, wird er es sicher auch Ihnen gegenüber sein, da Sie ihn doch einen ganzen Monat lang in Gebet und Schweigen so ernstlich suchen. Wenn wir meinen, er sei nicht freigebig genug, liegt es vielleicht daran, daß wir als Gruppe nicht genügend zu ihm beten." Daher schlug ich vor, von diesem Abend an das Allerheiligste auszusetzen und abends vor dem Schlafengehen Anbetung zu halten. Es war jedem Exerzitienteilnehmer freigestellt, zu kommen oder nicht; wer aber wollte, sollte nicht kommen, um für sich selbst zu beten, sondern für die ganze Gruppe, um ernstlich darum zu beten, die ganze Gruppe möge eine neue Ankunft des Heiligen Geistes erfahren.

Alle kamen. Die Atmosphäre in der fast dunklen Kapelle regte sehr zum Beten an. Im Schein der Kerzen, die neben der Monstranz standen, hob sich die weiße Hostie deutlich sichtbar in der Dunkelheit ab. Wir beteten still füreinander. Es dauerte nicht lange, bis ich merkte, daß die Exerzitienteilnehmer merklich größere Gnaden empfingen, was ihnen auch selbst auffiel. Doch der Skeptiker in mir zögerte, dies dem abendlichen Bittgebet zuzuschreiben. Könnte es nicht sein, daß die beiden vorausgegangenen Schweigewochen die Exerzitienteilnehmer zum Empfang dieser Gnaden bereit gemacht hätten, so daß sie sie empfangen hätten, ob wir nun unser Gruppengebet gehalten hätten oder nicht? Später habe ich diese Übung auch Exerzitanten von achttägigen Kursen empfohlen. Auch da war die Wirkung nicht zu bezweifeln. Zwischen diesen Exerzitien und meinen früher gegebenen bestand ein deutlicher Unterschied: die Vorträge waren dieselben wie auch die Methoden und die Gebetspraxis. Aber die Gnaden, die Gott über diese Exerzitien ausgoß, waren offensichtlich entschieden größer als die bei früheren Exerzitien gewährten. Es fiel schwer, dies nicht vor allem mit dem abendlichen Gruppengebet in Verbindung zu bringen.

Bald kam ein Exerzitienteilnehmer zu mir und sagte: „Wäre es Ihnen recht, wenn wir laut beteten? Es ist leichter, für Menschen zu beten, deren Nöte man kennt, als einfach ganz allgemein für die Gruppe zu beten." Ich habe wegen meiner Vorbehalte gegenüber dem Miteinander-Beten nur ungern zugestimmt, doch ich bin sehr froh, daß ich zugestimmt habe. Einigen Exerzitienteilnehmern ging es um ganz bestimmte Gnaden. Sie wandten sich dabei entweder an den Herrn – „Herr, gib mir die Gnade des Gebetes. Ich versuche es den ganzen Tag und schaffe es anscheinend nicht. Ich werde einfach von Zerstreuungen überwältigt" – oder an ihre Mitexerzitanten – „Brüder, bitte, beten Sie für mich um die Gnade der Reue. Irgendwie scheinen mir das Gefühl für die Sünde und das Gefühl, daß ich Gott brauche, verlorengegangen zu sein." Immer wieder berichteten mir Menschen, die den Mut aufgebracht hatten, laut um eine Gnade zu bitten, daß sie diese Gnade dank der Gebete der ganzen Gruppe auch empfangen haben. Es war die buchstäbliche Erfüllung der Worte Jesu: „Ich sage euch: Alles, was zwei von euch auf Erden gemeinsam erbitten, werden sie von meinem himmlischen Vater erhalten. Denn wo zwei oder drei in meinem Namen versammelt sind, da bin ich mitten unter ihnen" (Mt 18,19f.).

Anfangs handelte es sich also um die einfache Form des Betens in der Gruppe, die wir praktizierten. Brauchte man einen Gnadenerweis, so sagte man das, wenn die Gruppe sich zum Beten traf. Dann beteten alle darum, meistens still. Wenn Gott einem die Gnade erwies, um die man gebeten hatte, kam der Betreffende, um öffentlich in der Gebetsrunde Gott dankzusagen, so daß wir uns alle dem Lob und Dank ihm gegenüber anschlossen, und ob der erwiesenen Güte noch größere Ehren- und Liebeserweise erhielt. Ich begann nun, diese Art des Miteinander-Betens all meinen Exerzitanten schon gleich am ersten Exerzitientag zu empfehlen. Dabei sah ich immer wieder, wie schnell ihnen die Gnaden zuteil wurden, die sie suchten. Von meinen früheren Exerzitienkursen war ich das nicht gewohnt.

Daraufhin begann ich zu entdecken, was das Miteinander-Beten auf anderen Gebieten als dem der Exerzitien vermag. Was würde es doch für eine Diskussionsrunde, eine Konferenz, oder eine beschlußfassende Versammlung ausmachen, wenn wir Gebetspausen machten, nicht nur zu Beginn und am Schluß der Sitzung, sondern in Augenblicken, in denen wir steckenblieben oder nicht mehr weiterkommen oder Erleuchtung und Weisung brauchen oder alle aufgebracht, wütend, aggressiv oder zurückweisend sind. Ich habe erlebt, daß solche Gebetsrunden Wunder zu wirken vermochten, wenn es darum ging, Menschen zusammenzubringen, Gemeinschaften zu einen, den Gegensatz zwischen den Generationen zu überbrücken, wo andere Methoden – Konventsgespräche, gruppendynamische Versuche usw. – versagten. Ich sehe nun zu meinem Bedauern, daß auch Priester selten in anderen als den etwas stilisierten Formen miteinander beten, die von den Rubriken vorgeschrieben sind. Sitzungen und Diskussionsrunden von Priestern und engagierten Laien unterscheiden sich selten von den üblichen geschäftlichen Besprechungen am Arbeitsplatz: da findet man eine gute Portion soliden Sachverstand, menschliche Klugheit und, hoffentlich, gute Übersichten und eine Fülle von Informationen zu den anstehenden Problemen, aber nur wenig direkten Kontakt mit Gott und Vertrauen auf seine Eingebungen und Führung.

Joseph M. O'Meara, ein amerikanischer Priester, stellte dazu in einem lesenswerten Beitrag mit dem Titel: „contrasting conventions : prayer makes a difference – Tagungen so und so: es liegt letztlich am Gebet" fest:

„Im vergangenen Monat besuchte ich zwei Tagungen, eine in Baltimore und eine in Washington. Obwohl es auf beiden Tagungen um religiöse Fragen ging, unterschieden sie sich erheblich voneinander.

Bei der ersten handelt es sich um die Jahrestagung der ‚National Federation of Priests' Councils (NFPC)', der landesweiten Föderation der Priesterräte, bei der anderen um die Jahrestagung der ‚Full Gospel Business Men's Fellowship International', der internationalen Gemeinschaft ganz evangeliengläubiger Geschäftsleute. Diese Gemeinschaft ist eine Organisation, bestehend aus Christen, konfessionsgebundenen und nicht-gebundenen Protestanten, Katholiken und sogar Juden, die sich eine tiefe Erfahrung mit Jesus, dem Herrn, zum Ziel gesetzt und die konventionellen Methoden der Evangelienverkündigung als unzureichend erkannt haben. Von ihrem Wesen her ist sie im Grunde pfingstlerisch oder charismatisch ...

Diese Gemeinschaft, die hier in den Vereinigten Staaten erst 1953 entstanden ist, hat hierzulande 500 Kapitel und viele Kapitel in anderen Ländern. Sie sind jetzt an dem Punkt angelangt, an dem sie täglich ihre Gemeinschaft um ein Kapitel erweitern. Während wir fast täglich Scharen von Priestern verlieren, gewinnen sie täglich Scharen von Predigern für den Dienst des Herrn. Während bei unseren Kirchenmitgliedern die Enttäuschung über das Unvermögen des Christentums rapid zunimmt, reden ihre Mitglieder begeistert von den Großtaten, die der Herr in ihnen und in der ganzen Welt vollbringt. Während unsere Mitglieder sogar immer weniger gewillt sind, über ihre persönliche Verbindung oder Erfahrung mit dem Herrn zu reden, brennen ihre Mitglieder darauf, zu berichten, was der Herr für sie und ihr Leben getan hat.

Ich habe einen dreiundzwanzigjährigen jungen Mann erzählen hören, wie seine persönliche Erfahrung mit dem Herrn sein von Rauschgift und LSD bestimmtes Leben in ein Leben der Liebe und des Einsatzes für Jesus verwandelt hat. Es gibt viele solcher Zeugnisse junger Menschen aus den Kreisen dieser Gemeinschaft. Wie viele von uns können in unsere Kirchengemeinden gehen und solche Früchte finden? Ich habe einen Juden sagen hören, er werde jetzt Eunuche um des Herrn willen, ein Mann, der, obwohl verheiratet, so lebt, als wäre er es nicht, weil sein Apostolat so viel von ihm verlangt. Welch ein krasser Unterschied zu den Verhandlungen der NFPC zu einem verwandten Punkt!

Warum geschieht all dies bei ihnen und nicht bei uns und in anderen christlichen Kirchen? Ich kann gewiß keine vollständige Antwort darauf geben, aber jedenfalls eine, die einen wichtigen Punkt trifft. Gebet! Das ist, was ich dazu sagen kann.

Die Teilnehmer der Fellowship-Tagung erörterten weder Personen-, noch Orts- oder Sachfragen, über die, unter denen, neben denen, für die, mit denen und während derer sie nicht gebetet haben. Dauernd hatten sie Gebet in Lied und Wort auf den Lippen. Auf der NFPC-Tagung war kaum ein Gebet zu hören.

In den Sitzungspausen traf sich die Gemeinschaft in Räumen, in denen miteinander gebetet und über seine persönlichen Erfahrungen mit dem Herrn wie auch Vorhaben zur Verbreitung seines wunderbaren Wortes berichtet wurde. In den Sitzungspausen der NFPC trafen wir uns in den Aufenthaltsräumen, schlürften einen Cocktail und diskutierten Kirchenpolitik. Bei der Fellowship-Tagung wurde nichts unternommen, ohne den Heiligen Geist anzurufen, damit er es lenke. Auf der NFPC-Tagung hatte man den Eindruck einer allzu rein-natürlichen Vorgehensweise."

Ich weiß jetzt, daß eine Gebetsrunde für Schweigeexerzitien nicht die Ablenkung darstellt, die ein Gruppengespräch sein kann, vorausgesetzt natürlich, daß täglich nicht mehr als eine Zusammenkunft stattfindet; sonst besteht die Gefahr, daß die Exerzitienteilnehmer in diese, relativ bequemere Form des Betens flüchten, um den strengen Anforderungen der persönlichen Begegnung mit Gott auszuweichen. Das Gruppengespräch weckt vielleicht im Gegensatz zum Miteinander-Beten Emotionen, die man nachher aufarbeiten muß und die wirklich die innere Stille stören können, die die Exerzitien bringen. Es gab aber noch etwas. Ich habe festgestellt, daß das Miteinander-Beten einigen Exerzitienteilnehmern die Vorteile der Prophetie verschafft hat! Mehr als einmal berichteten mir Exerzitienteilnehmer, daß ein Gebet, das sie in der Runde gehört haben, ein Gedanke, der dort ausgesprochen wurde, eine Einsicht, die dort mitgeteilt wurde, für ihre Exerzitien einen riesengroßen Unterschied bildeten. Es war, als spräche der Herr selbst zu ihnen durch den Betreffenden, der sich da mitteilte oder betete – und darin besteht ja die Gabe der Prophetie, daß der Herr durch meinen Bruder zu mir spricht, selbst wenn dieser sich dessen nicht bewußt ist. Für mich war es interessant festzustellen, wie oft die Prophetengabe in Gestalt von Gebeten und nicht so sehr von Einsichten oder Predigten betätigt wurde, oftmals von Gebeten, die, flüchtig betrachtet, ganz alltäglich zu sein schienen. Jemand hat vielleicht ein schlichtes Gebet gesprochen, und ein oder zwei andere oder mehrere gerieten daraufhin in Versenkung oder erhielten das Licht und die Anregung, die sie brauchten.

Hinweise für die Praxis

Für das Beten in der Gruppe gibt es keine Regeln. Dennoch möchte ich auf ein paar Schwierigkeiten hinweisen, die sich beim Miteinander-Beten ergeben, wie auch auf ein paar Gegebenheiten, die sich für diese Weise des Betens positiv auswirken. Zunächst einige Schwierigkeiten:

1. Zur Gebetsrunde zu gehen, um still für sich zu beten. Wenn Sie das tun, werden Sie wahrscheinlich das Sprechen als Ablenkung empfinden und können für die Gruppe so etwas wie eine stille Last sein. Nicht, daß Stillschweigen ein Hindernis für das Miteinander-Beten wäre; ganz im Gegenteil, wie ich gleich verdeutlichen werde. Aber Sie sind einfach im Geiste nicht bei den andern, und daher werden Sie auf sie störend wirken wie auch die anderen auf Sie. Immer wieder sagten mir Exerzitienteilnehmer, daß sie vom Beten in der Gruppe nichts hätten. Das war vor allem dann der Fall, wenn sie zum Gruppentref-

fen gingen, um bei ihrer eigenen Gebetsform zu bleiben, dem Jesusgebet oder dem Gebet des Glaubens oder sonstigen Formen. Miteinander-Beten verlangt die Übernahme einer anderen Gebetsform und einer anderen Disposition. Man geht hin, um mit anderen zu beten, für sie zu beten und sie um ihr Gebet zu bitten, um offen zu sein für das, was sie uns sagen, und für das, was der Geist uns eingeben mag als Wort an sie. Macht man sich diese Haltung zu eigen, so wird das Miteinander-Beten sehr segensreich und fruchtbar, selbst wenn es zum größten Teil schweigend verrichtet wird.

2. Zu starke ‚Intellektualisierung'. Es ist wichtig, daß das Beten in der Gruppe nicht mit Gedanken, Betrachtungen und Einsichten überladen wird. Diese sollen selbstverständlich auch ihren Platz haben. Aber für die meisten Menschen ist es leichter, ihre Gedanken mit anderen zu teilen als ihr Beten. Normalerweise wird unser Herz eher von der Gnade angerührt, wenn jemand zum Herrn betet, als wenn jemand uns etwas über eine Einsicht vorträgt, die er im Gebet empfangen hat.

Hüten Sie sich, Einsichten in einer Form mitzuteilen, die eigentlich ein Vortrag ist, den wir den Gruppenmitgliedern halten und nur hier und da mit dem Wort ‚Herr' verbrämen. Es ist ehrlicher und lenkt weniger ab, zu sagen: „Brüder, ich habe hier eine Einsicht oder einen Gedanken, die ich mit Euch teilen möchte…", als zu sagen: „Herr…", und uns dann einen Vortrag zu halten. Hier ist ein gutes Beispiel für das, was ich meine: „Herr, du weißt, wieviel Schaden die sogenannten Liberalen und die Exegeten in deiner Kirche anrichten. Meiner Meinung nach, Herr, sind sie an all der Aufregung schuld, die heute in der Kirche herrscht…" Das ist ein Beispiel dafür, wie wir, leider, unter dem Vorwand, zum Herrn zu sprechen, sogar einander eins auswischen können!

3. Die dritte Schwierigkeit, die ich hier anführen möchte, könnte man auch als Unpersönlichkeit bezeich-

nen, die Verwendung des Fürwortes „wir" statt „ich". „Herr, wir danken dir für die Güte, die du uns erweist..." Sprechen Sie nicht für die übrigen. Überlassen Sie das dem Zelebranten, der bei der Feier der Liturgie den Vorsitz führt. Maßen Sie sich nicht an, die Ansichten und Gefühle der übrigen Gruppenmitglieder zu interpretieren. Sprechen Sie für sich selbst. Ihr Beten ist dann viel persönlicher. Sie teilen nichts mit uns, wenn Sie „wir" sagen; Sie haben sich dann nur zu unserem Sprecher gemacht.

4. Eine ernstere Schwierigkeit ist die, einander nicht zuzuhören. Es tut manchmal weh, zuzuhören, wie jemand aus qualvoller Not zum Herrn betet und ihn verzweifelt um Hilfe anruft, und dann, kaum eine Sekunde nach Beendigung dieses Gebetes, jemand froh und munter einfällt, um dem Herrn für diese oder jene Gnade zu danken. Hat er denn seinem Vorredner nicht zugehört? Es scheint fast ungehörig zu sein, mit einem Jubelruf in die Gebetsrunde einzubrechen, ohne uns anderen wenigstens ein bißchen Zeit zu lassen, mit seinem Vorgänger die Sorge zu teilen und für ihn zu beten. Hier liegt einer der Gründe, weshalb es für eine Gruppe sehr von Nutzen ist, einen Leiter zu haben – jemand, der nicht gerade eine Sonderstellung in der Gruppe einnimmt, aber auf alles gefaßt ist, was in der Gruppe vorgeht, und sowohl auf die Gruppenmitglieder wie auf den Herrn hört. In einer Situation, wie ich sie beschrieben habe, kann der Verzweifelte in seiner Not den Eindruck bekommen, keiner fühle sich betroffen; wenn niemand sein Gebet ausdrücklich aufgreift, kann der Leiter ein kurzes Gebet für ihn sprechen. Es wird den Hilfesuchenden stützen und trösten, daß sein Gebet von seinen Brüdern nicht mit kalter Gleichgültigkeit aufgenommen worden ist. Es will etwas heißen, daß Jesus im Todeskampf betend seine Qual mit seinen Jüngern geteilt hat. Er hat sie mithören lassen, was er dem Vater sagte, und von ihnen Stütze und Trost erwartet. Wenn wir ein-

ander nicht zuhören, teilen wir halt unser Beten nicht miteinander.

Einander beim Beten zuzuhören, setzt voraus, daß der andere mit vernehmlicher Stimme betet. Es lenkt sehr ab und irritiert sogar bisweilen, wenn jemand etwas so vor sich hin murmelt, daß wir die Ohren spitzen müssen, um es aufzuschnappen. Sprechen Sie frei heraus, oder sprechen Sie überhaupt nicht.

5. Die nächste Schwierigkeit besteht darin, daß man dem Herrn nicht zuhört, der in unserem Herzen spricht. Es kann mitunter passieren, daß wir durch die miteinander geteilten Gebete und Probleme so außer uns geraten, daß der Herr in den Hintergrund gedrängt wird. Wir lassen ihm wenig Spielraum, uns zu inspirieren und uns in unserem Herzen ein Wort zu sagen, weil wir zu sehr von dem erfüllt sind, was wir und andere ihm sagen wollen.

Und der Herr spricht doch sehr oft zu uns. Wenn wir in uns selbst für innere Stille sorgen, könnte es wohl sein, daß wir spüren, wie er uns drängt, ein Gebet zu sprechen oder eine Einsicht, die er uns gibt, mit anderen zu teilen. Durch dieses Beten oder diese Einsicht unserseits weckt der Herr häufig in der Gruppe die Gnadengabe der Prophetie. Prophetie besagt, zu jemand im Namen des Herrn zu reden, jemand vom Herrn eine Botschaft zu bringen. Das war eine Gabe, die in der Urkirche oft zur Anwendung gekommen ist. Der heilige Paulus hat diese Gabe hoch geschätzt und seine Christen sogar angehalten, sie zu suchen, weil sie für das geistliche Wachstum unseres Nächsten so förderlich ist (1 Kor 14). Ein hervorragendes Beispiel für die Prophetengabe finden wir in der Apostelgeschichte, Kapitel 21: „Als wir mehrere Tage in Cäsarea gewesen waren, kam von Judäa ein Prophet namens Agabus herab und besuchte uns. Er nahm den Gürtel des Paulus, band sich Füße und Hände und sagte: So spricht der Heilige Geist: Den Mann, dem dieser Gürtel gehört, werden die Juden in Jerusalem ebenso fesseln und den Heiden ausliefern. Als wir das hörten, redeten wir ihm zusammen mit den Einheimischen zu, nicht nach Jerusalem hinaufzuziehen."

Mitunter habe ich die Prophetengabe in Aktion erlebt. So sensationell wie im Beispiel des Agabus war es nicht. Jemand in der Gruppe hat vielleicht eine Einsicht gehabt und sie mitgeteilt oder fühlte sich bewogen, die Heilige Schrift aufzuschlagen und die Stelle vorzulesen, auf die seine Augen trafen; oder er hat ein einfaches Gebet zum Herrn gesprochen, da fühlte ein anderer sich vom Herrn angesprochen, während der eine noch redete. Ich empfehle daher den Gruppenmitgliedern sehr, die Worte nicht für sich zu behalten, zu denen der Herr sie zu drängen scheint, denn oft gibt er uns ein, was wir nach seiner Absicht mit den anderen in der Gruppe teilen sollen. Daher ist es wichtig, aufmerksam auf den Herrn zu lauschen, der vielleicht in der Stille unseres Herzens oder in den Worten anderer spricht.

Darum wird es ratsam sein, daß der Gruppenleiter den Vorschlag macht, eine Zeitlang still zu beten – man nennt das auch eine ‚Lausch-Runde' –, wenn er merkt, daß zuviel geredet wird, was anscheinend nicht vom Geist und der Glut des Gebetes erfüllt ist. Es kann auch vorkommen, daß die Gruppe spontan verstummt. Es gibt zweierlei Stille: die dumpfe, lastende Stille, bei der wir das Gefühl haben, daß sich nichts tut; wir sind gestrandet. Wenn das zu lange währt, schlage ich vor, die Teilnehmer unterbrechen das Gebet fürs erste und suchen nach dem Grund für diesen Stillstand: sind sie zu schwerfällig oder zu gehemmt? Fühlen sie sich in der Stille wirklich wohl? Gewöhnlich werden diese Trägheit und dieser Stillstand überwunden, wenn man ein paar Lieder anstimmt, vor allem Lob- und Danklieder, und einen oder zwei Abschnitte aus der Heiligen Schrift liest.

Doch gibt es auch eine Stille anderer Art, bei der die

ganze Atmosphäre offensichtlich von tiefer Frömmigkeit erfüllt ist. Sie ist voller Glut; alle sind sichtlich ins Gebet versunken. Das ist schön, und es ist ein schwerer Fehler, mit einem Gebet oder einem Lied in diese Stille zu platzen, nur, damit endlich wieder ‚etwas in Gang kommt'. Man braucht geistliches Feingefühl, um die eine Stille von der anderen zu unterscheiden, und auch hier kann ein Leiter eine Hilfe sein.

6. Eine weitere Schwierigkeit: langatmige Gebete und, wie ich sie nenne, ‚Gebete für die Ohren des Publikums auf den Rängen'. Es ist wichtig, daß die Gebete nicht zu lang sind. Nach einer Weile wird es schwierig, dem Gebet noch aufmerksam zu folgen. Es ist besser, in einer Gebetsrunde zehnmal je eine halbe oder eine ganze Minute lang zu beten, als uns mit einem ellenlangen Gebet von fünf oder sechs Minuten zu plagen.

Für die Ohren des Publikums auf den Rängen zu beten, ist ein Versuch, Menschen mit unserem Beten zu beeindrucken. Manchmal studieren wir unsere Gebete sorgfältig ein, bevor wir loslegen, entweder aus Nervosität, oder weil wir Eindruck schinden wollen. Ideal sind die Gebete, die wir sprechen, den Blick fest auf den Herrn gerichtet, zu dem wir beten, ohne uns allzu sehr um Grammatik und Satzbau zu kümmern; sie sind einfach und spontan, und die schlechte Grammatik fällt nicht weiter ins Gewicht. Freilich können wir die Anwesenheit anderer nicht völlig unberücksichtigt lassen und so zum Herrn beten, als wären sie nicht da. Nur sollten wir darauf achten, daß seine Ohren es sind, denen unsere Gebete gelten, nicht die der Gruppe.

7. Die letzte Schwierigkeit, die ich noch anführen möchte: zur Gebetsrunde kommen, ohne vorher Zeit auf das private Gebet verwandt zu haben. Miteinander-Beten ist zweifellos am fruchtbarsten, wenn jeder, der dabei mitmacht, an dem betreffenden Tag schon einen guten Teil seiner Zeit auf sein privates, persönliches Gebet verwandt

hat. Ich weiß von einer Gebetsgruppe der charismatischen Erneuerung, in der es selbstverständlich ist, daß jeder am Tag der Gebetsrunde, die abends stattfindet, wenigstens zwei volle Stunden betet. Es hat mich beeindruckt, als ich die Mitglieder sah, Laien, die viel zu tun hatten. Es hat mich weiter beeindruckt, als ich erfuhr, daß diese Menschen, zumeist Laien, morgens früh aufstanden und bevor sie sich auf den Weg zur Arbeit machten, Schriftlesung hielten und sich die beiden Pflichtstunden lang der Gegenwart des Herrn stellten. Es wundert mich nicht, daß diese Gebetsrunden ganz erfüllt waren mit der Gnade und der Glut des Geistes. Diese Menschen waren schon mit dem Geist des Gebetes „aufgeladen", wenn sie zu dem Treffen kamen, und brauchten sich nicht darum zu bemühen, ihre leeren geistlichen Batterien erst aufladen zu lassen!

Vielleicht ist das der Grund dafür, daß das Miteinander-Beten während eines Exerzitienkurses viel fruchtbarer zu sein scheint, da jeder schon viel Zeit für das persönliche Gebet verwendet.

Weitere Hinweise für die Praxis

In seiner Idealgestalt folgt das Beten in der Gruppe keinem Schema und läßt den Teilnehmern die größtmögliche Freiheit, ihren Beitrag zu leisten, wie der Geist sie dazu antreibt. Ein Teilnehmer liest vielleicht einen Abschnitt aus der Heiligen Schrift vor, ein anderer singt ein Lied, wobei die übrigen mitsingen oder nicht, ganz wie sie sich gedrängt fühlen, während wieder ein anderer eine Erwägung beiträgt oder ein Gebet spricht. Eine feste Ordnung gibt es nicht.

Es empfiehlt sich allerdings, mit einer kurzen Schweigezeit zu beginnen, während derer jeder seinen Glauben an die Gegenwart des Herrn erneuern kann. Das vergegenwärtigt ihn. Ein paar Lieder am Anfang können auch sehr nützlich sein ...

Während der Exerzitien geht es bei unserem Miteinander-Beten hauptsächlich darum, den Herrn im Zusammenhang mit den Exerzitien um persönliche Gnadenerweise zu bitten und ihm für ihre Gewährung zu danken. Außerhalb der Exerzitien werden wir oft Fürbitte einlegen, in den Nöten und Anliegen anderer beten. Es ist überaus hilfreich, einige Zeit dem Lobgebet zu widmen. Wenn wir Gott für seine Güte und für das Gute, das er uns und anderen gegeben hat, preisen, wird unser Herz leicht und froh. Ich selbst habe erst, nachdem ich die charismatische Erneuerungsbewegung kennengelernt hatte, das Lobgebet und seinen hohen Wert entdeckt. Es gibt nur wenige Gebetsarten, die so geeignet sind, einem das Gefühl zu vermitteln, von Gott geliebt zu sein, oder niedergeschlagene Gemüter aufzurichten und Versuchungen zu überwinden. In Psalm 8 heißt es: „Du schaffst dir Lob, deinen Gegnern zum Trotz; deine Feinde und Widersacher müssen verstummen", und bei den Juden war es üblich, beim Auszug in den Kampf dem Herrn Loblieder zu singen. Das galt als mächtige Waffe zum Sieg über den Feind. Im zweiten Buch der Chronik (20,20 ff.) lesen wir: „Beim Aufbruch trat Joschafat hin und rief: Hört mir zu, Juda und ihr Einwohner Jerusalems! Vertraut auf den Herrn, euren Gott, dann werdet ihr bestehen. Vertraut auf seine Propheten, dann werdet ihr Erfolg haben. Nachdem er sich mit dem Volk beraten hatte, stellte er Sänger für den Herrn auf, die in heiligem Schmuck dem kampfbereiten Heer voranzogen, Loblieder sangen und riefen: Dankt dem Herrn; denn seine Huld währt ewig. Während sie den Jubelruf und Lobpreis anstimmten, führte der Herr Feinde aus dem Hinterhalt gegen die Ammoniter, Moabiter und Edomiter, die gegen Juda gezogen waren, so daß sie geschlagen wurden."

Im Alten Bund hat man übrigens das Lobgebet laut verrichtet – man hat den Lobpreis entweder laut hinausgerufen oder ihn gesungen. Man hat mir sogar gesagt, man fühle sich durch die Praxis des Lobgebetes wie neugeboren. Ein Arbeiter erzählte mir, wie er unter dem betäubenden Maschinenlärm in seiner Fabrik den Tag zum großen Teil damit verbringt, Gott laut zu loben, wenn auch nicht *zu* laut, weil er fürchtet, seine Kameraden könnten ihn hören; er sagte mir auch, das würde ihn nach der Nachtschicht ebenso erfrischen wie eine kalte Dusche und eine Tasse heißer Kaffee.

Wenn das Beten in der Gruppe schwer und schleppend zu werden droht, kann der Leiter ein paar Worte zum Lobgebet sagen und alle auffordern, den Blick fest auf den Herrn zu richten und ihn für alles zu loben und zu preisen, für das Gute wie das weniger Gute, vor allem aber dafür, daß er der gute Gott ist. Das kann entweder reihum in Form von Gebeten geschehen oder gemeinsam, wobei alle ein Lob-, Dank- und Anbetungslied singen. Daraufhin wird sich in der Gruppe bald eine merkliche Veränderung einstellen.

Eine letzte und wichtige Empfehlung für Zusammenkünfte zum Miteinander-Beten (falls Sie sie außerhalb der Exerzitien halten wollen): legen Sie die Dauer der Zusammenkunft im voraus fest, und sagen Sie jedem Teilnehmer genau, wie lange sie dauern wird – eine halbe Stunde, eine Stunde oder zwei Stunden. Wenn dann die Zeit abgelaufen ist, unterbrechen Sie, auch wenn die Mehrzahl der Teilnehmer sich zum Weitermachen gedrängt fühlt, das Beten, damit diejenigen, die gehen wollen, auch wirklich gehen können. Die anderen können dann durchaus weitermachen. Diese zeitliche Festlegung bewahrt viele vor der lästigen Ablenkung, sich dauernd zu fragen, wann wohl Schluß sein werde!

Hinweise für den Priester

Ein Priester hat geistliche Leitungsaufgaben. In der Gebetsgruppe wird er ein weites Betätigungsfeld finden. Ich kenne eine Reihe von Priestern, die, nachdem sie in Exerzitien die Vorteile des Betens in der Gruppe kennengelernt hatten, mit ihren Pfarrhelfern, ihren Katecheten und den Lehrern gemeinsam zu beten begonnen haben – was sich sehr segensreich auswirkte. Wie selten geschieht es, daß ein Seelsorger bei seinen Besuchen von Gemeindemitgliedern, Patienten in Krankenhäusern oder bei Gesprächen mit Menschen, die bei ihm Rat suchen, mit diesen Menschen betet. Das ist halt bei uns nicht üblich, wie es für einige protestantische Pastoren selbstverständlich ist. Bei uns ist es eher üblich, dem Ratsuchenden oder Patienten den Segen zu geben. Ich habe manchmal nach einer Konsultation meinem Besucher den Vorschlag gemacht, mit ihm zu beten – wir beten dann beide zum Herrn, der bei uns zugegen ist, erzählen ihm von unseren Hoffnungen und Enttäuschungen und unserer Verwirrung und bitten ihn um Hilfe. Ich habe oft festgestellt, daß dieser Teil der Konsultation sich auf den Besucher wie auf mich am „heilsamsten" auswirkte.

Ich habe noch nie jemand getroffen, der mich nicht gerne mit ihm und für ihn beten ließ. Eine Frau, eine ehemalige Katholikin, die Pfingstlerin geworden war, sagte mir bei einem Krankenhausbesuch: „Wenn mein Pfarrer mir einen Krankenbesuch macht, widmet er mir fast eine halbe Stunde, um mit mir zu beten und die Bibel zu lesen; genau das erwarte ich von einem Pfarrer. Wenn der katholische Geistliche mich besucht, redet er über Politik und das Wetter, gibt mir dann seinen Segen und geht wieder." Hier gibt es noch vieles aufzuholen.

Bei Familienbesuchen habe ich mir hier eine bestimmte Methode zugelegt: Ich beginne selbst mit dem Gebet und frage dann die übrigen Anwesenden, ob sie dem Herrn etwas zu sagen hätten. Sie haben ihm immer ziemlich viel zu sagen. Zunächst sagen sie es mir, daraufhin spreche ich für sie das Gebet zum Herrn; später bringe ich sie dazu, es ihm selbst zu sagen! Oder ich beginne mit dem Rosenkranz, einem Gebet, das vielen Familien noch vertraut ist. Zwischen den einzelnen Gesätzen frage ich: „Für wen sollen wir dieses Gesätz beten?" Dann spreche ich ein frei formuliertes Gebet für alle, deren Namen genannt werden; nach und nach fällt es dann auch den anderen nicht schwer, selbst so zu beten.

In Exerzitienkursen mit großer Beteiligung fordere ich die Teilnehmer auf, Zehner- oder Zwölfergruppen zu einer Gebetsrunde zu bilden. Gewöhnlich halten wir unsere Gebetsrunde abends vor der ausgesetzten Eucharistie. Das wird für die meisten Teilnehmer zu einem bleibenden Erlebnis.

9
Die Umkehr

Zu Beginn eines geistlichen Übungskurses wird in der Regel über die eigene Sündhaftigkeit nachgedacht, um dann um Vergebung durch die Gnade der Umkehr zu bitten. Das Thema der Umkehr soll im Mittelpunkt des folgenden Abschnitts stehen.

Umkehr: ein Weg zum Christuserlebnis

Ist das Christuserlebnis auch eine Gnade, die wir niemals verdienen können, so empfehle ich doch zwei Dinge, die wir tun können, zwei Dispositionen, die wir als Vorbereitung auf den Empfang dieser Gnade besonders pflegen können: a) das glühende Verlangen, ihm zu begegnen, und b) das beharrliche Bittgebet. Hinzu kommt als drittes die Umkehr, von der im Buch der Offenbarung eindrucksvoll gesprochen wird:

„An den Engel der Gemeinde in Ephesus schreibe: So spricht Er, der die sieben Sterne in seiner Rechten hält und mitten unter den sieben goldenen Leuchtern einhergeht: Ich kenne deine Werke und deine Mühe und dein Ausharren; ich weiß: Du kannst die Bösen nicht ertragen, du hast die auf die Probe gestellt, die sich Apostel nennen und es nicht sind, und hast sie als Lügner erkannt. Du hast ausgeharrt und um meines Namens willen Schweres ertragen und bist nicht müde geworden. *Ich werfe dir aber vor, daß du deine erste Liebe verlassen hast. Bedenke, aus welcher Höhe du gefallen bist. Kehr zurück zu deinen er-*

sten Werken! Wenn du nicht umkehrst, werde ich kommen und deinen Leuchter von seiner Stelle wegrücken" (Offb 2, 1–5).

„An den Engel der Gemeinde in Laodizea schreibe: So spricht Er, der ‚Amen' heißt, der treue und zuverlässige Zeuge, der Anfang der Schöpfung Gottes: Ich kenne deine Werke. Du bist weder kalt noch heiß. Wärest du doch kalt oder heiß! Weil du aber lau bist, weder heiß noch kalt, will ich dich aus meinem Mund ausspeien. Du behauptest: Ich bin reich und wohlhabend, und nichts fehlt mir. Du weißt aber nicht, daß gerade du elend und erbärmlich bist, arm, blind und nackt. Darum rate ich dir: Kaufe von mir Gold, das im Feuer geläutert ist, damit du reich wirst; und kaufe von mir weiße Kleider, und zieh sie an, damit du nicht nackt dastehst und dich schämen mußt; und kaufe Salbe für deine Augen, damit du sehen kannst. Wen ich liebe, den weise ich zurecht und nehme ihn in Zucht. Mach also Ernst, und kehr um! Ich stehe vor der Tür und klopfe an. Wer meine Stimme hört und die Tür öffnet, bei dem werde ich eintreten, und wir werden Mahl halten, ich mit ihm und er mit mir" (Offb 3, 14–20).

Die Notwendigkeit der Umkehr

Diese Worte aus der Offenbarung des Johannes geben Aufschluß über die Haltung, auf die Jesus im Evangelium verweist. Den Beginn seiner Verkündigung bildet der Ruf: „Kehrt um, und glaubt an das Evangelium; denn das Reich Gottes ist nahe!" (Mk 1, 15). Ebenso heißt es in den ersten Predigten der Apostel, von denen die Apostelgeschichte berichtet: „Kehrt um", „und jeder von euch lasse sich auf den Namen Jesu Christi taufen zur Vergebung seiner Sünden; dann werdet ihr die Gabe des Heiligen Geistes empfangen" (Apg 2, 38).

Umkehr ist tatsächlich eine Grundhaltung des Christen, zu der er ständig aufgefordert ist. Ganz unerläßlich ist für ihn das Bekennen seiner Schuld, ohne Ausreden, ohne Ansprüche, ohne Selbstgefälligkeit. Er muß eingestehen, daß er unfähig ist, aus seiner Sündhaftigkeit herauszugelangen und auf die erlösenden Macht Gottes in Jesus unbedingt angewiesen ist. Paulus sagt im Römerbrief: „Das Wollen ist bei mir vorhanden, aber ich vermag das Gute nicht zu verwirklichen. Denn ich tue nicht das Gute, das ich will, sondern das Böse, das ich nicht will. Wenn ich aber das tue, was ich nicht will, dann bin nicht mehr ich es, der so handelt, sondern die in mir wohnende Sünde. Ich stoße also auf das Gesetz, daß in mir das Böse vorhanden ist, obwohl ich das Gute tun will. Denn in meinem Innern freue ich mich am Gesetz Gottes, ich sehe aber ein anderes Gesetz in meinen Gliedern, das mit dem Gesetz meiner Vernunft im Streit liegt und mich gefangenhält im Gesetz der Sünde, von dem meine Glieder beherrscht werden. Ich unglücklicher Mensch! Wer wird mich aus diesem dem Tod verfallenen Leib erretten? Dank sei Gott durch Jesus Christus, unseren Herrn!" (Röm 7, 18–25).

Es ist wichtig, daß der Christ die Feststellung und Frage des Apostels Paulus „Ich unglücklicher Mensch! Wer wird mich erretten?" an sich selbst erfährt. Und wer kann sagen, daß er dies nicht dauernd in seinem Leben erfährt? Dann können wir zu Jesus hingehen ohne falsche Selbstsicherheit und ganz im Vertrauen auf seine Macht. Er sagt ja ausdrücklich, daß er für solche Menschen, für „Sünder", gekommen ist, nicht für die „Gerechten". Wenn wir gerecht, selbstgerecht, sind, dann ist er nicht für uns gekommen, hat er an uns kein Interesse. Wir müssen ständig auf der Hut vor solcher Selbstgerechtigkeit sein, denn sie führt zu der Blindheit und Herzenshärte, von der die Pharisäer geschlagen waren. Die Einsicht, wie hilflos wir sind und wie sehr wir Jesus brauchen, fällt uns heute, wie ich meine, deshalb besonders schwer, weil wir in unserer Zeit weithin das Gespür für die Sünde verloren haben.

Das Gespür für die Sünde

Die Sünde ist etwas, das wir heute erheblich herunterspielen. Gleichwohl stellte sie eine Gegebenheit dar, der Jesus offenbar große Bedeutung beigemessen hat. „Das ist der Kelch des neuen und ewigen Bundes, mein Blut, das für euch und für alle vergossen wird zur Vergebung der Sünden", sagt der Priester im feierlichsten Augenblick der heiligen Messe mit den Worten, die Jesus selbst gesprochen hat. „Empfangt den Heiligen Geist!" sagt Jesus zu den Aposteln nach seiner Auferstehung. „Wem ihr die Sünden vergebt, dem sind sie vergeben, wem ihr die Vergebung verweigert, dem ist sie verweigert" (Joh 20,22 f.). Im Vaterunser unterweist er uns, nur dreierlei zu erbitten: unser tägliches Brot, Festigkeit im Kampf gegen die Versuchung und Vergebung der Sünden. Er sendet seinen Geist, damit der Geist die Welt davon überzeugt, was „Sünde, Gerechtigkeit und Gericht ist".

Es steht außer Zweifel, daß die Vergebung der Sünden für Jesus von ganz entscheidender Bedeutung ist. Wenn ich später auf den sozialen Aspekt der Sünde zu sprechen komme, hoffe ich zeigen zu können, warum dies so ist. Schon auf den ersten Seiten des Evangeliums erfahren wir, daß dies die Befreiung ist, die er uns bringt – keine primär wirtschaftliche, soziale oder politische Befreiung, wie man heute gern sagt, sondern Erlösung von der Sünde. „Josef, Sohn Davids", sagte der Engel, „fürchte dich nicht, Maria als deine Frau zu dir zu nehmen; denn das Kind, das sie erwartet, ist vom Heiligen Geist. Sie wird einen Sohn gebären; ihm sollst du den Namen Jesus geben; denn er wird sein Volk von seinen Sünden erlösen" (Mt 1,20f.). Es gibt noch viele andere Stellen im Neuen Testament, die dies als Grund für die Menschwerdung Gottes unterstreichen, so zum Beispiel: „Das Wort ist glaubwürdig und wert, daß man es beherzigt: Christus Jesus ist in die Welt gekommen, um die Sünder zu retten" (1 Tim 1, 15). Im Römerbrief (5, 8) erfahren wir, daß Gott seine Liebe zu uns gerade darin erweist, daß Christus für uns gestorben ist, als wir noch Sünder waren, und im 1. Johannesbrief (4, 10), daß Gott seinen Sohn als Sühne für unsere Sünden gesandt hat.

Die Vergebung der Sünden ist für Jesus ein weit wichtigeres Anliegen als leibliche Gesundheit und materieller Wohlstand. Er heilt bei Matthäus 9 den Gelähmten einzig, um seinen Gegnern zu zeigen, daß er ihm eine weit kostbarere Gnade geschenkt hat: die Vergebung seiner Sünden. Für uns, die wir geistlich vielleicht weniger Gespür besitzen als die Menschen früherer Zeiten, steht die Vergebung der Sünden nicht hoch im Kurs. Eben deshalb brauchen wir die Gnade der Umkehr um so dringender.

Das Wesen der Umkehr

Ich möchte jedoch nicht den Eindruck erwecken, Umkehr sei gleichbedeutend mit Sündenbewußtsein und -schmerz. Der Schmerz ist nur ein Aspekt der Umkehr – und nicht einmal der wichtigste. Griechisch heißt die Umkehr „metánoia", was den völligen Herzens- und Sinneswandel bezeichnet. Eine Abkehr unseres Herzens und unseres Sinnes von der Selbstsucht weg und ihre Hinwendung zu Gott. Die beste Formel, auf die sich Umkehr bringen läßt, ist wohl das von Jesus verkündete Gebot: „Du sollst den Herrn, deinen Gott, lieben mit ganzem Herzen und ganzer Seele, mit all deiner Kraft und all deinen Gedanken" (Lk 10, 27).

Ich könnte wegen meiner Sünden bittere Tränen vergießen, Gott sagen, daß sie mir zutiefst leid tun, und ihn um

Vergebung bitten, was mir aber noch nicht die Gnade der Umkehr verschafft. Ich kann noch weit von dem festen Willen entfernt sein, all meine schlechten Anhänglichkeiten aufzugeben, Gott ganz und gar zu lieben und das von Grund auf neue Leben mit den von Grund auf neuen Haltungen zu führen, die das einschließt. Wie treffend drückt Jesus das in der schon oben zitierten Stelle aus der Offenbarung (3, 14–20) aus: Da ging es um einen Menschen und eine Kirche, die sich wirklich mit aller Kraft für ihn eingesetzt und um seinetwillen viel Mühsal ertragen hatten: „Ich kenne deine Werke und deine Mühe und dein Ausharren!... Du hast ausgeharrt und um meines Namens willen Schweres ertragen und bist nicht müde geworden." Auch von Treue gegenüber seiner Wahrheit war die Rede, vom klaren Blick bei der Verwerfung falscher Lehren und falscher *Apostel*. Damit ist der Herr jedoch noch nicht zufrieden. Diese Kirche bedarf noch der Umkehr, weil es ihr noch an *Liebe* fehlt. „Ich werfe dir vor, daß du deine erste Liebe verlassen hast. Bedenke, aus welcher Höhe du gefallen bist. Kehr zurück zu deinen ersten Werken!"

Noch etwas anderes ist für die Gnade der Umkehr bezeichnend: sie bringt immer viel Freude und tiefen Frieden mit sich. Wenn bei Exerzitien und in Predigten die Rede auf Umkehr und Schmerz über unsere Sünden kommt, machen sich die Hörer gewöhnlich auf eine Menge „negativer" Gefühle gefaßt: auf Schuldgefühle, Selbsthaß, ja sogar Traurigkeit und Niedergeschlagenheit. Wer jedoch Schmerz mit Traurigkeit verwechselt, der kennt den Schmerz nicht, der vom Geist ausgeht. Wie oft hören wir Menschen nach der Beichte sagen, sie fühlten sich froh und glücklich, als ob ihnen ein Stein vom Herzen gefallen sei! Ein merkwürdiges Paradox: Tränen des Schmerzes, weil wir Gott beleidigt haben, und zugleich Herzensfreude, weil wir ihn wiedergefunden haben, weil er uns immer noch liebt, weil all unsere Sünden vergessen sind. Wie könnte es auch anders sein? Verirrt sich jemand im Wald und findet seinen Heimweg wieder, verliert jemand einen kostbaren Schatz und erhält ihn dann zurück: ist das kein Grund zu großer Freude?

Jesus verbindet die Umkehr immer mit dem Empfinden tiefer Freude. Er erzählt uns sehr liebevoll, wie den Vater Freude erfüllt, als der Verlorene Sohn wieder nach Hause kommt, wie den Hirten Freude erfüllt, als sich sein entlaufenes Schäflein wieder findet, wie bei den Engeln Gottes Freude herrscht über die Umkehr eines einzigen Sünders. Wie groß wird erst die Freude des Sohnes sein, der wieder ins Vaterhaus aufgenommen worden ist, und die des Schäfleins, das den Weg zur Hürde wieder findet; ebenso die Freude des Sünders, der sieht, daß er Gott mit seiner Rückkehr zu ihm glücklich gemacht hat! Sollte sich also jemand auf Niedergeschlagenheit und Traurigkeit eingestellt haben, als ich das Thema Umkehr ankündigte, so hätte er sich jetzt genau auf die umgekehrten Gefühle einzustellen: auf Freude, daß ein liebender Vater jeden wieder in die Arme schließen will, sowie auf Liebe, tiefe Liebe, ja, auf die ganze Liebe des Herzens zu ihm und zu seinem Sohn Jesus Christus. Ich wüßte keine bessere Art der Umkehr als die, immer wieder die Worte zu sprechen: „Mein Gott, ich liebe dich doch wirklich. Ich möchte dich lieben mit ganzem Herzen und ganzer Seele und all meiner Kraft."

Die Umkehr folgt der Christusbegegnung

Zu Beginn dieses Abschnitts sprach ich von der Umkehr als Weg zur Begegnung mit Christus. Das stimmt nur zum Teil. Die Christusbegegnung geht im allgemeinen der Gnade der Umkehr voraus. Zweifellos gibt es eine Art von beginnender Umkehr, die dazu beiträgt, daß wir Christus tiefer erfahren, doch erst nach dieser Erfahrung kommt es dazu, daß wir die Gnade der Umkehr in ihrer ganzen Fülle empfangen. Erst wenn wir ihm begegnet sind, geht uns auf, was Sünde und was Liebe ist. Erst wenn jemand aus einem finsteren Verlies hinaus ans Tageslicht gelangt ist, begreift er, wie finster es dort unten war und wie kostbar und herrlich das Licht ist. Solange er dort war, waren seine Augen an die Finsternis gewöhnt, und er bemerkte vielleicht gar nicht, daß er im Finstern war und Licht brauchte. Nur der Heilige weiß, was Sünde ist, denn er ist an Gottes Licht gelangt, nicht der Sünder. Wir erkennen unsere Sünde durch Gottes Offenbarung, nicht durch die Vernunft.

Die Heilige Schrift bringt dafür viele Beispiele. Der heilige Paulus war der Ansicht, Gott einen Dienst zu tun, als er die Kirche verfolgte. Erst nachdem er Christus begegnet war, wird ihm seine Sünde bewußt; von nun an bezeichnet er sich als den geringsten von den Aposteln, nicht einmal wert, Apostel zu heißen, weil er die Kirche Christi verfolgt habe (1 Kor 15,9). Paulus geht sogar so weit, sich den ersten unter den Sündern zu nennen (1 Tim 1,15). Aber um all das einzusehen, mußte er zuerst dem Herrn begegnen.

Bei Petrus war es nicht anders. Zuerst entdeckte er, wer Jesus wirklich ist, und ruft dann aus: „Herr, geh weg von mir; ich bin ein Sünder!" So ähnlich war es für den Propheten Jesaja, der im sechsten Kapitel seine Gottesvision beschreibt, nach der er sich seiner Sünde deutlich bewußt wird: „Weh mir, ich bin ein Mann mit unreinen Lippen!" Zachäus kehrt um und bekehrt sich, nachdem der Herr in sein Haus eingekehrt ist (Lk 19), und die Frau (Lk 7) vergießt Tränen der Liebe und der Umkehr, als sie den Herrn trifft.

Und sollte es nicht auch eigentlich so sein? Denn wie kann uns eine Kränkung des Herrn leid tun, wenn wir ihn nicht zuvor lieben? Und wie sollen wir ihn lieben, wenn wir nicht zuvor mit ihm in Berührung kommen und schon etwas Erfahrung mit ihm gemacht haben? Deshalb bin ich der Ansicht, die Meditation über Sünde und Umkehr ist keine Meditation für Anfänger im geistlichen Leben, sondern für die großen Heiligen, für Menschen, die schon beträchtliche Fortschritte in der Heiligkeit gemacht haben. So überrascht es nicht, vom heiligen Pfarrer von Ars zu lesen, er habe dauernd danach verlangt, seine Pfarrei im Stich zu lassen und Einsiedler zu werden. Was war wohl der Grund dafür? Um seine Sünden zu beklagen, nicht mehr und nicht weniger. Das bringt uns aus der Fassung und ist unbegreiflich, wenn uns noch nicht klar geworden ist, was es heißt, Gott zu lieben und von ihm geliebt zu werden: wenn wir den Herrn noch nie „gesehen" haben.

Es ist daher nicht nötig, den Mut sinken zu lassen, wenn Sie diese außerordentliche Gnade nicht gleich erhalten. Vielleicht wartet der Herr damit bis zum Schluß der Exerzitien, wenn Ihre Liebe zu ihm sich vertieft hat. Begnügen Sie sich jetzt damit, sich brennend nach ihm zu sehnen und ihn so sehr zu lieben, wie Sie können. Ich stieß einmal auf ein Gebet, das dem heiligen Anselm zugeschrieben wird und das die Etappen nennt, die die meisten Menschen durchlaufen müssen, bevor sie zur schmerzlichen Erkenntnis ihrer Sünden gelangen – all diese Etappen sind eine recht passende Beschreibung der Gnade der Umkehr in ihrer Vollendung: die Sehnsucht nach Gott, die Gottesliebe und die Abscheu vor der Sünde. Hier ist das Gebet: „Herr, unser Gott, sei uns gnädig, damit wir uns von ganzem Herzen nach dir sehnen, dich dann sehnlichst suchen und finden, dich, wenn wir dich gefunden haben, lieben und aus Liebe zu dir verabscheuen, wovon du uns erlöst hast. Amen."

Bibelstellen

Als nächstes werde ich auf die Gefahren zu sprechen kommen, die mit der Meditation über die Umkehr und unsere Sündhaftigkeit verbunden sind. Hier möchte ich noch abschließend auf ein paar Texte hinweisen, die die Bibel uns zur Meditation über dieses Thema reichlich anbietet. Zuerst Stellen aus dem Neuen Testament:

Lukasevangelium 7: Die Frau in Magdala. Man beachte, wie sehr Jesus bei der Vergebung der Sünden die Liebe betont. *Lukasevangelium 15:* Die Gleichnisse von der Liebe des Vaters, von der verlorenen Drachme und dem verlorenen Schaf. Hier liegt der Nachdruck auf Freude und Herzlichkeit. *Apostelgeschichte 9:* Die Bekehrung des heiligen Paulus. *Johannesevangelium 4:* Die Bekehrung der Samariterin. *Lukasevangelium 19:* Die Bekehrung des Zachäus. *Johannesevangelium 21:* Petrus bekennt seine Liebe. *1. Timotheusbrief 1, 15:* Eine sehr trostreiche Stelle, an der Paulus doch wirklich sagt, wenn Gott an einem Menschen wie mir solche Wunder wirken konnte, was kann er dann an anderen tun, die ihm vertrauen! *Offenbarung 2, 1–7; 3, 14–22:* Der Liebhaber steht ungestüm vor der Tür und klopft, als brauche er uns dringender als wir ihn; ganz wie der Hirt, der sein entlaufenes Schaf sucht, und der Vater, der in seiner Liebe auf seinen Verlorenen Sohn wartet.

Das Alte Testament enthält Stellen zur Meditation über Sünde und Umkehr in Fülle. Ich beschränke mich auf ein paar Stellen aus den Büchern der Propheten: *Ezechiel 16, Jeremia 2; Hosea 2. Jesaia 63, 7 – 64, 11* enthält ein sehr eindringliches Gebet, das Sie sich vielleicht aneignen möchten.

Versuchen Sie vor allem nicht, die Gnade der Umkehr und des Schmerzes über die Sünde selbst hervorzubringen. Bitten Sie darum. Bitten Sie um die Gabe der Liebe zu Gott. Bitten Sie um die Gabe, ihn in diesen Tagen kennenzulernen. Die Umkehr kommt dann auch.

10
Die Gefahren der Umkehr

Wenn man die Umkehr falsch versteht, wenn man Schuld, Furcht vor Strafe und Selbsthaß zu sehr betont, wird die Umkehr zu einer großen Gefahr. Alle guten Dinge sind gefährlich, die Gnade der Umkehr bildet da keine Ausnahme. Einige dieser Gefahren möchte ich hier vor Augen führen.

Die Weigerung, sich etwas zu verzeihen

Gott ist nur zu bereit, uns zu verzeihen. Wir brauchen nicht einmal zu sagen, es tue uns leid, sondern wir brauchen nur den Wunsch zu haben, zu ihm zurückzukehren. Er läßt den Verlorenen Sohn nicht einmal ausreden, der seine Umkehr mit den paar Worten bekunden will, die er sich zurechtgelegt hat. Nichts auf der Welt ist leichter, als von Gott Vergebung zu erlangen. Gott liegt mehr daran, Vergebung zu gewähren, als uns, sie zu erhalten.

Die Schwierigkeit liegt also nicht an Gott, sondern an uns. Einmal weigern sich viele zu glauben, daß die Vergebung so leicht zu haben ist. Sodann, was noch schlimmer ist, weigern sie sich, sich selbst zu verzeihen. Sie brüten ständig darüber, wie jämmerlich und erbärmlich sie gehandelt haben, und wünschen, sie hätten nie gesündigt, hätten nie etwas auf dem Konto gehabt.

So steigern sie sich in ein falsches Empfinden von Unwürdigkeit, glauben, sie seien der Gnaden Gottes ganz und gar unwürdig, müßten Buße tun, sich läutern; müßten gründlich Sühne leisten für ihre Vergangenheit, bevor sie der Gnadenerweise Gottes wieder würdig werden können. Ich kenne kein größeres Hindernis für den geistlichen Fortschritt als dieses falsche Unwürdigkeitsempfinden. Selbst die Sünde ist kein so großes Hindernis. Weit davon entfernt, ein Hindernis zu sein, ist die Sünde geradezu eine Hilfe, wo Umkehr vorhanden ist. Doch dieses falsche Unwürdigkeitsempfinden – diese Weigerung unserseits, die Vergangenheit zu vergessen und in die Zukunft voranzuschreiten – macht es uns einfach unmöglich, überhaupt von der Stelle zu kommen. Ich habe einen Priester gekannt, der sich nach seiner Weihe ernstlich vergangen hatte. Ich war überzeugt, daß Gott ihm im Gebet außerordentliche Gnaden schenkte, daß Gott ihn zu einer hohen Stufe der Kontemplation berief. Doch es war unmöglich, diesen Priester davon zu überzeugen: in seinen eigenen Augen war er ein erbärmlicher Sünder, war er unwürdig; alles, was nach einer besonderen Gnade aussah, die Gott ihm geben wollte, war verdächtig und illusorisch, war einfach raffiniert getarnter Stolz. Über die Sünde kann Gottes Gnade leicht triumphieren, über diese Form von Widerstand jedoch nur mit der größten Mühe!

Ein anderes Beispiel: Hier handelt es sich um einen Seminaristen, der von einem Sexualproblem geplagt war, das er mit allem guten Willen, aber wenig Erfolg, zu bewältigen versuchte. Als ich eines Tages mit ihm ins Gespräch kam, fiel mir plötzlich auf, daß er auf der ganzen Linie einen durch und durch heidnischen Gottesbegriff besaß. Stellen wir uns vor: ein Seminarist mit theologischen Kenntnissen, der noch nie die Frohe Botschaft vernommen hatte. Der Gott, den er kannte, war der Gott der Vernunft oder der Gott jeder x-beliebigen anderen Religion, aber nicht der Vater unseres Herrn Jesus Christus. Dieser Seminarist war vom Gefühl seiner Unwürdigkeit besessen, von dem Bedürfnis, sich zu läutern und Buße zu tun, bevor er sich diesem, seinem all-heiligen Gott nahen und in eine Beziehung der Liebe mit ihm treten könnte. Während er so redete, stellte ich mir ihn in einem Bild vor, das ich ihm nicht vorenthalten wollte. Ich sagte zu ihm: Ich sehe Sie als eine Frau, die ihrem Mann untreu und Prostituierte geworden ist. Jetzt tun ihr ihre Sünden leid, und sie ist nach Hause gekommen. Aber sie wagt nicht einzutreten. Sie bleibt in Sack und Asche draußen auf der Straße stehen und hat sich in den Kopf gesetzt, für ihre Sünden Buße zu tun. Da steht sie nun Tag für Tag, wochen- und monatelang. Was hat denn ihr Mann von ihrer Bußübung? Ihm geht es wieder um ihre Liebe, er sehnt sich nach ihrer Wärme und nach ihren Liebkosungen. Doch die Frau besteht hartnäckig darauf, sich zuerst „zu läutern" – oder sie fürchtet sich vielleicht zu sehr, einfach mutig geradewegs ins Haus zu gehen, ihren Mann zu umarmen und ihm zu sagen, daß sie ihn noch liebt.

Unser Seminarist hörte mir aufmerksam zu und sagte dann stockend: „Genau das ist mein Fall. Ich wage nicht hineinzugehen. Ich habe zuviel Angst, das zu riskieren. Ich könnte ja abgewiesen werden." Darauf sagte ich zu ihm: „Würden Sie jetzt mit mir in die Kapelle gehen, all Ihre Sünden und Sexualprobleme vergessen und einfach den Herrn anschauen und ihm sagen: Herr, ich liebe dich von ganzem Herzen?" – „Nein, das würde ich nicht wagen" – „Gut, dann versuchen Sie, es hier an Ort und Stelle zu tun. Wir werden zusammen eine Zeitlang still beten. Und wir wollen beide unsere Sünden vergessen und unser Herz auf den Herrn richten und ihm sagen, daß wir ihn lieben." Das haben wir dann etwa fünf Minuten lang getan. Für ihn wie für mich war es ein bewegendes Erlebnis.

Viele von uns müssen erst noch lernen, daß umkehren nicht heißt, zu sagen: „Herr, es tut mir leid." Ich habe mir aus dem schönen Roman „Love Story" den Satz eingeprägt: „Lieben heißt, nie sagen zu müssen: Es tut mir leid" –, sondern: „Herr, ich liebe dich von ganzem Herzen." Ist Ihnen aufgefallen, daß Jesus uns im Neuen Testament nirgendwo sagt, um Vergebung unserer Sünden zu erlangen, müßten wir Bedauern empfinden? Selbstverständlich schließt er den Schmerz über die Sünde nicht aus. Nur fordert er ihn nicht ausdrücklich. Wir dagegen haben die Reue hochgespielt. Wie viele Beichtkinder habe ich gehabt, die sich mit der Frage verrückt gemacht haben, ob ihre Reue wohl ausreichte, ob ihre Reue „vollkommen" oder „unvollkommen" wäre, und mit anderen derartigen Fragen, die mit Vergebung schwerlich etwas zu tun hatten. Und während wir uns in Dinge verloren haben, die Jesus nicht ausdrücklich von uns verlangt hat, haben wir geflissentlich übersehen, was er ausdrücklich und mit Nachdruck gefordert hat. Er hat gesagt: „Wenn du von meinem himmlischen Vater Vergebung erwartest, mußt du deinem Bruder vergeben." Ausgerechnet diese Bedingung hat unter den Bedingungen für eine ‚gute Beichte', die unsere früheren Katechismen aufgezählt haben, merkwürdigerweise gefehlt. Wir waren peinlich genau darauf bedacht, unser Gewissen zu erforschen, dem Priester all unsere Sünden zu beichten, Reue zu erwecken, uns Besserung vorzunehmen und die uns auferlegte Buße zu verrichten. Man hat uns nicht ausdrücklich gesagt, daß es weit wichtiger als all dies wäre, unserem Bruder alles Böse zu vergeben, das er uns angetan habe; ja, daß unsere Sünden, wenn diese Bedingung nicht erfüllt wäre, einfach nicht vergeben würden, ganz gleich, wie vollkommen unsere Reue und wie vollständig unser Sündenbekenntnis vor dem Priester im Beichtstuhl ausfiele.

Und noch etwas hat Jesus von uns verlangt, wenn wir für unsere Sünden Vergebung haben wollten: die Liebe. So einfach ist das. Komm zu mir und sag, daß du mich liebst, und deine Sünden werden dir vergeben. Wir sind gewohnt, die Tränen der Frau in Magdala für Tränen des Schmerzes über ihre Sünden zu halten. Ich frage mich, wie wir auf diese Idee kommen konnten, da Jesus doch unmißverständlich sagt, ihre Tränen und ihr ganzes Verhalten seien Ausdruck ihrer Liebe. Viele Sünden werden ihr vergeben, *weil* sie viel geliebt hat. Nachdem Petrus Jesus verleugnet hatte, ist das, was Jesus von ihm verlangt, die Bekundung seiner Liebe. „Simon, Sohn des Johannes, liebst du mich über alles?"

Genau darum geht es bei der Umkehr. Wenn wir dies ganz deutlich sehen würden, blieben wir von all der Mutlosigkeit und Niedergeschlagenheit und sogar von all der maßlosen Angst vor Gott verschont, die viele empfinden, wenn sie sich bei ihrer Sündhaftigkeit aufhalten und die Gnade der Umkehr suchen. – Verweilen wir also bei unserem Herrn, verbringen eine Zeit der Umkehr, während der Sie ihm einfach immer wieder wie Petrus sagen: „Herr, du weißt alles, du weißt, daß ich dich liebe."

Das führt mich zu einer anderen Eigenart des Gottes der Christen, den ich zuvor dem Gott der Vernunft und allen anderen Göttern gegenüberstellte; eine Eigenart der Frohbotschaft, die Jesus entgegen den Lehren der nüchternen Vernunftreligion verkündete. Sie besteht darin: Wenn für Jesus die Sünde auch das denkbar größte Übel ist, ist ihm der Sünder teuer. Verabscheuen Sie die Sünde von ganzem Herzen und gehen Sie ihr aus dem Weg. Haben Sie aber gesündigt und – hierauf kommt es an – kehren Sie um, haben Sie Grund zum Jubel, denn im Himmel herrscht größere Freude über einen Sünder, der umkehrt, als über neunundneunzig, die der Umkehr nicht bedürfen. Ist so eine Verrücktheit zu verstehen? Die Verrücktheit, die die Kirche packt, wenn sie in der Osternacht die Sünde Adams als „wahrhaft unumgänglich" und „selige Schuld" besingt, weil sie uns unseren Heiland Jesus Christus beschert hat. Damit wiederholt sie nur, was der heilige Paulus den Römern sagt. Wo die Sünde mächtig wurde, ist die Gnade übermächtig geworden. Er sieht offenbar die gute Seite unserer Übertretungen. Daraus zieht er die logische Folgerung: Warum also nicht in der Absicht sündigen, daß die Gnade, die wir empfangen, noch mächtiger wird? Doch vor dieser Folgerung fährt er mit Entsetzen zurück. Das verbiete Gott, sagt er.

Wir stehen hier vor einem Geheimnis, das menschliches Begreifen übersteigt. Es kommt darauf an, die Wahrheit dieser beiden gegensätzlichen Positionen festzuhalten: Daß man die Sünde verabscheut. Und daß man, wenn man gesündigt hat und umgekehrt ist, sich wirklich sehr glücklich schätzt, weil sich dann der Strom der Gnade in überreichem Maß in unser Herz ergießt. Der Sünder, der umkehrt – der Sünder, der liebevoll zu Gott zurückkehrt –, zieht Gott stärker an als ein Magnet. Gott findet ihn nicht abscheulich, sondern unwiderstehlich. Das ist die frohe Botschaft. All der andere Kram, was das Bedauern und die Sühne für unsere Sünden betrifft, ist keine frohe, sondern eine abgestandene alte Botschaft. Sie war uns auch ohne die Segensbotschaft Jesu längst bekannt.

Maßlose Angst vor Gott

Auch die maßlose Angst vor Gott und seinem Strafgericht ist eine der schlimmen Auswirkungen der unsachgemäßen Meditation über unsere Sündhaftigkeit. Ich muß immer wieder über die vielen Christen staunen, vor allem auch Priester, die eine große Angst vor Gott haben. Sie sitzen noch immer in der Falle einer Gesetzesfrömmigkeit, und dies zwanzig Jahrhunderte, nachdem Jesus einen Gott verkündet hat, der die Liebe selbst ist und eine Befreiung von der Last des Gesetzes. Diese Christen voller Angst sind nicht unbedingt Skrupulanten, und oft sind sie sich dieser Angst, die ihr geistliches Leben beherrscht, gar nicht bewußt. Aber ihr Umgang mit Gott ist von einem einzigen, riesigen Pflichtenkatalog bestimmt. Geraten sie einmal in Lebensgefahr, so ist das erste, was sie möchten, rasch zu beichten – das Sakrament der Versöhnung wird von ihnen Zwecken dienstbar gemacht, die dem Denken

Jesu ganz und gar fremd sind, nämlich: sich eine Garantie zu verschaffen, die sie makellos vor Gott hintreten lassen wird; sich vor Gott und seinem Gericht zu „schützen". Wer dies meint, dem ist wohl nie eingefallen, wie verwerflich schon allein der Gedanke ist, daß ein Christ – mag er noch so sündig sein – Schutz vor seinem himmlischen Vater suchen sollte. Die unterschwellige Angst, die „in jener Zeit" so viele Priester angehalten hat, ihr Brevier zu beten, ist dafür ein gutes Beispiel. (So auch die Angst, die viele Katholiken zum Besuch der Sonntagsmesse gebracht hat und noch bringt – und da wehren wir uns noch heftig gegen jeden Vorwurf, unsere Frömmigkeit sei Gesetzesfrömmigkeit, ganz wie die Frömmigkeit der Pharisäer, gegen die Jesus in seiner Lehre zu Felde gezogen ist.) „In jener Zeit" glaubte man, auch nur eine der kleinen Horen des Breviers auszulassen, sei eine Todsünde (d. h., daß der himmlische Vater diesen Verstoß mit der Hölle ahndet – und kommen Sie nur nicht, um mit mir darüber zu streiten; ich kenne nämlich schon die Argumente, daß, z. B., die verbotene Frucht eine Kleinigkeit, die Verbotsübertretung Adams und Evas aber das wirklich Sträfliche gewesen sei ... Ich bin mir dessen völlig bewußt, wie wir in unserem neurotischen Bestreben, Menschen durch die zahlenmäßige Vermehrung von Todsünden in den Griff zu bekommen, unsere Vernunft die absurdesten „logischen" Schlüsse haben ziehen lassen).

Ein Opfer dieser früheren Denkweise war ein Priester, der zwanzig Priesterjahre lang treu gebetet und nie sein Breviergebet, seine Betrachtung oder seine Gewissenserforschung unterlassen hat. In seinem Beten und ganz allgemein in seinem Umgang mit Gott fehlte jedoch jede Freude. Er sagte mir einmal traurig: „Manchmal habe ich das unsinnige Gefühl, ich wäre, würde es keine Gebote geben, heilig. Ich würde mich so frei und erlöst fühlen – und ich weiß, ich würde all diese Gebote ohne Ausnahme spontan halten." Das erinnerte mich an einen befreundeten Jesuiten, der mir erzählte, es sei ihm erst mit seinem Eintritt ins Kloster bewußt geworden, wie gern er studiere; zu Hause habe er eine Mutter gehabt, die ihm so zugesetzt habe, er solle sich an die Bücher machen, daß er „gezwungen" gewesen wäre, unter Druck und mit Abscheu zu tun, was er mit wirklichem Genuß und mit Vergnügen getan hätte, wäre er frei gewesen.

Auch ein anderer Jesuit fällt mir ein, ein Seminarist, der vor Eifer glühte; ein musterhafter Ordensmann, der aber anscheinend ewig traurig war trotz seiner, in meinen Augen, erzwungenen Fröhlichkeit. Eines Tages kam in einem Augenblick tiefer Einsicht die Wurzel seiner Traurigkeit zum Vorschein. Er überraschte sich dabei, wie er dem Gott, dem er von ganzem Herzen und von ganzer Seele diente, sagte: „Gott, eigentlich hasse ich dich. Du bist ein Spielverderber. Ich kann mich meines Lebens einfach nicht freuen, wenn du da bist. Du erlaubst mir nichts. Du läßt mich nicht frei." – Da liegt – oder wenigstens lag – etwas sehr, sehr, sehr im argen mit unserem Verständnis Jesu und seiner Botschaft.

Um mit dieser neurotischen Angst vor Gott fertig zu werden, bedürfen wir eines anderen Verständnisses von Gesetz und seinem Platz in unserem Leben. Ich bin nicht für die Abschaffung des Gesetzes, wohl aber für ein neues Gesetzesverständnis. Das Problem sind nicht die Forderungen, die das Gesetz stellt. (Menschen, die die Forderungen des Gesetzes abschütteln und unter dem Geist leben wollen in der Hoffnung, daß sie dann ein für allemal bequem leben können, haben absolut keine Ahnung von den Mühen, die die Freiheit mit sich bringt, und von den Ansprüchen der Liebe, die der Geist stellt – weit größere als alles, wovon das Gesetz jemals träumen würde!) Das Problem sind also nicht die Forderungen, die das Gesetz stellt. Es ist das Gesetz, insofern als es Furcht erzeugt, und insofern als es uns bindet und unfähig macht, Gott frei zu dienen. Deshalb brauchen wir ein neues Gesetzesverständnis, wenn wir in Liebe und Freiheit auf den Gott eingehen wollen, den Jesus verkündet hat.

Doch noch etwas ist notwendig: eine bessere Kenntnis der Liebe Gottes zu uns, einer Liebe, die keine Bedingungen stellt. Haben Sie schon einmal beobachtet, wie die Liebe beschaffen ist, die eine gute Mutter ihrem Kind entgegenbringt? Sie liebt es nicht, weil es gut ist, sondern weil es ihr Kind ist. Natürlich möchte sie, daß es brav ist, daß es sich zum besten entwickelt. Die Mutter eines Verbrechers möchte ja, daß er sein böses Tun aufgibt. Aber da sie Mutter ist, hört sie nicht auf, ihn zu lieben. Sie wird nicht sagen: „Hör zuerst mit deinen Schandtaten auf, dann will ich dich lieben." Vielmehr sagt sie: „Ich verabscheue deine Schandtaten, aber ich liebe dich immer noch sehr, denn du bist mein Sohn." Wenn überhaupt Aussicht besteht, daß der Junge sich ändert, dann wegen dieser bedingungslosen Liebe seiner Mutter zu ihm. Wagen wir zu denken, daß Gott uns so liebt?

Die Bibelwissenschaftler sagen uns, es bestehe ein Unterschied zwischen den Botschaften des Alten und des Neuen Testaments. Pauschal ausgedrückt, hat Gott im Alten Testament gesagt: Wenn ihr brav und gehorsam seid, werde ich gut zu euch sein; wenn ihr aufsässig seid, werde ich euch zürnen und euch vernichten. Jesus zeigt uns sozusagen einen anderen Gott, einen Gott, der ohne Unterschied zu Heiligen und Sündern gut ist, der beiden seinen Regen, seinen Sonnenschein und seine Liebe schenkt. Gottes Liebe ist ebensowenig denen vorbehalten, die gewisse Bedingungen erfüllen, wie die Liebe einer Mutter nur den Kindern, die alle Vorschriften befolgen, die sie ihnen auferlegt. Solch einen Gott zu predigen – und das hat Jesus getan –, ist ein sehr gefährliches Unterfangen. Die Menschen werden bald dazu neigen, seine Güte auszunutzen. Aber jede Liebe handelt so: sie wagt es, sie läßt sich wehrlos ausnutzen – wie will sie sonst die Liebe des anderen gewinnen? Das ist denn auch das Wagnis, das Jesus einzugehen bereit war und tatsächlich eingegangen ist, als er uns das wahre Wesen seines Vaters gezeigt hat.

Als ich noch Novize war, hat unser Novizenmeister uns oft gesagt: „Der rotgedruckte Tag in ihrem geistlichen Leben wird einmal kommen, allerdings nicht dann, wenn Sie glauben, daß Sie Gott lieben, sondern dann, wenn Sie merken, daß er Sie liebt!" Langjährige Erfahrung – fremde und eigene – hat mir gezeigt, wie recht er hatte. Welch ein Wandel vollzieht sich in unserem Leben, wie schnell beginnen wir uns zu ändern, wenn wir merken, wie sehr und wie bedingungslos er uns liebt und akzeptiert! Ich habe von einem protestantischen Pastor gelesen, der anscheinend das Charisma besaß, Christusbegegnungen geradezu dadurch zu vermitteln, daß er dem anderen zu der Erfahrung der bedingungslosen Liebe Christi verhalf. Wenn jemand zu ihm kam und sagte: „Ich möchte Christus begegnen. Wie und wo kann ich ihn treffen?", nahm ihn der Pastor etwas abseits, wo man sie nicht so leicht stören konnte, und sagte ihm dann etwa folgendes – ich schildere die Einzelheiten so genau, wie ich mich noch daran erinnern kann, da ich Ihnen vorschlagen möchte, dies später als Übung selbst nachzuvollziehen: „Bitte, schließen Sie jetzt die Augen, und hören Sie genau zu, was ich sage: Jesus Christus, der auferstandene Herr, ist hier bei uns zugegen. Glauben Sie das?" Nach einer Zeit der Stille antwortete darauf der Betreffende: „Ja, das glaube ich." – „Hören Sie nun etwas, das zu glauben Ihnen vielleicht schwerer fällt", pflegte der Pastor dann fortzufahren. „Hören Sie genau zu: Jesus Christus, der auferstandene Herr, liebt und akzeptiert Sie so, wie Sie sind. Sie brauchen sich nicht zu ändern. Sie brauchen sich nicht zu bessern. Sie brauchen nicht einmal von Ihrer Sünde zu lassen. Aber das brauchen Sie nicht zu tun, um seine Liebe zu gewinnen. Die haben Sie jetzt schon, wie immer es auch um Sie stehen mag. Wir wissen doch, wie glühend seine Liebe zu uns ist, gerade weil er uns liebt, wenn wir

Sünder sind, und sogar bereit ist, für uns zu sterben. Glauben Sie das?" Daraufhin tritt gewöhnlich eine längere Pause ein, bis der Betreffende sagt: „Ja, ich glaube, daß Jesus, der hier zugegen ist, mich so liebt, wie ich bin." Darauf der Pastor: „Dann sagen Sie Jesus etwas. Sagen Sie es laut." Der Betreffende betet nicht lange, bevor er die Hand des Pastors ergreift und sagt: „Sie haben recht. Er *ist* hier! Ich kann seine Gegenwart spüren!"

Ich möchte dies nicht als eine unfehlbare Methode empfehlen, jedermann die Erfahrung der Gegenwart Christi zu vermitteln. Es mag ein besonderes Charisma gewesen sein, das dieser Pastor besaß. Gleichwohl habe ich diese Übung schon mit sehr, sehr gutem Erfolg weiterempfohlen. Ich weiß noch, wie ich sie einmal mit einer großen Gruppe von fast zweihundert Seminaristen und Priestern, die sich in Exerzitien befanden, während einer Heiligen Stunde am Vorabend des Herz-Jesu-Festes gemacht habe. Ich sagte ihnen, sie sollten sich ein paar Minuten lang auf die Gegenwart des auferstandenen Herrn dort in der Kapelle besinnen, dann eine Zeitlang die andere Wahrheit einsinken lassen: Jesus liebt und akzeptiert mich so, wie ich bin; dann ihre Herzen in liebendem Gebet vor dem Herrn ausgießen. Viele von ihnen haben mir gesagt, das sei sicher das engagierteste Gebet gewesen, das sie in diesen ganzen Exerzitien gesprochen hätten. Eine Schwesterngemeinschaft hat diese Übung gemeinsam praktiziert und mir gesagt, sie habe ihnen zu außerordentlichen geistlichen Gnaden verholfen.

Trotz meines eingefleischten Widerstrebens, Visionen und Offenbarungen Glauben zu schenken, wobei die Offenbarungen im Zusammenhang mit der Herz-Jesu-Frömmigkeit an Margareta Maria Alacoque keine Ausnahme bilden, bin ich fest davon überzeugt, daß diese Frömmigkeitsform etwas vermag. Ich bin gewillt, diese Offenbarungen als einen Fall des Charismas der Prophetie zu akzeptieren, dessen sich Christus immer noch bedient, um von Jahrhundert zu Jahrhundert in Verbindung mit seiner Kirche zu bleiben. Er soll gesagt haben, daß jeder, der diese Andacht pflegt, in seinem geistlichen Leben zahllose Gnaden erfahren wird – Sündern werde die Gnade der Bekehrung zuteil, Heilige würden auf dem Weg der Heiligkeit außerordentliche Fortschritte machen. Priestern und anderen, die sich für diese Andacht einsetzen, wird versichert, sie würden in ihrem Apostolat Früchte erleben, die ihre kühnsten Erwartungen überstiegen. All das ist für mich völlig klar. Bitte, verwechseln Sie die Andacht zum Herzen Jesu nicht mit all den Frömmigkeitsformen, die man uns aufgezwungen hat – von denen viele fast unerträglich und sentimental waren. Werfen Sie sie auch nicht in einen Topf mit dem Symbol des durchbohrten Herzens, das die einen anspricht und andere abschreckt. Das Wesen dieser Andacht liegt, wie ich es sehe, darin, die Liebe des Vaters zu uns in Christus anzunehmen. Zu akzeptieren, daß Jesus uns bedingungslos liebt; daß er die Liebe selbst ist. Wenn jemand diese Wahrheit in sein Leben aufnimmt und anderen hilft, sie anzunehmen, wird er unweigerlich erleben, wie außerordentlich fruchtbar sein eigenes geistliches Leben und sein Apostolat sich erweisen.

Oft fragen wir uns: „Was habe ich für Christus getan? Was soll ich für Christus tun?" Nur selten geht uns auf, daß das Schönste, was wir für ihn tun könnten, darin besteht, an seine Liebe zu uns zu glauben. Haben Sie schon einmal erlebt, daß jemand, den Sie sehr lieben, zu Ihnen gesagt hat: „Ich kann einfach nicht glauben, daß Du mich wirklich liebst?" Wenn ja, dann werden Sie wissen, daß das, was wir uns am meisten von denen wünschen, die wir lieben, mehr als alle Dienste, die sie uns tun können, das ist, daß sie an unsere Liebe glauben, daß sie uns ebenfalls lieben und die Liebe schätzen, die wir ihnen entgegenbringen. Das ist es, worum es, meiner Meinung nach, bei der ganzen Herz-Jesu-Verehrung geht. Wie dringend braucht die Welt sie heute doch!

Christus als Forderung erleben

Die letzte Gefahr, die mit der Meditation über die Umkehr und unsere Sündhaftigkeit verbunden ist, besteht darin, Christus als Forderung zu erleben. Oftmals erlebt man Christus als Forderung, lange bevor man ihn als Geschenk erlebt. Und der Aufruf zur Umkehr verstärkt häufig noch das Empfinden, Christus sei eine Forderung. Der fordernde Gott. Immer verlangt er mehr und mehr und mehr. Unersättlich, nie zufrieden, was immer man auch gibt oder tut.

Dieser Zusammenhang läßt sich wohl am besten an einem Gebet verdeutlichen, das einmal jemand gesprochen hat und das etwa so lautete: „Herr, ich möchte deinen Heiligen Geist empfangen. Ich fürchte mich aber, dich um ihn zu bitten, weil ich mich vor den Forderungen fürchte, die er an mich stellen wird. Herr, hilf mir, meine Furcht zu überwinden." Von diesem Gebet war ich ziemlich schockiert. Das Traurige ist nämlich, daß hier eine Bitte vorgetragen wird, bei der so manches andere mitwirkt: die Furcht, Gott zu nahe zu kommen, die Furcht vor seinen Forderungen an uns. Der Heilige Geist ist das Geschenk des Vaters an uns – und vor diesem Geschenk fürchten wir uns! Wir fürchten uns vor den Bedingungen, die mit dem Geschenk verbunden sind, wenn es eintrifft!

Stellen wir uns einen Vater in seiner Liebe vor, der seinen Kindern Spielsachen mitbringt. Voll Freude kommt er nach Hause, packt die Spielsachen aus und reicht sie den Kindern – die zurückweichen und sich fürchten, die Spielsachen anzunehmen. Sie kennen ihren Vater; das kann nur eine Bestechung sein; nachher wird er mit seinen Forderungen kommen; die Freude an diesen Spielsachen werden sie teuer bezahlen müssen. Lieber würden sie auf die Spielsachen verzichten. – Gehen wir mit unserem himmlischen Vater nicht auch so um? Wir können uns nur schwer zu dem Glauben durchringen, die Gaben, die er uns anbietet, seien nicht an Bedingungen geknüpft, unser Glück und unser Friede seien sein einziger Wunsch.

Vielleicht liegt die Schuld nicht allein bei uns. Wir sind in dem Glauben erzogen worden, Gott sei eher ein fordernder Gott als ein liebender Vater, der uns bedingungslos liebt. Der beste Weg, diese Vorstellung zu berichtigen, liegt darin, mit dem Versuch Schluß zu machen, die wirklichen oder eingebildeten Forderungen zu erfüllen, die Gott, wie wir meinen, an uns richtet. Geben Sie nicht den Forderungen des Geliebten nach; geben Sie nur den Forderungen der Liebe in Ihrem eigenen Herzen nach. Wenn Sie der Liebe in Ihrem eigenen Herzen keine Beachtung schenken und sich mehr zu geben bemühen, als Ihre Liebe leisten kann, läuft das entweder auf ein schlechtes Gewissen oder auf Groll hinaus. Weit davon entfernt, Ihre Liebe zu steigern, wird sie dadurch verlieren ...

Das folgende Beispiel mag dies verdeutlichen: Denken wir uns einen jungen Mann, John, der Mary leidenschaftlich liebt. In einem Überschwang von Liebe verzichtet er manchmal sogar auf sein Kantinenessen und kauft mit dem dafür bestimmten Geld Blumen, um sie Mary abends zu überreichen. Die Liebe macht so verrückte Sachen. Liebe wächst sogar durch solche Gesten. Stellen wir uns weiter vor, Henry konsultiert mich, weil er sich schwer tut, Liebe zu Jane, seiner Frau, zu empfinden. Und ich sage zu ihm: „Warum machen Sie es nicht wie John? Verzichten Sie auf Ihr Kantinenessen und kaufen Sie mit dem ersparten Geld Blumen für Jane." Statt seine Liebe zu Jane wiederzuerlangen, wird er in seinem Herzen wahrscheinlich nur Groll gegen sie wecken. Die sklavische Nachahmung des Verhaltens eines Liebhabers ohne dessen innere Disposition, ist kein Rezept, nach dem man selbst zum Liebhaber werden könnte. Daran können Sie sehen, wie gefährlich es ist, Novizen zu sagen, sie sollten das Verhalten der Heiligen nachahmen, wenn sie doch im Herzen noch nicht die Gottesliebe haben, die dieses Verhalten inspiriert hat. Bisweilen drängen wir sie dazu in der leisen Hoffnung, das Verhalten könne automatisch auch die Liebe wecken. Doch dafür gibt es absolut keinen Beweis; ganz im Gegenteil. Wahrscheinlich sind sie im Endeffekt entmutigt und geben ganz auf.

Gott verlangt von Ihnen nie mehr als das, was die Liebe verlangt, die Sie für ihn in Ihrem Herzen empfinden. Wenn Sie die Großtaten verrichten wollen, die die Heiligen für ihn verrichtet haben, dann bitten Sie ihn, er möge Ihrem Herzen die Liebe eingießen, die die Heiligen zu ihm gehabt haben. In dem Maß, in dem Ihre Liebe zu ihm wächst, wird auch lhre Fähigkeit wachsen, sich ihm frohen Herzens zu schenken. Gott liebt einen fröhlichen Geber. Zwang und Kraftakte währen nicht sehr lange. Ein Priester sagte mir einmal: „Eines Morgens merkte ich bei der Betrachtung wie noch nie zuvor, daß Gott mich bedingungslos liebt. Ich glaube, an dem einen Tag habe ich größere Fortschritte gemacht als in zwanzig Jahren, in denen ich versuchte, Gottes Forderungen, oder was ich für Gottes Forderungen an mich gehalten habe, zu erfüllen." Wie wahr!

Bitten Sie Jesus, Ihnen die Erfahrung seiner Liebe zu Ihnen zu schenken. Die Großherzigkeit, mit der Sie Großes für ihn leisten wollen, bedarf dann keiner Nachhilfe mehr; sie kommt von selbst.

11
Der soziale Aspekt der Sünde

Im folgenden möchte ich etwas über einen Aspekt der Sünde sagen, der dem heutigen Denken ein Anliegen ist. In früheren Zeiten wurden Heilige bei der Betrachtung Christi am Kreuz und dem Gedanken, daß es die Sünde, ihre Sünde, ist, die ihn gekreuzigt hatte, zu tiefer Reue gerührt. In unserer Zeit, glaube ich, werden die Menschen eher durch den Anblick der Kreuzigung Christi gerührt, die heute immer noch als Folge der Sünde vor sich geht.

Bin ich für das Leid meines Bruders verantwortlich?

Nach unserer Überzeugung kam alles Leid als Folge der Sünde in die Welt. Und je mehr Sünde es gibt, um so mehr greift das Leid um sich. Jesus ist heute in der Person seiner Brüder wieder am Kreuz: der Opfer von Unrecht, der Siechen und der Gemütskranken. Ebenso wie ich vor Christus am Kreuz stehen und sagen könnte: „Das hat meine Sünde getan", kann ich vor jedem Beliebigen stehen, der heute leidet, und sagen: „Das hat meine Sünde getan." Aus diesem Grund haben wir unsere Sünden nicht nur Gott bekannt, sondern auch unseren Brüdern. Wir verletzen durch unsere Sünde nicht nur Gott, sondern den ganzen mystischen Leib. Teilhard de Chardin sagt sehr treffend: „Wenn man an einer einzigen Stelle den Bronzegong anschlägt, schwingt der ganze Gong." So oder so sind wir alle Glieder eines einzigen Leibes; wenn ein Glied des Leibes krankt, leidet auch der übrige Leib.

Dem Hindu-Heiligen Swami Ramdas erzählte man einmal, ein Agnostiker im Westen habe gesagt: „Ich glaube nicht an Gott. Wenn ich es täte, würde ich ihn mir suchen und ihn für all das Leid erdrosseln, das er über die Welt gebracht hat." Darauf sagte Ramdas: „Sollte ich diesem Menschen begegnen, würde ich ihm seine Hände sanft an die eigene Kehle legen und sagen: ‚Los! Hier ist der Urheber des Leides; erdrosseln Sie ihn'." Wir sind heute gewöhnt, das Böse in der Welt und in der Kirche anderen anzulasten. Nicht die Liberalen oder die Konservativen sind es eigentlich, denen man die Aufregung und die Verwirrung in der Kirche anlasten müßte. Nicht die Kapitalisten und die Kommunisten sind es, die für Leid und Ungerechtigkeit in der Welt die Verantwortung tragen. Meine Sünde ist es. Wenn wir die Sünde ausrotten würden, würden wir das Leid ausrotten.

Akzeptieren wir diese Wahrheit, werden wir sehen, wie wichtig es ist, an der Ausrottung der Sünde in der Welt zu arbeiten. Wir haben uns mit Leib und Seele in die Arbeit zur Ausrottung von Hunger, Arbeitslosigkeit, Seuchen und Analphabetismus gestürzt. Ausgezeichnet! Das ist ein Werk des Mitleids, der Barmherzigkeit. Das ist das, was unsere christliche Liebe von uns fordert. Wenn wir unserem leidenden und unterprivilegierten Bruder gegenüber kaltherzig sind, besagt unsere Predigt nichts, tragen wir Christi Liebe nicht im Herzen.

Doch vergessen wir nie, daß wir bei dieser Tätigkeit nur die Symptome bekämpfen; wir müssen uns auch um die Wurzel kümmern. Ein Schmerzmittel kann den Schmerz stillen, den ein Krebspatient empfindet; den Krebs heilen kann es nicht. Ebensowenig kann die Ausrottung von Hunger, Seuchen und Analphabetismus den Krebs des Egoismus an der Wurzel all dieser Übel heilen. Sehen Sie sich nur die Völker des Westens an, bei denen einige dieser Symptome mit Erfolg ausgerottet sind. Sind diese Völker glücklicher, selbstloser, liebevoller? Gibt es dort wirklich weniger Leid als in den Entwicklungsländern? Wir haben wenig erreicht, wenn wir das Problem des Egoismus und der Sünde nicht in Angriff genommen haben.

Von da aus ist leichter zu verstehen, warum Jesus den sozialen und politischen Problemen seiner Zeit anscheinend so wenig Beachtung geschenkt und der Sünde und der Sündenvergebung so große Bedeutung beigemessen hat. Ein sehr sozial veranlagter Seminarist, der bei den Flüchtlingen in Bangladesch im Einsatz war, sagte mir bei seiner Rückkehr von diesen Szenen des Elends und der Hungersnot: „Es ist mir aufgegangen, daß es nicht das größte Übel in der Welt ist, wenn ein Mensch an Hunger stirbt. Das ist zweifellos ein schmerzvoller Tod; aber ich stelle mir vor, Menschen in den reichen Nationen sterben unter eben solchen Schmerzen, wenn sie an Krebs sterben und die moderne Medizin die Schmerzen nicht stillen kann. Nein, das eigentlich Schreckliche ist nicht das Verhungern unter Schmerzen; das Schreckliche sind die Herzenshärte und die Gleichgültigkeit dessen, der seinem verhungernden Bruder helfen könnte und es doch nicht tut." Der Schrecken des Egoismus und der Sünde!

Als Sozialapostolat gilt heute der tätige Einsatz für den Aufstieg der Armen, die Ausrottung sozialer Ungerechtigkeit. Selten denken wir bei der Arbeit, die ein Priester im Beichtstuhl oder bei der Verkündigung des Gotteswortes leistet, an ein Sozialapostolat. Wir verlieren aus dem Blick, wie wichtig die Aussöhnung von Sündern mit Gott ist. Ist das vielleicht nicht auch ein Teil der Identitätskrise, die heute so viele Priester durchmachen, der Krise, die ich zu Anfang unserer Exerzitien erwähnt habe? Oftmals ist sie eine Oberflächlichkeitskrise. Sie entspringt der Auffassung, die Hauptaufgabe des Priesters in der Welt von heute sei das Engagement, wobei unter Engagement das revolutionäre, das politische und das soziale Engagement verstanden wird. So gesehen, ist Jesus sehr „unengagiert" gewesen. Er machte nie den Eindruck, als seien die sozialen und politischen Debatten seiner Zeit sein eigentliches Anliegen; ganz im Gegenteil: er weigerte sich konstant, sich in sie hineinziehen zu lassen.

Für den Priester von heute muß, wie schon für Jesus, die Verkündigung der Frohbotschaft das eigentliche Anliegen sein. Er sollte sich ruhig im Bildungs- und Sozialwesen betätigen, aber er soll nicht versäumen, die Menschen zur Umkehr aufzurufen, sondern sie anhalten, sich als Sünder zu bekennen und Gottes erbarmende Liebe anzunehmen. John Wesleys, der Gründer der Methodisten, sagte: „Gebt mir hundert Männer, die nichts ersehnen außer Gott und nichts fürchten außer der Sünde, und ich werde die Tore der Hölle erbeben lassen und auf Erden das Gottesreich errichten."

Dieser Satz könnte sich für eine fruchtbare Gebetsübung eignen. Stellen Sie in Gottes Gegenwart eine Liste all dessen auf, wonach Sie sich sehnen. Steht Gott auf dieser Liste an erster Stelle? Und all dessen, was Sie fürchten und verabscheuen. Steht die Sünde an erster Stelle? Wenn beides so ist, haben Sie die Gnade der Umkehr sicher in reicher Fülle!

Die Beichte

Abschließend möchte ich noch ein paar Worte über das sagen, was wir mit der Tradition einmal das Beichtsakrament nannten. Demgegenüber bevorzuge ich das Wort, das auch moderne Autoren verwenden: das Sakrament der Versöhnung oder das Sakrament der Umkehr. Früher sagten mir viele Exerzitienteilnehmer, der Empfang dieses Sakramentes sei für sie im Verlauf der Exerzitien eine große Hilfe und sogar ein Wendepunkt gewesen. Vielleicht könnte es auch Ihnen den Dienst leisten, den es Ihren Vorgängern geleistet hat.

Mitunter sagten mir Priester, sie empfingen kaum je dieses Sakrament, da es in ihrem Leben keine Besserung bewirke. Was soll man immer wieder dieselben alten Sünden und Nachlässigkeiten beichten? Anscheinend tritt keine Besserung ein, und ich komme mir vor wie ein Heuchler. Wenn ich es mit meiner Umkehr ernst meinte, müßten diese Sünden doch verschwinden, nicht wahr?

Dem liegt die Annahme zugrunde, das Hauptziel dieses Sakramentes sei die Tilgung von Sünden und Nachlässigkeiten; eine Annahme, die ich nicht teile. Das Hauptziel dieses Sakramentes ist die Aussöhnung mit Gott, ein tieferes Einswerden mit Christus und eine neue Herabkunft der Kraft des Heiligen Geistes. Auf diese Weise sind die Dispositionen, mit denen wir uns diesem Sakrament nahen, wichtiger als das Sündenregister, das wir bekennen, und die eben genannten Gnaden sind wichtiger als die Tilgung von Fehlern. Christus kann wollen, daß wir diese Fehler unser ganzes Leben lang haben, damit seine Kraft in unserer Schwachheit aufleuchtet. Sie werden uns nicht hindern, an Heiligkeit zu wachsen oder den geistlichen Reichtum zu erlangen, den dieses Sakrament bietet.

Wenn wir von diesem Sakrament profitieren wollen, müssen wir uns ihm mit den richtigen Dispositionen nahen. Bislang waren wir besorgt, mehr als besorgt, unser Gewissen zu erforschen und eine möglichst genaue Liste unserer Sünden aufzustellen. Das ist jedoch zweitrangig, verglichen mit den Dispositionen, die ich jetzt aufzählen will:

Das erste, was wir tun müssen, besteht darin, anderen alles zu vergeben, was sie uns angetan haben. Jesus verdeutlicht dies eindringlich im Gleichnis vom unbarmherzigen Diener (Mt 18). Ebenso in der Bergpredigt, wenn er sagt: „Wenn du deine Opfergabe zum Altar bringst und dir dabei einfällt, daß dein Bruder etwas gegen dich hat, so laß deine Gabe dort vor dem Altar liegen; geh und versöhne dich zuerst mit deinem Bruder, dann komm und opfere deine Gabe ... So sollt ihr beten: Unser Vater im Himmel, ... erlaß uns unsere Schulden, wie auch wir sie unseren Schuldnern erlassen haben ... Denn wenn ihr den Menschen ihre Verfehlungen vergebt, dann wird euer himmlischer Vater auch euch vergeben. Wenn ihr aber den Menschen nicht vergebt, dann wird euch euer Vater eure Verfehlungen auch nicht vergeben" (Mt 5,23f.; 6,9.12.14f). Und im Markusevangelium sagt er schließlich: „Und wenn ihr beten wollt und ihr habt einem anderen etwas vorzuwerfen, dann vergebt ihm, damit auch euer Vater im Himmel euch eure Verfehlungen vergibt!" (11,25).

Ich habe schon weiter vorn über dieses Thema gesprochen – unserem Bruder zu vergeben, was er uns angetan hat und ein paar einschlägige Gebetsübungen empfohlen. Vielleicht könen Sie sich der einen oder anderen Übung als Vorbereitung auf das Sakrament der Versöhnung bedienen.

Eine Disposition, die wir ebenfalls zu diesem Sakrament mitbringen müssen, ist das Eingeständnis unserer Sündhaftigkeit. Darin bestand der Vorwurf, den Jesus gegen die Pharisäer erhob: Sie wollten nicht einsehen, daß sie Sünder waren und seiner bedurften. Das Gleichnis vom Pharisäer und vom Zöllner (Lk 18) ist dafür ein deutliches Beispiel. Das gilt ebenso für die Worte Jesu an die Pharisäer im Matthäusevangelium: „Nicht die Gesunden brauchen den Arzt, sondern die Kranken ... Ich bin nicht gekommen, die Gerechten zu rufen, sondern die Sünder" (9,12). Beachten Sie auch, wie Paulus im zweiten und dritten Kapitel des Römerbriefs auf eben dieser Disposition besteht. Der heilige Johannes desgleichen: „Wenn wir sagen, wir hätten keine Sünde, führen wir uns selbst in die Irre, und die Wahrheit ist nicht in uns. Wenn wir unsere Sünden bekennen, ist er treu und gerecht; er vergibt uns die Sünden und reinigt uns von allem Unrecht. Wenn wir sagen, wir hätten keine Sünde begangen, machen wir ihn zum Lügner, und sein Wort ist nicht in uns" (1 Joh 1,8 ff.). Und in der Offenbarung legt Johannes Jesus die Worte in den Mund: „Du behauptest: Ich bin reich und wohlhabend, und nichts fehlt mir. Du weißt aber nicht, daß gerade du elend und erbärmlich bist, arm, blind und nackt. Darum rate ich dir: Kaufe von mir Gold, das im Feuer geläutert ist, damit du reich wirst; und kaufe von mir weiße Kleider, und zieh sie an, damit du nicht nackt dastehst und dich schämen mußt; und kaufe Salbe für deine Augen, damit du sehen kannst ... Mach also Ernst, und kehr um!" (Offb 3,17 ff.).

Eine weitere Disposition: eine große Liebe zu Jesus und ein starkes Verlangen, ihn zu sehen. Ich bin darauf schon eingegangen, als ich über das Wesen der Umkehr sprach. Denken Sie daran, wie Jesus die Kirche von Ephesus auffordert, sie solle zu ihrer ersten Liebe zurückkehren (Offb 2,1–5); wie brennend Zachäus Jesus zu sehen verlangt (Lk 19); wie die Frau in Magdala aus Liebe Tränen vergießt (Lk 7) und Petrus seine Liebe zu Jesus bekennt (Joh 21).

Schließlich noch die Disposition: der Glaube an das sehnliche Verlangen Jesu, uns zu vergeben. Er verdeutlicht es eindringlich in seinen Gleichnissen vom liebenden Vater, von der verlorenen Drachme, vom verlorenen Schaf (Lk 15) und in den Worten, die er im Buch der Offenbarung spricht: „Ich stehe vor der Tür und klopfe an. Jeder, der meine Stimme hört und die Tür öffnet, bei dem werde ich eintreten, und wir werden Mahl halten, ich mit ihm und er mit mir" (Offb 3,20). Jeder! Es spielt keine Rolle, wie sündig Sie sind. Sie brauchen nur auf seine Stimme zu hören und ihm die Tür zu öffnen!

Nach der Darstellung dieser Dispositionen möchte ich Ihnen zum Empfang dieses Sakramentes während der Exerzitien einen Modus vorschlagen, den andere als hilfreich empfanden und den Sie auch versuchen könnten.

Wenn Sie wollen, können Sie lieber sitzen als knien, wenn Sie dadurch gelöster und freier sprechen können.

Zu Beginn können Sie Gott für einige der Gnaden danken, die er Ihnen erwiesen hat. Wenn Sie das vor dem Beichtvater tun, bekunden Sie so vor dem Vertreter der Kirche Ihre Dankbarkeit Gott gegenüber, der gut zu Ihnen gewesen ist. Die Dankbarkeit wird Sie auch zu einer deutlicheren Wahrnehmung der Liebe Gottes zu Ihnen und zu einem intensiveren Erleben der Umkehr bereit machen.

Ich würde Ihnen raten, nach dem Sündenbekenntnis um Heilung in den verschiedenen Bereichen Ihres Leben zu bitten. Nennen Sie einfach jedes körperliche, psychische oder geistliche Leiden, von dem der Herr Sie heilen soll. Die Vergebung der Sünden ist vom Herrn mit Heilung gekoppelt worden, und das Sakrament der Versöhnung ist auch ein Sakrament der Heilung. Wir erleben das nur deshalb nicht öfter, weil wir nicht damit rechnen, daß es vorkommt. Verbunden mit der Heilung werden Sie bei sich häufig als Folge des Empfanges dieses Sakramentes einen neuen Aufbruch geistlicher Kraft feststellen. Denn mit der Vergebung der Sünden wird uns auch eine erneute Herabkunft des Heiligen Geistes zuteil.

Dann könnten Sie, falls der Beichtvater damit einverstanden ist, eine Weile mit ihm still oder mit Worten beten und darum bitten, daß der Herr Sie kraft der Lossprechung, die Sie jetzt empfangen, heilen und wieder zu seinem Dienst stärken möge.

Ich bin sicher, daß der Herr Ihnen beim Empfang des Sakramentes der Versöhnung während der Exerzitien die Kraft kundtun wird, die er in es hineingelegt hat und in so reichem Maß denen schenkt, die dieses Sakrament gläubigen Herzens empfangen.

12
Die benediktinische Gebetsmethode

Bisher habe ich Ihnen oft Bibelstellen zur Betrachtung und zur Besinnung vorgeschlagen. Jetzt möchte ich Ihnen gerne zeigen, wie Sie die Heilige Schrift zum Gebet verwenden, wie Sie Bibelstellen zum Gebet machen können. Dabei handelt es sich um eine Gebetsmethode, die als benediktinische Methode bekannt geworden ist, weil sie durch den heiligen Benedikt Verbreitung fand; sie ist schon seit Jahrhunderten in der Kirche gebräuchlich. Wahrscheinlich werden Sie sie sehr nützlich finden, besonders, wenn Sie dazu neigen, im Gebet leicht abzuschweifen, und nicht wissen, wie Sie sich verhalten sollen, wenn die Ablenkungen kommen.

Diese Gebetsmethode umfaßt drei Stufen, die unter den Namen Lectio, Meditatio und Oratio bekannt sind. Lectio ist die *lectio divina,* die heilige Lesung. Dabei liest man zuerst eine Stelle aus der Heiligen Schrift oder einem religiösen Buch. Ich rate Ihnen, kein Buch zum betrachtenden Gebet zu verwenden, das Sie nicht schon vorher gelesen haben. Es besteht sonst die Gefahr, daß Sie die Neugier mitreißt – hinter der sich manchmal raffiniert die Trägheit versteckt – und den größten Teil Ihrer Zeit mit Lesen statt mit Beten verbringen. Nehmen wir an, Sie lesen einen Abschnitt aus der Heiligen Schrift oder einem Buch wie der „Nachfolge Christi". Sie lesen, bis Sie auf einen Satz oder eine Wendung stoßen, die Sie anspricht. Sie lesen, sagen wir einmal, Johannes 7: „Am letzten Tag des Festes, dem großen Tag, stellte sich Jesus hin und rief: Wenn jemand Durst hat, komme er zu mir, und es trinke, wer an mich glaubt. Wie die Schrift sagt: Aus seinem Inneren werden Ströme von lebendigem Wasser fließen." Diese Worte Jesu sprechen Sie an. Dann ist das die Stelle, an der Sie zu lesen aufhören, die *Lectio* beenden, und zur *Meditatio*, der Meditation, schreiten.

Man „meditiert" mit dem Mund, nicht mit dem Verstand. Diese Meditation ist keine Sache der Reflexion oder des begrifflichen Denkens, sondern ein entweder lautes oder innerliches Wiederholen dieser Worte. Wenn der Psalmist im Psalm 118 sagt, er wolle ständig über Gottes Gesetz meditieren, und dieses Gesetz schmecke seiner Zunge süß, süßer als Honig und Honigseim, dann meint er damit nicht einfach die gedankliche Beschäftigung mit dem Gesetz, sondern auch die pausenlose Wiederholung der Worte des Gesetzes. Ebenso müssen Sie mit den Worten verfahren, die Sie sich ausgesucht haben. Rezitieren Sie sie innerlich und kosten Sie sie aus, wenn Sie sie rezitieren, ohne sich damit aufzuhalten, eine tiefe Betrachtung über sie anzustellen. Sie werden etwa so vorgehen: „Wenn jemand Durst hat, komme er zu mir ... wenn jemand Durst hat, komme er zu mir ... wenn jemand Durst hat, komme er zu mir ..." Im weiteren Verlauf werden Sie dazu neigen, einige Worte stärker hervorzuheben als andere, und Ihr Satz wird kürzer werden: „Jemand ... jemand ... jemand ..." oder „komme er zu mir ... komme er zu mir ... komme er zu mir ..." Wiederholen Sie diese Worte immer wieder, solange die Wiederholung ihren Wohlgeschmack behält. Dann halten Sie ein und schreiten zur dritten Phase, der *Oratio*, der Gebetsphase.

Bei der ständigen Wiederholung dieser Worte wird der Augenblick kommen, in dem Sie einhalten und still bei ihnen verweilen oder dem Herrn etwas sagen möchten. Das ist dann die *oratio*. Sie können dabei etwa sagen: „Herr, machst du jedermann dieses Angebot? Einfach jedermann ohne Unterschied zwischen Heiligen und Sündern? Dann komme ich mit großer Zuversicht zu dir."

Oder: „Wie recht hast du, Herr, daß du die Stelle bist, an die man sich wenden muß, wenn unser Herz dürstet. Ich wollte, ich hätte das öfter im Leben getan. Ich wäre ein glücklicherer Mensch gewesen. Aber jetzt komme ich." Oder: „Das ist mir einfach unverständlich, Herr. Wie willst du unseren Durst stillen? Wie oft bin ich früher schon zu dir gekommen, und ich habe immer noch Durst. Was sollen deine Worte da bedeuten? Sag mir's." Oder Sie möchten, wie schon gesagt, nicht zum Herrn sprechen, sondern einfach in seiner Gegenwart still sein, diese Worte in sich einsinken lassen und liebevoll in der Gegenwart des Herrn verweilen, der diese Worte gesprochen hat.

Das ist ein idealer Weg, die Psalmen zu beten. Es gibt in den Psalmen Hunderte von Sätzen, bei denen wir verweilen und uns erquicken möchten. Ich rate Ihnen, tun Sie das, wenn Sie Ihr Brevier beten. Viele Priester sind mehr daran interessiert, ihr Morgen- und Abendgebetspensum zu erledigen als wirklich zu beten. Warum machen Sie es nicht so? Wenn Sie gewöhnlich eine Viertelstunde für Ihr Morgengebet brauchen, dann zwingen Sie sich nicht, Ihr Gebet innerhalb dieser Zeit zu beenden. Verweilen Sie liebevoll bei jeder Wendung, die Sie in den Psalmen, Hymnen oder Schriftlesungen, die Sie im Brevier finden, zum Beten anregt. Wenn Sie das eine Viertelstunde lang getan haben, beenden Sie Ihr Morgengebet. Sie haben dann Ihr Morgengebet nicht „fertiggebetet", aber Sie haben gebetet. Sie haben dann das Gesetz nicht dem Buchstaben nach gehalten, aber dem Geiste nach beobachtet. Das ist es, was die Kirche vom Priester erwartet: daß er wirklich betet und nicht einfach pro Tag eine gewisse Anzahl von Seiten bewältigt.

Im Zusammenhang mit diesem Thema möchte ich auch etwas über eine andere Form des Betens sagen, die dem heiligen Johannes Commacus, dem großen griechischen Meister des geistlichen Lebens, zugeschrieben wird.

Mit dieser einfachen Methode soll er Dutzende von Mönchen in die Kunst des Betens eingeführt haben. Johannes Commacus ließ sie eine Gebetsformel, z. B. das Vaterunser, aussuchen und sie mit voller Aufmerksamkeit rezitieren, langsam und darauf bedacht, was sie sagten und an wen sie ihre Worte richteten. Nehmen wir einmal an, Sie beginnen das Vaterunser zu sprechen und achten auf jedes Wort, das Sie sagen, und darauf, daß es der Vater ist, an den Sie Ihre Worte richten. „Vater unser im Himmel, geheiligt werde dein Name. Dein Reich komme." Und nehmen wir an, daß hier Ihre Aufmerksamkeit zu wandern beginnt. Wenn Sie dann merken, daß Sie abschweifen, holen Sie Ihre Aufmerksamkeit zu den Worten zurück, bei denen sie zu wandern begonnen hat. „Dein Reich komme... dein Reich komme..." Und tun Sie das, bis Sie auch diese Worte gesammelt sprechen. Dann fahren Sie fort: „Dein Wille geschehe, wie im Himmel so auf Erden", usw. Es ist unwichtig, ob Sie beim Sprechen dieses Gebetes Andacht empfinden oder nicht. Wichtig ist, daß Sie es aufmerksam sprechen. Die Andacht kommt dann von selbst.

Der heilige Ignatius von Loyola empfiehlt wieder eine andere Methode, die die Meditation mit dem gesprochenen Gebetswort verbindet. Dabei schenkt man seine Aufmerksamkeit jedem Wort, das man spricht, nimmt sich aber Zeit, über die Bedeutung eines jeden Wortes nachzusinnen. Was heißt „Vater"? Warum nennen wir Gott Vater? Warum bedienen wir uns des Wortes „unser", wenn wir „Vater unser" sagen? Warum, so könnte ich mich fragen, nennen wir Maria im Salve Regina „Königin"? Wessen Königin ist sie? Inwiefern ist sie eine Königin? Wir nennen sie „heilig". Inwiefern ist sie heilig? Was bedeutet Heiligkeit? Und so verfahren wir auch mit den übrigen Worten: „Unser Leben, unsere Wonne, unsere Hoffnung" usw... Ist man einmal mit einem Gebet so verfahren, dann wird man feststellen, daß das ganze Gebet zum Leben erwacht, wenn man es spricht. Sie können diese Methode einmal an Gebeten ausprobieren, die sie oft sprechen, dem Vaterunser, dem Gegrüßet seist du Maria, dem Ehre sei dem Vater, dem Tischgebet vor und nach den Mahlzeiten, den Meßgebeten.

Das alles sind schlichte Formen des Betens. Mag sein, daß sie für manche zu schlicht sind, gleichwohl sind sie sehr nützlich, wenn wir Fortschritte in der Kunst des Betens machen sollen. Ich habe schon erzählt, wie ich von P. Calveras gelernt habe, daß das in der rechten Weise gesprochene Lippengebet eine Vorstufe zur Mystik sein kann. Darin bestand, aufs Ganze gesehen, auch die Lehre der heiligen Teresa und der anderer Heiliger, die sehr schlichte Formen des Betens geübt haben. Es kann sogar als ein Zeichen des Fortschritts im Beten angesehen werden, wenn unser Beten aus dem Reich des Verstandes aus- und ins Herz einzieht; wenn es schlichter und affektiver wird. Die heilige Teresa trat nachhaltig zugunsten des Betens mit dem Herzen anstatt des Betens mit dem Verstand ein. Sie sagte, sie habe beim Beten nie viel denken können; das habe sie sofort abgelenkt, so sehr sogar, daß sie jahrelang nicht gewagt hat, zum Beten zu gehen, ohne ein Buch mitzunehmen, damit sie sich notfalls darauf stützen konnte, um gegen ihre Zerstreuungen anzugehen. Gleichwohl sieht sie in dieser Neigung ihres Geistes zu Zerstreuungen eigentlich einen Segen, da sie dadurch gezwungen war, mit dem Herzen zu beten. Lieber verwandte sie ihre Zeit darauf, Gott zu lieben als an ihn zu denken. Darauf führt sie auch ihre großen Fortschritte im Beten zurück.

In ihrer „Seelenburg" schreibt sie: „Nur sollte man sich darüber im klaren sein, daß es, falls man auf dem Gebiet große Fortschritte machen und zu den Wohnsitzen seiner Wahl hinaufsteigen wollte, nicht darauf ankommt, viel zu denken, sondern viel zu lieben". Und in ihrem „Weg der Vollkommenheit" schreibt sie: „Es gibt einige, die meinen, es käme einzig auf das Denken an, und wenn sie nicht denken können, glauben sie, ihre Zeit zu verschwenden..."

Leider kultivieren wir in unserem Gebetsleben unseren Intellekt viel sorgfältiger als unser Herz. Darin liegt einer der Hauptgründe, warum unser Gebet so wenig einträgt. Selbstverständlich braucht man den Intellekt zum Beten. Wir brauchen ihn, um Gottes Wort zu begreifen, um zu hören, was Gott uns sagen will... Wenn wir uns aber nur mit einer Wahrheit oder einem Gedanken beschäftigen, nährt und stärkt uns das keineswegs. Wollen wir mit Gott in Verbindung treten, brauchen wir das Herz. Wir brauchen das Herz sogar schon zum Verständnis der auf Gottes Wahrheiten bezogenen Weisheit, das der Intellekt allein uns nicht geben kann.

Laßt uns denken, unbedingt, aber laßt uns nicht den größten Teil unserer Gebetszeit dem Denken widmen; es sollte nicht lange währen, bis wir unseren Intellekt zur Ruhe bringen, von unseren Gedanken lassen und unser Herz wecken, um Gott zu lieben, in seiner liebenden Gegenwart zu verweilen, auf ihn zu vertrauen, ihn anzubeten und uns mit ihm zu vereinen. Und ich bin sicher, Sie werden feststellen, daß einige der schlichten Formen des Betens, die ich Ihnen hier empfohlen habe, dafür sehr geeignet sind.

13
Das Königreich Christi

Das folgende Thema greift wiederum einen Gedanken aus den ersten Predigten Jesu auf: „Kehrt um, und glaubt an das Evangelium, denn das Königreich Gottes ist nahe" (Mk 1,25).

Nach der Umkehr, der Abkehr von uns selbst und der Hinwendung zu Gott, nach der Änderung von Herz und Sinn, fragen wir wie der heilige Paulus: „Herr, was soll ich für dich tun?" Und die Antwort, die wir von ihm erhalten, lautet: „Glaubt an das Evangelium. Kommt, folgt mir. Werdet meine Jünger. Denn das Königreich Gottes ist nahe." Es gibt also ein Königreich. Und es gibt einen König! Darüber wollen wir nachdenken.

Gleich zu Beginn des Evangeliums begegnen wir dem Thema des Königtums Christi. Der Engel sagt zu Maria: „Er wird groß sein und Sohn des Höchsten genannt werden. Gott, der Herr, wird ihm den Thron seines Vaters David geben. Er wird über das Haus Jakob in Ewigkeit herrschen, und seine Herrschaft wird kein Ende haben." Hier wird uns klar und deutlich gesagt, daß Jesus König ist und als König herrschen wird.

So suchen wir im Evangelium nach diesem Königtum Christi ... und suchen lange Zeit vergebens. Wir finden den Prediger, den Wundertäter, den Freund der Sünder. Doch vom König findet sich absolut keine Spur. Er vermeidet diesen Tiel sogar unentwegt, wenn Menschen ihn zum König machen wollen; und er scheint oft zu vertuschen, daß er der Messias ist, den die Juden als eine Art heiliger König angesehen haben. Schließlich stoßen wir auf ihn im Prätorium und hören ihn zu Pilatus sagen: „Ja, ich bin ein König. Mein Reich ist nicht von dieser Welt" (Joh 18). Hier sagt er offen: Ich bin ein König. Als hilfloser Gefangener entschließt er sich, offen sein Königtum zu verkünden. Wir finden ihn am Kreuz wiederum als König ausgerufen: Jesus von Nazaret, König der Juden. Und wenn die Soldaten ihm zusetzen und ihn verhöhnen, indem sie zum Spott vor ihm niederknien mit den Worten: „Heil dir, König", und ihm ins Gesicht schlagen oder ihn anspeien. „Mein Reich ist nicht von dieser Welt!" Welch ein vollendetes Bild des Königtums Christi bietet sich uns: er sitzt da, ein Gefangener, über den man sich lustig macht, eine Spottkrone auf dem Haupt, ein Spottzepter in der Hand, ein Spottgewand aus Purpur um die Schultern – und Spott-Untertanen, die mit Spott und Hohn vor ihm die Knie beugen!

Ich schlage vor, Sie verweilen im Gebet bei dieser Szene, sie wird Ihnen eine Menge über das Wesen dieses Königs und seines Reiches sagen. Und während Sie bei dieser Szene verweilen, lassen Sie seine unvergeßlichen Worte auf sich wirken: „Mußte nicht der Messias all das erleiden, um so in seine Herrlichkeit zu gelangen?" (Lk 24, 26). Oder nehmen Sie Mt 16, 20 ff., wo das Geheimnis des Königtums Christi eindringlich zur Sprache kommt. Petrus hat soeben bekannt, daß Jesus der Messias ist. Sobald Jesus sieht, daß sein himmlischer Vater Petrus offenbart hat, er sei der Messias, beginnt er, seine Jünger über das Wesen seines messianischen Königtums zu belehren, damit sie keine weltlichen Vorstellungen von diesem Titel hegen. „Von da an begann Jesus, seinen Jüngern zu erklären, er müsse nach Jerusalem gehen und von den Ältesten, den Hohenpriestern und den Schriftgelehrten vieles erleiden; er werde getötet werden, aber am dritten Tag werde er auferstehen. Da nahm ihn Petrus beiseite und machte ihm Vorwürfe; er sagte: Das soll Gott verhüten, Herr! Das darf nicht mit dir geschehen! Jesus aber wandte sich um und sagte zu Petrus: Weg mit dir, Satan, geh mir aus den Augen! Du willst mich zu Fall bringen; denn du hast nicht das im Sinn, was Gott will, sondern was die Menschen wollen."

Petrus konnte sich auf solch ein Königtum einfach keinen Vers machen. Und die heftige Reaktion Jesu scheint anzudeuten, daß sogar er selbst vom Satan versucht wurde; wahrscheinlich war es auch für ihn schwer, den Sinn solch eines Königtums einzusehen, zu denken wie Gott denkt, nicht wie Menschen denken. Schließlich ist auch er ein Mensch gewesen und muß sich gegen den Gedanken aufgelehnt haben, daß das Heil, das er der Welt bringen sollte, ihr in einem entlegenen, unterentwickelten Land gebracht würde, wo er nicht einmal von den Seinen anerkannt und am Kreuz sterben würde, nicht imstande, herabzusteigen und die Behauptung zu beweisen, er sei Gottes Sohn; mit anderen Worten, daß er ein eklatanter Versager und das Gespött von Menschen sein würde, die wirklich etwas darstellten. War es nicht das, worin der Teufel ihn in der Wüste versuchen wollte? Die Welt auf eine etwas vernünftigere Weise zu retten, eine Weise, die denen einleuchtender wäre, die eher denken, wie Menschen denken, denn wie Gott denkt?

Aber diese Versuchungen hatte er damals erfolgreich bestanden. Und jetzt bleut er es ein. Was er gesagt hat, gilt nicht nur für ihn selbst, sondern für jeden, der ihm nachfolgen will. „Darauf sagte Jesus zu seinen Jüngern: Wer mein Jünger sein will, der verleugne sich selbst, nehme sein Kreuz auf sich und folge mir nach. Denn wer sein Leben retten will, wird es verlieren; wer aber sein Leben um meinetwillen verliert, wird es gewinnen." Niemand wird im ungewissen darüber gelassen, was es heißt, dem König zu folgen! Im Johannesevangelium sagt er: „Wenn die Welt euch haßt, dann wißt, daß sie mich schon vor euch gehaßt hat. Wenn ihr von der Welt stammen würdet, würde die Welt euch als ihr Eigentum lieben. Aber weil ihr nicht von der Welt stammt, sondern weil ich euch aus der Welt erwählt habe, darum haßt euch die Welt. Denkt an das Wort, das ich euch gesagt habe: Der Sklave ist nicht größer als sein Herr. Wenn sie mich verfolgt haben, werden sie auch euch verfolgen; wenn sie an meinem Wort festgehalten haben, werden sie auch an eurem Wort festhalten. Das alles werden sie euch um meines Namens willen antun; denn sie kennen den nicht, der mich gesandt hat" (15, 18–21).

Fragen wir den Herrn nach dem Warum. „Warum, Herr, mußt du und müssen wir die Welt auf diese Weise retten? Warum ist es nötig, uns anspucken und verhöhnen zu lassen, zu leiden und zu sterben, bevor wir mit dir wieder auferstehen können?" Jesus hat seinen Jüngern immer gesagt, es sei nötig, zu leiden und zu sterben. Niemals hat er auch nur mit einem einzigen Wort erklärt, warum. So schauen wir ihn schweigend an; wir legen die Logik der Vernunft beiseite und greifen zur Logik des Glaubens, zur Logik des Herzens. Wir akzeptieren ihn zu seinen eigenen Bedingungen und sagen zu ihm, was Petrus gesagt hat: „Herr, ich bin bereit, mit dir ins Gefängnis und in den Tod zu gehen."

Da wir aber wie Petrus schwach sind, wollen wir um drei Gnaden bitten:

1. Die Gnade, für seinen Ruf nicht taub zu sein

Jesus ruft uns auch heute, ihm in Leid und Tod zu folgen. Es ist sehr schwer, ihn dazu rufen zu hören; wir sind die reinsten Meister in der Kunst des selektiven Hörens; wir hören nur, was uns paßt. Zu was für einem Leid, zu was für einem Tod beruft der Herr mich heute? Bonhoeffer sagt einmal, wenn Christus jemanden rufe, heiße er ihn zu kommen und zu sterben. Wir dürfen uns also nicht täuschen, wenn wir Christus zu uns sagen hören: „Komm". Was er nämlich meint, ist: „Komm, und stirb."

2. Die Gnade des Verstehens

Die Gnade, so denken zu können, wie Gott denkt, nicht wie die Menschen denken. Das ist reine Gnade. Keine noch so große Verstandesleistung unserseits wird uns befähigen, zu denken, wie Gott denkt. Es gibt eine Weisheit Gottes, die den Menschen wie Torheit vorkommt. Ich empfehle Ihnen, die ersten drei Kapitel des ersten Briefes des heiligen Paulus an die Korinther zu lesen. Sie sind voll von diesem Thema. „Das Wort vom Kreuz ist denen, die verlorengehen, Torheit; uns aber, die gerettet werden, ist es Gottes Kraft. Es heißt nämlich in der Schrift: ‚Ich lasse die Weisheit der Weisen vergehen und die Klugheit der Klugen verschwinden' ... Hat Gott nicht die Weisheit der Welt als Torheit entlarvt? Denn da die Welt angesichts der Weisheit Gottes auf dem Weg ihrer Weisheit Gott nicht erkannte, beschloß Gott, alle, die glauben, durch die Torheit der Verkündigung zu retten. Die Juden fordern Zeichen, die Griechen suchen Weisheit. Wir dagegen verkündigen Christus als den Gekreuzigten: für Juden ein empörendes Ärgernis, für Heiden eine Torheit, für die Berufenen aber, Juden wie Griechen, Christus, Gottes Kraft und Gottes Weisheit. Denn das Törichte an Gott ist weiser als die Menschen, und das Schwache an Gott ist stärker als die Menschen."

Selbst die Apostel haben trotz ihres langen Zusammenlebens mit Christus diese auf sein Reich bezogene Äußerung nicht ganz begriffen. Noch ganz zum Schluß, vor seiner Himmelfahrt, stellen sie ihm dumme Fragen, die klar beweisen, daß sie nicht begriffen haben, was er ihnen angelegentlich beizubringen versuchte. „Herr, stellst du in dieser Zeit das Reich für Israel wieder her?" fragen sie (Apg

1,6). Um das zu verstehen, haben sie den Heiligen Geist gebraucht, der an Pfingsten auf sie herabgekommen ist.

Auch wir brauchen den Geist, wenn wir verstehen wollen, was Christus gelehrt hat. Niemand sonst kann uns das begreiflich machen, kein Exerzitienmeister, kein Buch, nicht einmal Christus selbst; hat er doch bei den Aposteln völlig versagt. Wenn wir also verstehen wollen, müssen wir um die Gabe des Heiligen Geistes bitten. „Der Geist ergründet nämlich alles, auch die Tiefen Gottes... Wir haben nicht den Geist der Welt empfangen, sondern den Geist, der aus Gott stammt, damit wir das erkennen, was uns von Gott geschenkt worden ist... Der irdisch gesinnte Mensch aber läßt sich nicht auf das ein, was vom Geist Gottes kommt. Torheit ist es für ihn, und er kann es nicht verstehen, weil es nur mit Hilfe des Geistes beurteilt werden kann. Der geisterfüllte Mensch urteilt über alles, ihn aber vermag niemand zu beurteilen. Denn wer begreift den Geist des Herrn? Wer kann ihn belehren? Wir aber haben den Geist Christi." Das ist der Geist, um den wir bitten müssen, wenn auch wir den Sinn Christi haben und die Gedanken Gottes denken wollen.

Ein Weg zum Verständnis dieser Äußerung Christi ist das Kind-Werden. Wenn wir vor Gott klein werden wie Kinder, neigt er sich zu uns herab und macht uns zu seinen Vertrauten. Dabei gibt er uns eine Weisheit, die unser eigenes Denken niemals hätte hervorbringen können. „Ich danke dir, Vater, Herr des Himmels und der Erde, weil du all das den Weisen und Klugen verborgen, den Unmündigen aber offenbart hast. Ja, Vater, so hat es dir gefallen" (Mt 11,25).

3. Die dritte Gnade, um die wir bitten sollen, ist die, ihm unser Leben lang zu folgen

Das besagt viel Leiden und Kreuztragen mit Christus, nicht einfach mühsame Arbeit, sondern ein Schicksal wie das seine zu teilen. Es ist bezeichnend, daß Paulus bei seiner Bekehrung sagt: „Herr, was soll ich tun?" (Apg 22,10). Der Herr beantwortet diese Frage mit den Worten, die er an Hananias richtet: „Dieser Mann ist mein auserwähltes Werkzeug: Er soll meinen Namen vor Völker und Könige und die Söhne Israels tragen. Ich werde ihm auch zeigen, wie viel er für meinen Namen leiden muß" (Apg 9,15f.). Die Welt wird nicht durch Taten erlöst, sondern durch das Kreuz. Wir beten dich an, Christus, und preisen dich, denn durch dein heiliges Kreuz hast du die Welt erlöst! So sollte denn Paulus später seinen Philippern sagen: „Einzig Christus will ich erkennen und die Macht seiner Auferstehung und die Gemeinschaft mit seinen Leiden; sein Tod soll mich prägen" (Phil 3,10).

An späterer Stelle werde ich noch zeigen, wie die Nachfolge Christi in der ganzen Radikalität des Evangeliums gleichbedeutend ist mit Entbehrungen, Armut und dem Odium der Torheit. Es ist unvermeidlich, sobald man beginnt zu denken und zu urteilen, wie Gott denkt und urteilt, und auch danach zu reden und zu handeln. Ich hebe das für später auf und möchte hier nur einen Punkt betonen, den ich auch später noch ausführlich behandeln will, nämlich: daß die Nachfolge Christi, das Auf-sich-Nehmen seines Kreuzes, nicht zur Betrübnis, sondern zu Glück und Freude führt. Das ist die Frohbotschaft, die Jesus uns bringt: das Geheimnis des Glückes, nach dem die Menschheit sich seit Jahrhunderten gesehnt hat. Sie ist keine Botschaft von Trübsinn. Nur wer oberflächlich ist, könnte glauben, Glück vertrüge sich nicht mit Leid, sogar mit großem Leid, das man aus Liebe auf sich nimmt. Der Apostel Paulus ist dafür ein gutes Beispiel. Er hat viel für Christus gelitten; er läßt sich sogar zu dem Wort hinreißen, er trage die Todesmale Jesu an seinem Leib und ergänze, was an den Leiden Christi noch fehle. Und doch war er ein froher Heiliger, ein Bote des Friedens und der Freude, die er offenbar in überreichem Maß besessen hat, wie wir den Briefen entnehmen können, die er seinen Christen geschrieben hat. Wenn wir den Entschluß zur totalen Nachfolge Christi fassen, entscheiden wir uns für ein schweres Leben; aber die Feststellung ist wichtig, daß es auch ein glückliches Leben ist. Wenn wir das begreifen, werden wir ihm bereitwilliger und hingebungsvoller und mit größerer Ausdauer folgen, geborgen in seiner liebenden Gegenwart und gestärkt von seinem Heiligen Geist.

14
Christus kennenlernen, ihn lieben, und ihm nachfolgen

Ich sprach über das Königtum Christi und über seinen Ruf an uns, ihm nachzufolgen und sein Kreuz zu tragen. Dies sollte noch Thema eigener vertiefter Betrachtung sein. Ihm nachzufolgen ist unmöglich, ohne ihn zunächst kennen- und lieben zu lernen. Dies ist die Gnade, um die Sie Gott für diese Tage der „Geistlichen Übungen" bitten sollten: die Gnade, Christus kennenzulernen, Christus zu lieben und Christus treu zu folgen.

Im folgenden möchte ich zuerst etwas über dieses Kennenlernen, Lieben und Nachfolgen sagen. Dann möchte ich eine Methode vorstellen, über das Leben Jesu zu meditieren, die Ihnen helfen könnte, die Gnade zu erlangen, ihn kennenzulernen, zu lieben und ihm nachzufolgen.

Christus kennenlernen

Christus kennenlernen heißt, ihm zu begegnen. Nur so lernen wir jemand kennen. Es ist ein Unterschied, ob mir etwas über jemand bekannt ist, oder ob ich ihn kenne. Letzteres ist nur möglich, wenn wir ihn persönlich kennengelernt haben. Bitten Sie also um die Gnade, mit Christus persönlich Bekanntschaft zu machen.

Das ist eine Bekanntschaft, wie jene guten Samariter sie mit Jesus gemacht hatten, nachdem er ihnen von der Samariterin im Johannesevangelium (4. Kap.) vorgestellt worden war. „Viele Samariter aus jenem Ort kamen zum Glauben an Jesus auf das Wort der Frau hin, die bezeugt hatte: Er hat mir alles gesagt, was ich getan habe. Als die Samariter zu ihm kamen, baten sie ihn, bei ihnen zu bleiben; und er blieb dort zwei Tage. Und noch viel mehr Leute kamen zum Glauben an ihn aufgrund seiner eigenen Worte. Und zu der Frau sagten sie: Nicht mehr aufgrund deiner Aussage glauben wir, sondern weil wir ihn selbst gehört haben und nun wissen: Er ist wirklich der Retter der Welt." Es ist der stille Wunsch eines jeden Priesters, Katecheten und Evangelisten: daß die Menschen sagen: „Wir glauben nicht mehr aufgrund dessen, was Sie gesagt haben; wir haben ihn nämlich selbst gesehen und gehört." Um solch eine Erkenntnis Christi geht es hier, eine Erkenntnis, die von Christus persönlich vermittelt wird, nicht von Büchern oder Predigern.

Dem heiligen Paulus war diese Erkenntnis so teuer, daß er gern alles in der Welt für sie hingegeben hätte. Er sagt es in bewegenden Worten: „Was mir damals ein Gewinn war, das habe ich um Christi willen als Verlust erkannt. Ja, mehr noch: ich sehe alles als Verlust an, weil die Erkenntnis Christi Jesu, meines Herrn, alles übertrifft. Seinetwegen habe ich alles aufgegeben und halte es für Unrat, um Christus zu gewinnen und in ihm zu sein. Nicht meine eigene Gerechtigkeit suche ich, die aus dem Gesetz hervorgeht, ... Christus will ich erkennen und die Macht seiner Auferstehung und die Gemeinschaft mit seinen Leiden; sein Tod soll mich prägen ..." (Phil 3, 7–10).

Ist die Kenntnis Christi für uns das, was sie für den heiligen Paulus gewesen ist? Wir sind heutzutage damit beschäftigt, uns um des Apostolats willen, wie wir sagen, so viele andere Kenntnisse anzueignen, und vielleicht ist es auch ratsam, das zu tun. Wenn es uns aber nicht gelingt, diese eine Kenntnis zu erwerben, ist alles andere, all unsere akademischen Grade und unsere Studien, völlige Verschwendung. Ich erinnere mich, daß ich einmal etwas Analoges von einem Uhrmacher gelesen habe, der Soldat wurde.

Als man festgestellt hatte, daß er gut Uhren reparieren konnte, überhäufte man ihn mit Reparaturarbeit so sehr, daß er, zu Beginn der Schlacht, mit der Reparatur von Uhren einfach zu beschäftigt war, um noch Zeit zum Kämpfen zu haben – von Ausbildung oder Neigung, tatsächlich zu kämpfen, ganz zu schweigen. Wie viele Priester haben sich heute in Fächern aller Art spezialisiert, wissen aber kaum etwas von Christus. Dafür haben sie einfach keine Zeit – man muß sich fragen, womit in aller Welt sie denn so viel zu tun haben – und man könnte von ihnen kaum erwarten, daß sie große Lust verspüren, anderen beizubringen, was sie selbst nicht gelernt haben.

Über eines müssen Sie sich völlig im klaren sein: diese Erkenntnis Christi ist etwas, das keinerlei Betrachtung oder Meditation Ihrerseits Ihnen je vermitteln kann. Sie ist reines Geschenk Gottes. Alles, was Sie tun können, ist, demütig und inständig darum zu beten. Ich rate Ihnen, bitten Sie Unsere Liebe Frau, sich für Sie zu verwenden und diese Gnade für Sie zu erlangen. Der Vater ist es, der Sie Christus vorstellen und Ihnen zeigen muß, wer er ist: „Selig bist du, Simon Barjona; denn nicht Fleisch und Blut haben dir das offenbart, sondern mein Vater im Himmel ... Ich danke dir, Vater, Herr des Himmels und der Erde, weil du all das den Weisen und Klugen verborgen, den Unmündigen aber offenbart hast. Ja, Vater, so hat es dir gefallen. Mir ist von meinem Vater alles übergeben worden; niemand kennt den Sohn, nur der Vater, und niemand kennt den Vater, nur der Sohn und der, dem es der Sohn offenbaren will" (Mt 16,17; 11,25 ff.).

Um diese Kenntnis zu erlangen, muß man vom Vater dem Sohn ‚gegeben' werden (Joh 17,3.6): „Das ist das ewige Leben: dich, den einzigen wahren Gott, zu erkennen und Jesus Christus, den du gesandt hast ... Ich habe deinen Namen den Menschen offenbart, die du mir aus der Welt gegeben hast." – „Alles, was der Vater mir gibt, wird zu mir kommen, und wer zu mir kommt, den werde ich nicht abweisen ... Es ist sein Wille, daß ich keinen von denen, die er mir gegeben hat, zugrunde gehen lasse ... Niemand kann zu mir kommen, wenn nicht der Vater, der mich gesandt hat, ihn zu mir zieht" (Joh 6, 37 ff.). – „Ich bin der gute Hirt; ich kenne die Meinen, und die Meinen kennen mich" (Joh 10, 14).

Die Jünger haben diese Kenntnis Christi nur allmählich erworben. Im Johannesevangelium lesen wir: „Schon so lange bin ich bei euch, und du hast mich nicht erkannt, Philippus?", und im Lukasevangelium (9, 34 ff.): „Jesus sagte zu seinen Jüngern: Merkt euch genau, was ich jetzt sage: Der Menschensohn wird den Menschen ausgeliefert werden. Doch die Jünger verstanden den Sinn seiner Worte nicht; er blieb ihnen verborgen, so daß sie ihn nicht begriffen. Aber sie scheuten sich, Jesus zu fragen, was er damit sagen wollte."

Daß die Kenntnis Christi reine Gabe Gottes ist, hat eine so überraschende Gestalt wie Mahatma Gandhi wunderbar zum Ausdruck gebracht. Bekanntlich hat er Jesus sehr bewundert und in seinem Leben die Prinzipien der Bergpredigt heroisch verwirklicht. Er ist jedoch nie Christ geworden und konnte Jesus nicht als Sohn Gottes akzeptieren. Der protestantische Evangelist Stanley Jones, der ein großer Bewunderer Gandhis gewesen ist, schrieb einmal an ihn: „Sie wissen, wie ich Sie liebe und wie ich versucht habe, Sie und Ihre Bewegung der Gewaltlosigkeit dem Westen verständlich zu machen. Aber in einem Punkte bin ich doch enttäuscht. Ich dachte, Sie hätten den Kern des christlichen Glaubens begriffen, aber ich fürchte, ich muß meine Ansicht ändern. Ich glaube, Sie haben gewisse Grundsätze des christlichen Glaubens begriffen, die Sie geformt und Ihnen zu Ihrer Größe verholfen haben – Sie haben die Grundsätze begriffen, aber die Person verfehlt. In Calcutta sagten Sie den Missionaren, Sie suchten nicht in der Bergpredigt Trost, sondern in der Bhagavadgita. Auch ich suche in der Bergpredigt keinen Trost, sondern bei der Person, die die Bergpredigt verkörpert und durch ihr Beispiel veranschaulicht; sie ist aber viel mehr. Ich glaube, in diesem Punkt sind Sie am schwächsten von Begriff. Darf ich Ihnen vorschlagen, einmal zu versuchen, durch die Prinzipien hindurch zu der Person vorzudringen? Dann kommen Sie zurück, und berichten Sie uns, was Sie entdeckt haben. Ich sage das nicht bloß als christlicher Propagandist. Ich sage es, weil wir Sie und die Veranschaulichung brauchen, die Sie uns bieten könnten, wenn Sie wirklich den Kern begriffen, die Person."

Gandhi hat auf der Stelle geantwortet: „Ich bin Ihnen dankbar für die Liebe, die Ihrem Brief zugrunde liegt, und die Liebenswürdigkeit, mit der Sie auf mein Wohl bedacht sind, aber meine Schwierigkeit ist älteren Datums. Andere Freunde haben mich auch schon früher darauf hingewiesen. Mit dem Verstand kann ich den Gesichtspunkt nicht begreifen; das Herz muß davon berührt werden. Saulus ist nicht durch denkerische Bemühung zum Paulus geworden, sondern durch etwas, das sein Herz berührt hat. Ich kann nur sagen, daß mein Herz absolut offen ist; ich bin völlig unvoreingenommen. Ich möchte die Wahrheit finden und Gott von Angesicht zu Angesicht sehen."

Laßt uns also den Vater bitten, daß er uns zu Christus ziehe und uns die Erkenntnis Christi schenke, da niemand Christus kennt außer dem Vater. Laßt uns den Heiligen Geist um diese Gnade bitten, „der Geist ergründet nämlich alles, auch die Tiefen Gottes. Wer von den Menschen kennt den Menschen, wenn nicht der Geist des Menschen, der in ihm ist? So erkennt auch keiner Gott – nur der Geist Gottes. Wir aber haben nicht den Geist der Welt empfangen, sondern den Geist, der aus Gott stammt, damit wir das erkennen, was uns von Gott geschenkt worden ist" (1 Kor 2, 10 ff.).

Christus lieben

Es ist unmöglich, mit Christus in der Weise vertraut zu werden, wie ich es aufzuzeigen versuchte, ohne sich in ihn zu verlieben und von seiner Güte und Liebenswürdigkeit eingenommen zu sein. Je tiefer wir ihn kennen, um so größer wird unsere Liebe zu ihm sein. Und je mehr wir ihn lieben, um so tiefer werden wir ihn erkennen; denn um jemand wirklich zu erkennen, muß man ihn mit den Augen der Liebe sehen.

Jesus hat diese Liebe für sich beansprucht. Jeder religiöse Reformer verwies auf ein Ideal, das außerhalb seiner selbst lag. Nur Christus weist auf sich selbst hin und macht sich zum Mittelpunkt seiner Lehre. Folge *mir* nach, nicht nur einer Lehre oder einem Ideal, die ich vertrete. Wer Vater oder Mutter mehr liebt als mich, ist meiner nicht wert. Ich bin der Weg, die Wahrheit und das Leben. Was ihr dem geringsten meiner Brüder getan habt, das habt ihr mir getan. Als Jesus in seine Heimatstadt Nazaret kommt, ist er selbst es, den er verkündet, und er verlangt die treue Ergebenheit und den Glauben seiner Mitbürger. „Er schlug das Buch auf und fand die Stelle, wo es heißt: Der Geist des Herrn ruht auf mir, denn der Herr hat mich gesalbt ... Dann begann er, ihnen darzulegen: Heute hat sich das Schriftwort, das ihr eben gehört habt, erfüllt."

Bekehrung bedeutet nicht einfach Bekehrung zu einem Gedankensystem oder einer Philosophie oder gar einer Botschaft, die von Gott kommt; letztlich ist sie die totale Hinwendung unseres Herzens zum Vater. Gleichwohl ist sie dem Wesen nach auch eine Bekehrung zu Christus. Sie ist eine Bekehrung des Herzens zu Christus – des „Herzens" im biblischen Sinn, das die Personmitte besagt, in der Geist, Freiheit und Neigungen des Menschen ihren Sitz haben. Bekehrung eines zu Christus hingewandten Herzens: die metánoia; eines von Christus bewohnten, von ihm erfüllten Herzens – „Durch den Glauben wohne

Christus in eurem Herzen" (Eph 3,17). Bekehrung eines Christus gleichförmig gewordenen Herzens, das sich seine Maßstäbe und seine Urteile und seinen Gesichtspunkt in bezug auf Gott, die Welt, das Leben und die Menschen zu eigen macht – „Seid so gesinnt, wie es dem Leben in Christus Jesus entspricht" (Phil 2,5); „wer begreift den Geist des Herrn? Wer kann ihn belehren? Wir aber haben den Geist Christi" (1 Kor 2,16).

So wollen wir nicht zögern, unser ganzes Herz Christus zu schenken, die ganze Fülle unserer Liebe und Zuneigung für ihn zu verschwenden. Wir wollen versuchen, es zu der phantastischen Liebe zu bringen, von der Paulus ergriffen war; einer Liebe, die so stark war, daß er die kühnsten Behauptungen wagte: „Was kann uns scheiden von der Liebe Christi? Bedrängnis oder Not oder Verfolgung, Hunger oder Kälte, Gefahr oder Schwert? ... Ich bin gewiß: Weder Tod noch Leben, weder Engel noch Mächte, weder Gegenwärtiges noch Zukünftiges, weder Gewalten der Höhe oder Tiefe noch irgendeine andere Kreatur können uns scheiden von der Liebe Gottes, die in Christus Jesus ist, unserem Herrn" (Röm 8,35.38f.).

Christus nachfolgen

Ergänzend zu dem schon meditierten Thema der Christusnachfolge möchte ich hier noch hervorheben, daß wir durch unsere Berufung zur Nachfolge Christi und zum Kreuztragen nicht dazu berufen sind, mit trauriger und finsterer Miene hinter ihm her zu gehen. Wenn es stimmt, daß niemand auf Erden so glücklich ist wie derjenige, der Gott gefunden und ihm sein Herz ganz geschenkt hat, dann ist Jesus Christus zweifellos der glücklichste Mensch auf Erden gewesen. Er sagte seinen Jüngern, der Messias habe leiden müssen, um so in seine Herrlichkeit zu gelangen. Dasselbe verheißt er auch uns, die wir ihm nachfolgen: wenn wir ihm im Leiden nachfolgen, werden wir ihm auch in die Herrlichkeit folgen. Es ist allerdings falsch anzunehmen, die Herrlichkeit werde erst nach dem Tod anbrechen. Sie wird uns zum großen Teil schon jetzt hier auf Erden geschenkt. Jesus sagt uns in der Bergpredigt, daß die Armen, die Gewaltlosen, die Friedfertigen wirklich glückselig sind. Er meint damit nicht in erster Linie die himmlische Glückseligkeit, vielmehr spricht er von der Seligkeit, die uns schon beglücken wird, wenn wir die Seligpreisungen im Leben verwirklichen, von der Seligkeit, die in den Früchten des Geistes besteht, der uns jetzt schon geschenkt wird: Freude, Friede, Liebe (Gal 5).

Ist es nicht bezeichnend, daß Jesus seinen Aposteln sogar in derselben Rede, in der er ihnen vorhersagt, sie würden verfolgt werden und leiden müssen, Freude und Frieden verheißt? „Das alles habe ich euch gesagt, damit ihr keinen Anstoß nehmt. Sie werden euch aus der Synagoge ausstoßen, ja es kommt die Stunde, in der jeder, der euch tötet, meint, Gott einen heiligen Dienst zu leisten," sagt er (Joh 16, 1 f.). Aber dann spricht er gleichsam im selben Atemzug zu ihnen von dem Frieden und der Freude, die er ihnen inmitten ihrer Leiden schenken wird: „Frieden hinterlasse ich euch, meinen Frieden gebe ich euch; keinen Frieden, wie die Welt ihn gibt, gebe ich euch. Euer Herz beunruhige sich nicht und verzage nicht ... Dies habe ich euch gesagt, damit meine Freude in euch ist und damit eure Freude vollkommen wird ... Macht ihr euch Gedanken darüber, daß ich euch gesagt habe: Noch kurze Zeit, dann seht ihr mich nicht mehr, und wieder eine kurze Zeit, dann werdet ihr mich sehen? Amen, amen, ich sage euch: Ihr werdet weinen und klagen, aber die Welt wird sich freuen; ihr werdet bekümmert sein, aber euer Kummer wird sich in Freude verwandeln. Wenn die Frau gebären soll, ist sie bekümmert, weil ihre Stunde da ist, aber wenn sie das Kind geboren hat, denkt sie nicht mehr an ihre Not über der Freude, daß ein Mensch zur Welt gekommen ist. So seid auch ihr jetzt bekümmert, aber ich werde euch wiedersehen; dann wird euer Herz sich freuen, und niemand nimmt euch eure Freude. Bittet, und ihr werdet empfangen, damit eure Freude vollkommen ist ... Dies habe ich zu euch gesagt, damit ihr in mir Frieden habt. In der Welt seid ihr in Bedrängnis; aber habt Mut: Ich habe die Welt besiegt" (Joh 14,27; 15,11; 16,19–24.33).

Diese Prophezeiung Jesu hat sich sofort nach seinem Tod sowohl im Leben der Apostel als auch im Leben der ersten Christen erfüllt. In Apostelgeschichte (5,40f.) lesen wir: „Sie riefen die Apostel herein und ließen sie auspeitschen; dann verboten sie ihnen, im Namen Jesu zu predigen, und ließen sie frei. Sie aber gingen weg vom Hohen Rat und freuten sich, daß sie gewürdigt worden waren, für seinen Namen Schmach zu erleiden." Etwas weiter in der Apostelgeschichte (13,50ff.) heißt es: „Die Juden veranlaßten eine Verfolgung gegen Paulus und Barnabas und vertrieben sie aus ihrem Gebiet ... Die Jünger waren voll Freude und erfüllt vom Heiligen Geist." Der heilige Paulus schreibt seinen Thessalonichern: „Ihr habt das Wort trotz großer Bedrängnis mit der Freude aufgenommen, die der Heilige Geist gibt" (1 Thess 1,6).

Sicher hat Paulus dieses Geheimnis von Freude und Frieden im Kreuz aus eigener Erfahrung gekannt, wie er mit beredten Worten bezeugt. Deshalb möchte ich mit Ihnen einige Stellen aus seinen Briefen lesen, an denen er beschreibt, was es für ihn bedeutet hat, Christus nachzufolgen; er spricht dort auch von dem Trost, der ihm dadurch zuteil wurde. Diese Stellen sollten auch zur Betrachtung und zur Anregung dienen:

„Gepriesen sei der Gott und Vater Jesu Christi, unseres Herrn, der Vater des Erbarmens und der Gott allen Trostes. Er tröstet uns in all unserer Not, damit auch wir die Kraft haben, alle zu trösten, die in Not sind, durch den Trost, mit dem auch wir von Gott getröstet werden. Wie uns nämlich die Leiden Christi überreich zuteil geworden sind, so wird uns durch Christus auch überreicher Trost zuteil" (2 Kor 1,3ff.).

„Ich freue mich in den Leiden, die ich für euch ertrage. Für den Leib Christi, die Kirche, ergänze ich in meinem irdischen Leben das, was an den Leiden Christi noch fehlt" (Kol 1,24). Die Jerusalemer Bibel kommentiert: Um das Reich Gottes zu errichten, hat Christus gelitten, und alle, die sein Werk fortsetzen, müssen teilhaben an seinen Leiden.

„In allem erweisen wir uns als Gottes Diener: durch große Standhaftigkeit, in Bedrängnis, in Not, in Angst, unter Schlägen, in Gefängnissen, in Zeiten der Unruhe, unter der Last der Arbeit, in durchwachten Nächten, durch Fasten, durch lautere Gesinnung, durch Erkenntnis, durch Langmut, durch Güte, durch den Heiligen Geist, durch ungeheuchelte Liebe, durch das Wort der Wahrheit, in der Kraft Gottes, mit den Waffen der Gerechtigkeit in der Rechten und in der Linken, bei Ehrung und Schmähung, bei übler Nachrede und bei Lob. Wir gelten als Betrüger und sind doch wahrhaftig, wir werden verkannt und doch anerkannt, wir sind wie Sterbende, und seht: wir leben; wir werden gezüchtigt und doch nicht getötet; uns wird Leid zugefügt, und doch sind wir jederzeit fröhlich; wir sind arm und machen doch viele reich; wir haben nichts und haben doch alles" (2 Kor 6,4–10).

„Womit aber jemand prahlt – ich rede jetzt als Narr –, damit kann auch ich prahlen. Sie sind Hebräer – ich auch. Sie sind Israeliten – ich auch. Sie sind Nachkommen Abrahams – ich auch. Sie sind Diener Christi – jetzt rede ich ganz unvernünftig –, ich noch mehr: Ich ertrug mehr Mühsal, war häufiger im Gefängnis, wurde mehr geschlagen, war oft in Todesgefahr. Fünfmal erhielt ich von Juden die neununddreißig Hiebe; dreimal wurde ich ausgepeitscht, einmal gesteinigt, dreimal erlitt ich Schiffbruch, eine Nacht und einen Tag trieb ich auf hoher See.

Ich war oft auf Reisen, gefährdet durch Flüsse, gefährdet durch Räuber, gefährdet durch das eigene Volk, gefährdet durch Heiden, gefährdet in der Stadt, gefährdet in der Wüste, gefährdet auf dem Meer, gefährdet durch falsche Brüder. Ich erduldete Mühsal und Plage, durchwachte viele Nächte, ertrug Hunger und Durst, häufiges Fasten, Kälte und Blöße. Um von allem andern zu schweigen, weise ich noch auf den täglichen Andrang zu mir und die Sorge für alle Gemeinden hin ...

Ich muß mich ja rühmen; zwar nützt es nichts, trotzdem will ich jetzt von Erscheinungen und Offenbarungen sprechen, die mir der Herr geschenkt hat. Ich kenne jemand, einen Diener Christi, der vor vierzehn Jahren bis in den dritten Himmel entrückt wurde; ich weiß allerdings nicht, ob es mit dem Leib oder ohne den Leib geschah, nur Gott weiß es. Und ich weiß, daß dieser Mensch in das Paradies entrückt wurde; ob es mit dem Leib oder ohne den Leib geschah, weiß ich nicht, nur Gott weiß es. Er hörte unsagbare Worte, die ein Mensch nicht aussprechen kann. Diesen Mann will ich rühmen; was mich selbst angeht, will ich mich nicht rühmen, höchstens meiner Schwachheit. Wenn ich mich dennoch rühmen wollte, wäre ich zwar kein Narr, sondern würde die Wahrheit sagen. Aber ich verzichte darauf; denn jeder soll mich nur nach dem beurteilen, was er an mir sieht oder aus meinem Mund hört. Damit ich mich wegen der einzigartigen Offenbarungen nicht überhebe, wurde mir ein Stachel ins Fleisch gestoßen: ein Bote Satans, der mich mit Fäusten schlagen soll, damit ich mich nicht überhebe. Dreimal habe ich den Herrn angefleht, daß dieser Bote Satans von mir ablasse. Er aber antwortete mir: Meine Gnade genügt dir; denn sie erweist ihre Kraft in der Schwachheit. Viel lieber also will ich mich meiner Schwachheit rühmen, damit die Kraft Christi auf mich herabkommt. Deswegen bejahe ich meine Ohnmacht, alle Mißhandlungen und Nöte, Verfolgungen und Ängste, die ich für Christus ertrage. denn wenn ich schwach bin, dann bin ich stark" (2 Kor 11,21 – 12,10).

Ist Ihnen aufgefallen, wessen der Apostel Paulus sich rühmt? Keiner Gebäude, die er errichtet hat, keiner Schlagzeilen, in die er geraten ist, keines weltlichen Erfolges. Er rühmt sich der Entbehrungen und Leiden, die er für Christus ertragen hat, und seiner mystischen Erfahrungen – und seiner Schwachheit, die ihm Gelegenheit gibt, die Kraft Christi zu erfahren!

„Ich bin mit Christus gekreuzigt worden; nicht mehr ich lebe, sondern Christus lebt in mir. Soweit ich aber jetzt noch in dieser Welt lebe, lebe ich im Glauben an den Sohn Gottes, der mich geliebt und sich für mich hingegeben hat" (Gal 2,19f.).

„In Zukunft soll mir niemand mehr solche Schwierigkeiten bereiten. Denn ich trage die Zeichen Jesu an meinem Leib" (Gal 6,17). Der Kommentar der Jerusalemer Bibel zu dieser Stelle lautet: Die Narben der Mißhandlungen, die er für Christus erlitten hat, vgl. 2 Kor 6,4f., 11,23–28.

„Diesen Schatz tragen wir in zerbrechlichen Gefäßen; so wird deutlich, daß das Übermaß der Kraft von Gott und nicht von uns kommt. Von allen Seiten werden wir in die Enge getrieben und finden doch noch Raum; wir wissen weder aus noch ein und verzweifeln dennoch nicht; wir werden gehetzt und sind doch nicht verlassen; wir werden niedergestreckt und doch nicht vernichtet. Wohin wir auch kommen, immer tragen wir das Todesleiden Jesu an unserem Leib, damit auch das Leben Jesu an unserem Leib sichtbar wird. Denn immer werden wir, obgleich wir leben, um Jesu willen dem Tod ausgeliefert, damit auch das Leben Jesu an unserem sterblichen Fleisch offenbar wird... Alles tun wir euretwegen, damit immer mehr Menschen aufgrund der überreich gewordenen Gnade den Dank vervielfachen, Gott zur Ehre. Darum werden wir nicht müde, wenn auch unser äußerer Mensch aufgerieben wird, der innere wird Tag für Tag erneuert" (2 Kor 4,7–11.15f.).

„Darauf warte und hoffe ich, daß ich in keiner Hinsicht beschämt werde, daß vielmehr Christus in aller Öffentlichkeit – wie immer, so auch jetzt – durch meinen Leib verherrlicht wird, ob ich lebe oder sterbe. Denn für mich ist Christus das Leben, und Sterben Gewinn. Wenn ich aber weiterleben soll, bedeutet das für mich fruchtbare Arbeit. Was soll ich wählen? Ich weiß es nicht. Es zieht mich nach beiden Seiten: Ich sehne mich danach, aufzubrechen und bei Christus zu sein – um wieviel besser wäre das! Aber euretwegen ist es notwendiger, daß ich am Leben bleibe. Im Vertrauen darauf weiß ich, daß ich bleiben und bei euch allen ausharren werde, um euch im Glauben zu fördern und zu erfreuen, damit ihr euch in Christus Jesus um so mehr meiner rühmen könnt, wenn ich wieder zu euch komme" (Phil 1,20–26).

Diese Stellen lassen sich noch um Phil 3,7ff. und Röm 8,35ff. erweitern, die ich schon weiter vorn zitiert habe und hier nicht zu wiederholen brauche.

Zum Thema der Nachfolge Christi noch einige Texte aus den Evangelien:

„Wer Vater oder Mutter mehr liebt als mich, ist meiner nicht wert, und wer Sohn oder Tochter mehr liebt als mich, ist meiner nicht wert. Und wer nicht sein Kreuz auf sich nimmt und mir nachfolgt, ist meiner nicht wert. Wer das Leben gewinnen will, wird es verlieren; wer aber das Leben um meinetwillen verliert, wird es gewinnen" (Mt 10,37ff.; vgl. 16,24ff.).

„Wenn jemand zu mir kommt und nicht Vater und Mutter, Frau und Kinder, Brüder und Schwestern, ja sogar sein Leben gering achtet, dann kann er nicht mein Jünger sein. Wer nicht sein Kreuz trägt und mir nachfolgt, der kann nicht mein Jünger sein. Wenn einer von euch einen Turm bauen will, setzt er sich dann nicht zuerst hin und rechnet, ob seine Mittel für das ganze Vorhaben ausreichen? Sonst könnte es geschehen, daß er das Fundament gelegt hat, dann aber den Bau nicht fertigstellen kann. Und alle, die es sehen, würden ihn verspotten ... Darum kann keiner von euch mein Jünger sein, wenn er nicht auf seinen ganzen Besitz verzichtet" (Lk 14,26–29.33).

„Wenn einer mir dienen will, folge er mir nach; und wo ich bin, dort wird auch mein Diener sein" (Joh 12,26).

Auf die Bitte der Zebedäussöhne um die beiden ersten Plätze im Gottesreich antwortet Jesus: „Ihr wißt nicht, worum ihr bittet. Könnt ihr den Kelch trinken, den ich trinke, oder die Taufe auf euch nehmen, mit der ich getauft werde?" Sie antworteten: „Wir können es." ... Und er fährt mit seiner Belehrung vor einem größeren Hörerkreis fort: „Wer bei euch groß sein will, der soll euer Diener sein, und wer bei euch der Erste sein will, soll der Sklave aller sein. Denn auch der Menschensohn ist nicht gekommen, um sich dienen zu lassen, sondern um zu dienen und sein Leben hinzugeben als Lösegeld für viele" (Mk 10,38 f.43 ff.).

„Die Stunde ist gekommen, daß der Menschensohn verherrlicht wird. Amen, amen, ich sage euch: Wenn das Weizenkorn nicht in die Erde fällt und stirbt, bleibt es allein; wenn es aber stirbt, bringt es reiche Frucht. Wer an seinem Leben hängt, verliert es; wer aber sein Leben in dieser Welt gering achtet, wird es bewahren bis ins ewige Leben. Wenn einer mir dienen will, folge er mir nach; und wo ich bin, dort wird auch mein Diener sein. Wenn einer mir dient, wird der Vater ihn ehren" (Joh 12,23–26).

„Denkt an das Wort, das ich euch gesagt habe: Der Sklave ist nicht größer als sein Herr. Wen sie mich verfolgt haben, werden sie auch euch verfolgen, wenn sie an meinem Wort festgehalten haben, werden sie auch an eurem Wort festhalten" (Joh 15,20).

„Als sie auf ihrem Weg weiterzogen, redete ein Mann Jesus an und sagte: Ich will dir folgen, wohin du auch gehst. Jesus antwortete ihm: Die Füchse haben ihre Höhlen und die Vögel ihre Nester; der Menschensohn aber hat keinen Ort, wo er sein Haupt hinlegen kann. Zu einem anderen sagte er: Folge mir nach! Der erwiderte: Laß mich zuerst heimgehen und meinen Vater begraben. Jesus sagte zu ihm: Laß die Toten ihre Toten begraben; du aber geh und verkünde das Reich Gottes! Wieder ein anderer sagte: Ich will dir nachfolgen, Herr. Zuvor aber laß mich von meiner Familie Abschied nehmen. Jesus erwiderte ihm: Keiner, der die Hand an den Pflug gelegt hat und nochmals zurückblickt, taugt für das Reich Gottes" (Lk 9, 57–62).

Sie können die eine oder andere dieser Stellen zur Betrachtung nehmen, um daraus Anregung zu schöpfen, Christus treuer zu folgen. Aber vor allem bitten Sie beharrlich um diese Gnade. Das beharrliche Gebet und der Glaube werden Ihnen bringen, was noch so viel Meditation und Überlegung nicht vermögen.

Anschließend möchte ich eine Methode vorstellen, über das Leben Christi zu meditieren. Sie kann eine Hilfe sein, Christus besser kennen- und tiefer lieben zu lernen.

15
Betrachtungen über das Leben Christi

Es gibt eine Form der Meditation über das Leben Christi nach den Zeugnissen der Evangelien, die von verschiedenen Heiligen als sehr förderlich für die Erlangung eines innigen Verhältnisses zu Christus empfohlen wird. Sie verlangt Phantasie. Die Phantasie ist ein Werkzeug, das viele moderne Psychotherapeuten mit großem Erfolg einsetzen: es setzt sich bei ihnen nämlich die Erkenntnis durch, daß die Welt der Phantasie nicht ganz so „unwirklich" ist, wie es den Anschein hat, daß sie keineswegs eine irreale Welt ist, in die man sich flüchtet, sondern ebenso tiefe, wenn nicht gar tiefere Wirklichkeiten offenbart als die, die man mit der Vernunft erfaßt, und diese Welt somit ein Instrument ist, das bei der Heilung und Entwicklung gute Dienste tut.

Ich möchte zuerst diese Meditationsform beschreiben, um dann auf einige der Einwände zu sprechen zu kommen, die man gegen sie vorbringt. Nehmen Sie irgendeine Szene aus dem Leben Christi. Ich möchte den Bericht von der Heilung eines Gelähmten aus dem Johannesevangelium als Beispiel nehmen, das Sie dann auf andere Szenen aus dem Leben Christi anwenden können. Die Bibelstelle lautet:

„Einige Zeit später war ein Fest der Juden, und Jesus ging hinauf nach Jerusalem. In Jerusalem gibt es beim Schaftor einen Teich, zu dem fünf Säulenhallen gehören; dieser Teich heißt auf hebräisch Betesda. In diesen Hallen lagen viele Kranke, darunter Blinde, Lahme und Verkrüppelte, die auf die Bewegung des Wassers warteten. Ein Engel des Herrn aber stieg zu bestimmter Zeit in den Teich hinab und brachte das Wasser zum Aufwallen. Wer dann als erster hineinstieg, wurde gesund, an welcher Krankheit er auch litt. Dort lag auch ein Mann, der schon achtunddreißig Jahre krank war. Als Jesus ihn dort liegen sah und erkannte, daß er schon lange krank war, fragte er ihn: Willst du gesund werden? Der Kranke antwortete ihm: Herr, ich habe keinen Menschen, der mich, sobald das Wasser aufwallt, in den Teich trägt. Während ich mich hinschleppe, steigt schon ein anderer vor mir hinein. Da sagte Jesus zu ihm: Steh auf, nimm deine Bahre und geh! Sofort wurde der Mann gesund, nahm seine Bahre und ging" (5, 1–9).

Gehen Sie jetzt bitte in Gedanken zu dieser Stätte mit den fünf Säulenhallen, die Betesda heißt. Schauen Sie sich die Kranken an, die dort liegen. Gehen Sie unter ihnen umher. Was empfinden Sie bei ihrem Anblick? Hinten bemerken Sie unseren Lahmen. Gehen Sie zu ihm hin und reden Sie mit ihm. Was ist Ihrer Meinung nach der Grund seines Leidens? Was für einen Eindruck macht er auf Sie? Ist er Ihnen sympathisch oder unsympathisch? Während Sie mit ihm reden, sehen Sie Jesus hereinkommen. Er sieht sich unter den Kranken um. Was denkt und empfindet er Ihrer Meinung nach wohl? Bleibt er bei einem von ihnen stehen, um mit ihm zu reden, oder kommt er geradenwegs auf unseren Lahmen zu? Treten Sie zur Seite und machen Sie Jesus bei seinem Herantreten Platz und hören Sie zu, was er dem Lahmen sagt, und was der Lahme ihm antwortet. Lassen Sie sich keine der Gesten, der Empfindungen, der Worte und des Verhaltens Jesu entgehen. Hören Sie genau hin, wie er fragt: „Willst du gesund werden?" Das Evangelium liefert uns nur ein Bruchstück der Unterhaltung Jesu mit dem Kranken. Ergänzen Sie es mit Ihrer Einbildungskraft. Dann hören Sie hin, wie er das Machtwort spricht: „Steh auf, nimm deine Bahre und geh!" Beobachten Sie, was geschieht. Die Empfindungen und Reaktionen des Gelähmten, die Empfindungen und Reaktionen Jesu.

Jetzt wendet sich Jesus Ihnen zu: „Bist du auch krank und leidest leibliche, seelische oder geistliche Not?" Sprechen Sie mit ihm darüber und hören Sie, was er zu sagen hat. Was antworten Sie, wenn er zu Ihnen spricht: „Willst du gesund werden? Willst du wirklich gesund werden mit allen Konsequenzen, zu denen die Genesung führen wird? Viele wollen gar nicht gesund werden, weil die Genesung Schmerzen oder Verantwortung im Gefolge hat oder den Verzicht auf etwas, das wir festhalten möchten..." Wenn Ihre Antwort: „Ja, Herr, ich will gesund werden" lautet, hören Sie zu, wie der Herr auch zu Ihnen sein Machtwort spricht. Es ist ein Augenblick der Gnade. Jesus ist hier und jetzt so wirklich, so mächtig und so gegenwärtig wie damals, als er vor zwanzig Jahrhunderten vor dem Lahmen stand. Wenn Sie an seine Macht glauben, werden Sie die Berührung seiner heilenden Hand spüren, vielleicht nicht so sensationell wie der Lahme, aber nicht weniger wirksam. Verweilen Sie danach eine Zeitlang in liebendem Gespräch mit ihm.

Gegen diese Meditationsform gibt es auch Einwände: Es spielt keine Rolle, daß Mystiker wie der heilige Bonaventura und der heilige Ignatius von Loyola sie empfohlen haben. Es ist eine Tatsache, daß Szenen, wie die zitierte, einfach nicht wahr sind, sie sind erfunden. Die Antwort darauf ist ganz einfach: Die Szene ist natürlich nicht historisch wahr. Sie enthält eine Wahrheit, keine geschichtliche, sondern die eines Mysteriengeschehens. Ich möchte dies ein wenig erklären.

Der heilige Ignatius von Loyola, der diese Methode als Hauptform der Betrachtung in seinen Geistlichen Übungen empfiehlt, war ein Mann, der bald nach seiner Bekehrung eine Wallfahrt ins Heilige Land gemacht hat. In der „Vita Christi" Ludolfs von Sachsen las er die von Bonaventura übernommenen Worte: „Wenn du von diesen Betrachtungen etwas profitieren willst, laß alle Ängste und Sorgen. Vergegenwärtige dir in liebevoller Schau von ganzem Herzen alles, was der Herr Jesus gesagt und getan hat, als ob du mit eigenen Ohren hörtest und mit eigenen Augen sähest. Dann wird dir all das lieb und teuer werden, denn du betrachtest es mit sehnsüchtigem Verlangen und verkostest es noch mehr. Und mag es auch in der grammatischen Vergangenheit erzählt werden, du solltest es so betrachten, als wäre es lebendige Gegenwart. Zieh ins Heilige Land, küsse glühenden Geistes den Boden, auf dem der gute Jesus gestanden hat. Vergegenwärtige dir, wie er gesprochen hat und mit seinen Jüngern und den Sündern umgegangen ist; wie er spricht und predigt, wie er geht und sich ausruht, schläft und wacht, ißt und Wunder wirkt. Notiere dir sein Verhalten und seine Taten in dein Herz."

Als Ignatius diese Worte gelesen hatte, setzte er sie zweifellos betend in die Praxis um. Doch sein glühendes Herz gab keine Ruhe, bis er das Heilige Land auch selbst gesehen hatte. Dort angekommen, betrachtete er die Berge und Täler und die Gegenden, die Jesus gesehen hat, die Straßen, über die er gezogen ist, die Häuser, in denen er gewohnt haben sollte und prägte sie sich bis ins letzte in sein Gedächtnis ein. Auf dem Ölberg verehrte er in Andacht den Felsbrocken, auf dem Jesus gestanden sein soll, bevor er zum Himmel aufstieg und der den Abdruck seiner Füße tragen soll. Kaum hatte er dem Berg den Rücken gekehrt, fiel ihm ein, daß er sich nicht gemerkt hatte, in welche Richtung die Füße Jesu bei der Himmelfahrt wiesen. Daher kehrte er allein um, was nicht ungefährlich war, und erkaufte sich von dem moslemischen Kustoden mit dem letzten Wertgegenstand, den er besaß, einem Taschenmesser, das Privileg, auch diese kleine Einzelheit noch festzuhalten. Eben dieser Mann nun schreibt seine „Geistlichen Übungen" und fordert darin den Exerzitanten auf, die Szenen des Lebens Christi vor seinem inneren

Auge aufzubauen. In seiner Betrachtung über die Geburt heißt er den Exerzitienteilnehmer, „mit der Schau der Einbildungskraft den Weg von Nazaret nach Betlehem sehen, die Länge, die Breite erwägen, und ob dieser Weg eben ist oder durch Täler und über Hügel führt. Auf gleiche Weise den Ort oder die Höhle der Geburt schauen, wie geräumig, wie eng, wie niedrig, wie hoch und wie sie eingerichtet war."

Warum überläßt Ignatius all das der Einbildungskraft des Exerzitienteilnehmers? Er hatte diese Stätten, oder was er in frommem Glauben für diese Stätten gehalten hatte, doch selbst gesehen. Hätte er da nicht ihre genaue Beschreibung liefern können? Was das angeht, war es nicht so wichtig, die Szene historisch exakt nachzubauen; es war sogar völlig unwichtig. Ignatius möchte, daß der Exerzitant sich zu seinem eigenen Phantasie-Nazaret und seinem Phantasie-Betlehem begibt. Die Vorstellungskraft wird dazu beitragen, eine Mysterienwahrheit ins Bewußtsein zu heben, die weit wichtiger ist als die historische. Die Phantasie wird uns mit Jesus Christus in Verbindung bringen. Das ist viel wichtiger als alle historische Exaktheit in der Welt.

Vom heiligen Franz von Assisi wird berichtet, er sei zum Monte Alverna gegangen, wo ihm in einer Vision Jesus am Kreuz erschienen sei. Liebevoll habe er ihn vom Kreuz abgenommen. Der heilige Franz von Assisi war gewiß kein Dummkopf; mindestens wußte er so gut wie wir heute, daß Jesus, einmal gestorben, nicht mehr stirbt. Und doch hat sich, als er ihn liebevoll vom Kreuz abnahm und ihm in seinen Qualen zur Seite stand, ein tiefes Mysterium der Liebe abgespielt – Phantasie hin, Phantasie her – vor dem das vernünftige Denken und die vernünftige Theologie in sprachlosem Nichtbegreifen innehalten müssen. Franziskus verdanken wir ja auch den schönen Brauch, Weihnachtskrippen aufzustellen. Wäre er mit den Erkenntnissen der modernen Bibelwissenschaft zu den Kindheitsberichten vertraut, würde er – hierin bin ich mir ganz sicher – unbeirrt weitergemacht und seine Krippen trotzdem gebaut haben. Wo das Geschehen sich historisch, so wie es im Evangelientext berichtet wird, zugetragen hat, ist irrelevant. Relevant ist, daß wir durch diese Phantasie-Symbole mit der Wirklichkeit in Berührung kommen. Wenn wir wieder Kinder werden und uns mit Leib und Seele in dieser Welt des scheinbaren Als-ob stürzen wollten, könnten wir als großartige Überraschung dort hinter aller Phantasie Christus finden und ihn gründlicher kennenlernen als in all unserer theologischen Reflexion und Spekulation.

Der heilige Antonius von Padua ist einer der vielen Heiligen, von denen es heißt, sie hätten das Jesuskind in ihren Armen gehalten und in seinen Liebkosungen geschwelgt. Der heilige Antonius, der ebenfalls kein Dummkopf war und außerdem Theologe genug, daß man ihn zum Kirchenlehrer erhoben hat, sollte sicher gewußt haben, daß Jesus kein Kind mehr war! Zum Glück war er auch Mystiker genug, um die tiefe mystische Wirklichkeit hinter dieser Vision zu spüren und sich völlig der „Phantasie-Wirklichkeit", wenn ich so sagen darf, seiner Vision zu überlassen. Wenn auch Sie Kind werden und bei Ihrer Betrachtung über das Evangelium in diese Phantasiewelt eintreten können, werden Sie wahrscheinlich viele verborgene Schätze entdecken, die anders nicht zu finden sind.

Verbringen Sie, zum Beispiel, einen Tag bei der Heiligen Familie in Nazaret. Teilen Sie mit ihr das einfache Leben, helfen Sie ihr bei der Arbeit, sprechen Sie mit Jesus, Maria und Josef über ihren Alltag und ihre Probleme und über Ihre eigenen. Oder schließen Sie sich den Jüngern an, während der Herr ihnen Privatunterricht gibt, und stellen Sie ihm auch Ihre eigenen Fragen. Suchen Sie das Haus Martas und Marias auf, und nehmen Sie entweder in liebender Zuneigung an Marias Seite Platz, während der Herr spricht, oder helfen Sie der armen, vielgeplagten

Marta bei ihren Haushaltsarbeiten. Sie werden davon gewiß keinerlei exegetische Erkenntnisse mitnehmen. Doch wird der Herr Ihnen die verborgene Weisheit schenken, die er den Kindern vorbehalten hat!

Ganz abgesehen von den historischen Schwierigkeiten, die sich ergeben, wenn man sich in Gedanken vorstellt, was vor langer Zeit geschehen ist, und es so sieht, als geschehe es jetzt, wird noch ein Einwand gegen diese Betrachtungsmethode erhoben. Er läßt sich wie folgt formulieren: Wenn ich durch meine Einbildungskraft Christus bei mir oder vor mir sehe und zu ihm spreche, stellt das kein Problem dar; das Problem ergibt sich erst, wenn ich Christus antworten höre. Das ist doch überhaupt nicht Christus, der da mit mir spricht. Es ist die Ausgeburt meiner eigenen Vorstellung: ich bin es, der ihm diese Worte in den Mund legt. Ich bin es letztlich im Gespräch mit mir selbst.

Das stimmt. Sehr oft, besonders wenn wir noch Anfänger in dieser Übung des Zwiegesprächs mit Christus sind, gibt es dabei nicht viel mehr als unsere eigenen frommen Betrachtungen, die in der Gestalt der Worte Christi daherkommen. Das ist doch, was Denken oder Betrachten bedeutet: ein Selbstgespräch. Jetzt bediene ich mich dazu noch des Bildes Christi, den ich mir als mein Gegenüber vorstelle. Es wird aber nicht lange dauern, dann wird man auch merken, daß die Worte, die man in seiner Vorstellung so hört, als kämen sie aus Christi Mund, nicht bloß Phantasieprodukte sind. Manchmal wird schon die Antwort Sie überraschen, und Sie werden sich fragen, woher sie stammt. Sie beschert eine tiefe Einsicht. Bei anderen Gelegenheiten scheinen es Allerweltsworte zu sein, die von keiner Erleuchtung oder Einsicht begleitet sind. Doch die Wirkung dieser Allerweltsworte ist recht ungewöhnlich: sie bringen unversehens und unverhofft Frieden oder große Kraft oder starken Trost oder tiefe Freude im Dienste Gottes. Damit verbunden, stellt sich die Überzeugung ein, daß der Herr irgendwie mit Ihnen Verbindung aufgenommen und Ihnen unter dem Mantel dieser Worte, die Sie ihn in Ihrer Vorstellung an Sie richten „ließen", ein Geschenk gemacht hat.

Damit verbunden ist, daß wir den ganzen Tag die Gegenwart Gottes, die Gegenwart Christi bei uns in einer Form wahrnehmen, die die heilige Teresa von Ávila wie auch andere Heilige nachdrücklich empfehlen. Sie besteht in der Vorstellung, Christus den ganzen Tag zur Seite zu haben und im ständigen, innigen Zwiegespräch mit ihm. Ein Autor nennt dies die Übung des phantasiebegabten Glaubens. Ein guter Ausdruck. Stellen Sie sich vor, Christus sitze da auf einem freien Stuhl in Ihrem Zimmer, und reden Sie mit ihm genau so, wie Sie es täten, wenn Sie ihn tatsächlich sähen. Das ist nicht reine Phantasievorstellung, denn das, was Sie sich vorstellen, ist wirklich vorhanden, Christus, der auferstandene Herr; allerdings ist er nicht so da, wie Sie sich ihn vorstellen, mit den Zügen und Gewändern, mit denen Sie ihn ausstatten.

Das ist mehr oder weniger, was der heilige Ignatius in seinen „Geistlichen Übungen" empfiehlt, wenn er sagt: „Das Zwiegespräch vollzieht sich durch eigentliches Sprechen, so wie ein Freund zum andern spricht oder ein Diener zu seinem Herrn, bald um irgendeine Gnade zu erbitten, dann sich wegen eines begangenen Fehlers anzuklagen und schließlich seine Anliegen mitzuteilen und für sie Rat zu erbitten." An einer anderen Stelle sagt er, man solle „sich anschaulich vorstellen, wie Christus, unser Herr, gegenwärtig und ans Kreuz geheftet ist, und ein Zwiegespräch beginnen. Wie er als Schöpfer gekommen ist, um sich zum Menschen zu machen, vom ewigen Leben zum zeitlichen Tod und so für meine Sünden zu sterben."

Beachten Sie übrigens, daß er uns heißt, Christus Fragen zu stellen, ihn um Rat zu bitten; zwei Dinge, die eine Art Antwort seitens des Herrn voraussetzen. Ignatius selbst zweifelte nicht daran, daß der Herr dem Exerzitanten antwortet, ihm seinen Willen kundtut und ihn persönlich führt und leitet, ob sich das nun unter dem Bilderschleier des phantasiebegabten Glaubens vollzieht oder durch eine tief innerliche Mitteilung, die alle Worte, Begriffe und Vorstellungen übersteigt. Ignatius sagt: „Wer die Übung gibt, darf nicht den, der sie empfängt, mehr zur Armut oder zu einem Versprechen hin bewegen als zu deren Gegenteil, auch nicht zu einem Stand oder einer Lebensweise mehr als zu einer anderen. Denn wenn es auch außerhalb der Übungen erlaubt und verdienstlich ist, alle wahrscheinlich geeigneten Personen dazu zu bewegen, Enthaltsamkeit, Jungfräulichkeit, Ordensstand und jede Art von evangelischer Vollkommenheit zu erwählen, dennoch ist es innerhalb solcher geistlichen Übungen beim Suchen des göttlichen Willens angemessener und viel besser, daß *der Schöpfer und Herr selbst sich seiner ihm hingegebenen Seele mitteile,* sie zu seiner Liebe und seinem Lobpreis entflamme und sie zu dem Weg bereit mache, auf dem sie ihm künftig besser dienen kann. Auf diese Weise soll derjenige, der die Übungen vorlegt, weder zu der einen noch zu der anderen Seite sich wenden und hinneigen, sondern, mehr wie eine Waage in der Mitte stehend, *unmittelbar den Schöpfer mit seinem Geschöpf und das Geschöpf mit seinem Schöpfer und Herrn wirken lassen."* Ich werde noch bei späterer Gelegenheit auf diese innere Verbindung zwischen Schöpfer und Geschöpf zu sprechen kommen, darüber, was sie ist und wie sie stattfindet. Im Augenblick sollte dies genügen, besonders für diejenigen, die keinen anderen Modus kennen, auf Gott zu „lauschen" und sich von ihm führen zu lassen, genügen, daß der Herr in seiner Huld zu uns in der Weise spricht, die ich oben als phantasiebegabten Glauben bezeichnete. Es ist sehr schwer, mit dem Verstand festzustellen, wo die Phantasie aufhört und die Wirklichkeit beginnt. Werden Sie zum Kind, verkehren Sie mit Gott in der Einfalt des Herzens, und Sie werden ein Gespür für die Unterscheidung zwischen bloßer Vorstellung und Wirklichkeit entwickeln, oder vielmehr für die WIRKLICHKEIT – in Großbuchstaben –, die sich uns durch diese Bilder und Phantasien enthüllt.

Ich möchte hier mit den Worten eines berühmten Hindu-Gurus schließen, zu dem eine katholische Ordensschwester gesagt hat: „Sie sagten früher einmal: Wenn irgendein Christ Ihr Jünger würde, würden Sie es nicht darauf anlegen, ihn zum Hindu zu machen, sondern versuchen, aus ihm einen besseren Christen zu machen. Darf ich Sie fragen, wie Sie das anfangen würden?" Der gute Hindu-Guru gab der Schwester eine Antwort, die einem hervorragenden katholischen Seelenführer Ehre gemacht hätte. Er schlug zwei der wichtigsten Wege vor, zur Erfahrung Jesu Christi, des auferstandenen Herrn, zu gelangen. Er sagte: „Ich würde versuchen, ihn mit Jesus Christus in Verbindung zu setzen. Und um das zu erreichen, würde ich ihn Christus den ganzen Tag hindurch immer an seiner Seite halten und ständig in der Heiligen Schrift lesen lassen."

Die Heilung von Erinnerungen

Gleichsam als Fußnote zu dem über das Meditieren über das Leben Christi mit Hilfe der Phantasie Gesagten, möchte ich hier etwas über den Einsatz dieser Methode beim therapie- und entwicklungsorientierten Meditieren über unser eigenes Leben anfügen. Lassen Sie mich das erklären.

Wenn ich über eine Szene im Leben Christi meditiere, trete ich auch in ihr auf. Ich stelle mir vor, daß ich anwesend und in alles Geschehen einbezogen bin, daß ich rede, zuhöre und handle. Wenn ich zu einer Begebenheit aus meinem früheren Leben zurückkehre, erlebe ich sie wieder genauso, wie sie sich zugetragen hat, jedoch mit einem Unterschied: Ich lasse Christus in ihr eine aktive Rolle übernehmen. Ich möchte das an einem Beispiel erläutern:

Nehmen wir einmal an, ich beschäftige mich wieder mit einer Begebenheit, die mir viel Kummer macht, einem Ereignis, das für mich blamabel war: z. B. eine öffentliche Zurechtweisung oder der Tod eines Freundes. Das ganze Geschehen überkommt mich wieder mit all seinen schmerzlichen Einzelheiten. Ich empfinde wieder den Schmerz, den Verlust, die Verdemütigung und die Erbitterung. Doch diesmal ist Jesus da. Welche Rolle spielt er? Will er mich trösten und stärken? Ist er es, der an dem Schmerz und dem Verlust schuld ist? Ich interagiere mit ihm ebenso wie damals mit den anderen am Geschehen Mitbeteiligten. Ich suche bei ihm Kraft, eine Erklärung dessen, was ich nicht verstehe, eine Sinndeutung des ganzen Geschehens.

Was soll diese Übung? Sie ist das, was auch als Heilen von Erinnerungen bezeichnet wird. Es gibt Erinnerungen, die in uns weiterschwären, Situationen in unserem früheren Leben, die unbewältigt geblieben sind und immer noch in uns rumoren. So etwas wirkt wie eine unvernarbte Wunde, wie eine Fessel, die es irgendwie nicht erlaubt, daß wir uns kopfüber ins Leben stürzen, die manchmal unsere Fähigkeit, mit dem Leben fertigzuwerden, ernstlich beeinträchtigt. Ein Kind, das im zarten Alter seine Mutter verliert, kann sich halb-bewußt vornehmen, nie mehr jemand zu lieben; sein Leben lang verzehrt es sich weiter in dem Verlangen nach dieser Mutterliebe, die es nie erhalten wird. Ein Kind, das in einer Situation großer Angst oder Einsamkeit gelebt hat, wird dauernd, wenn auch unbewußt, in seiner Haltung dem Leben gegenüber von dieser Situation bestimmt. Ein Mann, der von jemandem tief gedemütigt worden ist, fühlt sich in seiner Selbstachtung verwundet oder investiert beträchtliche emotionale Kräfte in Rachegelüsten.

Es ist für unsere persönliche Entwicklung wichtig, sowohl in geistlicher wie auch in emotionaler Hinsicht, daß wir diese unbewältigten Situationen, die in uns weiterschwären, bewältigen. Wenn wir sie gemeinsam mit Christus, notfalls sogar immer wieder, erneut durchspielen, werden wir feststellen, daß sie einen neuen Sinn annehmen, daß sie ihren Stachel verlieren und daß wir jetzt auf sie zurückkommen können, ohne uns aufzuregen, daß wir sogar auf sie mit einem dankbaren Gefühl Gott gegenüber zurückkommen können, der mit diesen Vorkommnissen eine Absicht verfolgt hat, die sich letztlich zu unserem Heil und zu seiner Ehre auswirken wird. Solche Betrachtungen sind gute Therapie und gute Spiritualität.

Auf was für Ereignisse sollten wir in unserer Betrachtung zurückkommen? Auf Ereignisse, die in uns, wenn wir an sie denken, „negative" Empfindungen wie die oben erwähnten auslösen: Schmerz, Verdemütigung, das Gefühl, versagt zu haben, Kummer, Minderwertigkeitsgefühle, Angst usw. Und ich rate Ihnen, so lange immer wieder auf diese Ereignisse zurückzukommen, wie die negativen Empfindungen anhalten. Wenn sie ersterben und Sie sogar dahin gelangen können, Liebe, Dankbarkeit und lobendes Einverständnis mit dem Geschehen zu empfinden, brauchen Sie nicht mehr darauf zurückzukommen. Die unbewältigte Situation ist dann bewältigt und geheilt und sogar durch die Anwesenheit Christi in ihr geheiligt.

Für viele ist es sogar noch wichtiger, auf Situationen anderer Art zurückzukommen: auf Gelegenheiten, bei denen sie tiefe Freude, Erfüllung, Liebe oder innige Gemeinsamkeit erfuhren. Diese Ereignisse nähren und stärken uns, schenken unserem Leben neuen Schwung und wecken in uns den Wunsch, es in vollen Zügen zu genießen. Von Zeit zu Zeit auf sie zurückzukommen und sie in all ihren erfreulichen Einzelheiten nachzuerleben, gibt uns viel psychische Kraft und Gesundheit. Diese Erfahrungen der Freude in Anwesenheit Christi nachzuerleben, regt uns an zu Lob und Dank und gibt uns ein Empfinden für die Güte Gottes; es vertieft unsere Liebe zu ihm und hilft uns, im Geiste zu wachsen. Es gibt Hunderte solcher Ereignisse in unserem Leben, die eine Fülle geistlicher und emotionaler Kräfte in sich bergen, aber von uns abgetan werden und ungenutzt bleiben, weil wir zu sehr in der eintönigen Routine des Alltags aufgehen. Ein Gespräch mit einem Freund, ein Picknick, eine frohe Gesellschaft, ein stiller Spaziergang am See oder am Strand. Die Umarmung eines lieben Menschen. Die Freude und das Aufatmen bei guten Nachrichten ... und viele andere Situationen.

Sollte es sein, daß sich während dieser Exerzitien ein Vorkommnis aus Ihrem früheren Leben immer wieder störend bemerkbar macht und Ihre Aufmerksamkeit auf sich zieht, weil starke Emotionen mit im Spiel sind – seien sie positiv, wie starke Zuneigung und tiefe Freude, oder negativ, wie Eifersucht, Frustration, Erbitterung und Groll –, so rate ich Ihnen, dieser Situation täglich etwas Zeit zu widmen, um aus ihr, wie angesprochen, eine „Meditation" zu machen und das beizubehalten, bis sie allmählich von selbst im Hintergrund verschwindet und Sie nicht mehr ablenkt.

Anhang:
Gebetshilfen

Ich möchte nun in bezug auf das Beten ein paar Fingerzeige geben, die schon vielen sehr nützlich waren und vielleicht auch Ihnen eine Hilfe sein können. Oft und zu Recht wird gesagt, das Beten sei dem Menschen angeboren. Tief in seinem Herzen ist der Mensch ein betendes Wesen. Aber eben weil das stimmt – und es stimmt tatsächlich –, möchte ich nicht, daß Sie auf den Gedanken kommen, Beten sei etwas Einfaches oder etwas, das man nicht zu lernen brauche.

Das Gehen ist dem Menschen angeboren, und dennoch braucht ein Kind viel Übung, bis es auf beiden Beinen stehen und laufen kann, viel Geduld und mühsame Übung. Auch die Liebe ist dem Menschen angeboren; doch wie wenige Menschen gibt es, die die Kunst des Liebens beherrschen. Auch sie braucht viel Übung. Nicht anders ist es mit dem Gebet. Wenn wir uns mit dem Gedanken vertraut machen können, daß Beten eine Kunst ist und daß man sie wie die meisten anderen Künste mühsam erlernen und viel, viel üben muß, um es in ihr zu etwas zu bringen, dann meine ich, werden wir einen guten Schritt weitergekommen sein in Richtung auf das Erlernen und schließlich auch auf das perfekte Beherrschen dieser Kunst.

Die Fingerzeige, die ich hier geben will, werden jedoch nicht für alle und jeden einzelnen gleich wertvoll sein. Einige von Ihnen werden sie vielleicht zum Teil sogar ziemlich irrelevant, wenn nicht gar verwirrend und schädlich finden. Wenn das der Fall ist, ignorieren Sie sie unbedenklich. Meine Hinweise wollen ihnen beim Beten helfen, das Beten leichter, einfacher und effektiver machen, jedoch nichts erschweren oder Sie noch mehr bedrängen.

Nachdem mit diesen Vorbemerkungen das Terrain geebnet ist, möchte ich mit einer allgemeinen Feststellung beginnen, die etwa lautet: Der Hauptgrund für die allzu bescheidenen Fortschritte der meisten in der Kunst des Betens besteht darin, daß sie es versäumen, ihrem Beten alle menschlichen Dimensionen zu geben, die es braucht.

Ich will das erklären: Wir sind Menschen, Geschöpfe in Raum und Zeit, Geschöpfe, die einen Leib haben, Worte verwenden, in Gemeinschaften leben und von ihren Gefühlen beherrscht werden. Diese Elemente müssen auch in unserem Beten vorkommen. Wir brauchen Worte, wenn wir beten. Wir müssen mit unserem Leib beten. Wir brauchen zum Beten Zeit und einen passenden Ort. Das soll, wohlgemerkt, keine allgemeine Regel sein. Was ich sagen will, ist, daß unser Beten normalerweise all diese Dinge braucht, besonders wenn es im Anfangsstadium und noch ein zartes Gewächs ist. Es wird sie höchstwahrscheinlich auch noch brauchen, wenn es zu einem richtigen Baum herangewachsen ist. Aber wenn es so weit ist, wird es seine Eigenständigkeit entwickelt haben und in der Lage sein, unter den genannten Elementen seine Auswahl zu treffen. So möchte ich auf folgende Elemente im einzelnen eingehen: Ort, Zeit, Leib, Worte, Musik, Klang, Rhythmus, Gemeinschaft und Gefühle. Beginnen wir mit dem Leib.

Der Leib beim Beten

Ein Autor berichtet von einem Mann, den er bei einem Besuch ganz zwanglos in seinem Sessel sitzend beim Rauchen einer Zigarette antraf. Da sagte der Autor zu dem Mann: „Sie scheinen in Gedanken vertieft zu sein." Antwortete der Mann: „Ich bete." Sagte der Autor: „Sie beten? Jetzt sagen Sie mir doch einmal, würden Sie so dasitzen, wenn der auferstandene Herr in all seiner Pracht und Herrlichkeit hier stünde?" „Nein", sagte der Mann, „ich glaube, das würde ich nicht." „Dann", sagte der Autor, „sind Sie sich in diesem Augenblick auch nicht seiner Anwesenheit hier bei Ihnen bewußt. Sie beten nicht."

Was der Autor da gesagt hat, stimmt weitgehend. Probieren Sie es einmal aus. Versuchen Sie an einem Tag, an dem Sie geistliche Trockenheit oder Lauheit empfinden, das Bild Jesu Christi zu beschwören, der in der strahlenden Herrlichkeit seiner Auferstehung vor Ihnen steht. Treten Sie dann vor ihn hin oder sitzen oder knien Sie vor ihm nieder mit fromm zum Gebet gefalteten Händen. Mit anderen Worten: Drücken Sie mit Ihrem Leib die Haltung frommer Ehrfurcht aus, die Sie gern in seiner Gegenwart empfinden möchten, aber im Augenblick nicht empfinden. Sie werden höchstwahrscheinlich merken, daß Ihr Herz und Ihr Geist auch sehr bald ausdrücken, was Ihr Leib zum Ausdruck bringt. Sie werden seine Anwesenheit noch deutlicher spüren, und Ihr träges Herz wird sich erwärmen. Darin liegt der große Vorteil des Betens mit dem Leib, der Einbeziehung des Leibes in das Beten. Viele Menschen unserer Tage behaupten, sie seien Menschen aus Fleisch und Blut und einem Leib; sie sagen Ihnen dann: „Ich habe nicht nur einen Leib, ich bin mein Leib", allerdings nur, bis sie beten gehen. Dann ist es, als seien sie lediglich Geist oder lediglich denkendes Bewußtsein; der Leib wird einfach übergangen.

Non-verbale Kommunikation

Viele Psychotherapeuten haben entdeckt, wie nützlich es sein kann, etwas eher mit dem Körper als mit Worten auszudrücken. Was ich jetzt sage, habe ich selbst in einer Therapie-Gruppe ausprobiert. Manchmal lasse ich jemanden in der Gruppe nur mit den Augen mit einem anderen Verbindung aufnehmen: „Sagen Sie Ihrem Nachbarn etwas mit den Augen" – oder mit den Händen. Die Durchschlagskraft dieser Verständigung ist fast immer verblüffend. Mitunter sagt der Betreffende: „Das kann ich nicht." Er scheue sich, lächerlich zu wirken, sagt er dann. Oft ist es nicht die Lächerlichkeit, die ihn zurückhält, sondern die Intensität und totale Offenheit der betreffenden Kommunikation – eine Intensität und Offenheit, die er nicht gewohnt und die ihm unerträglich ist. Worte sind ein bequemeres Auskunftsmittel – hinter ihnen können wir uns verstecken, und wir können uns ihrer bedienen – was wir meistens auch tun –, nicht um uns zu verständigen, sondern um echte Verständigung zu vereiteln.

Manchmal sage ich einer Gruppe: „Die ersten zehn Minuten unserer Sitzung verwenden wir auf Kommunikation ohne Worte. Setzen Sie zur Verständigung mit anderen ein, was Sie wollen, nur keine Worte." Auch das ist eine Aufforderung zur Verständigung durch Körpersprache, mit den Augen, den Händen und Gestik. Die meisten weigern sich, dieser Aufforderung nachzukommen. Sie finden das zu bedrohlich. Die Wucht und die totale Offenheit der Kommunikation sind unerträglich.

Probieren Sie es aus, wenn Sie das nächste Mal für sich auf Ihrem Zimmer beten. Treten Sie vor ein Christusbild hin. Oder stellen Sie sich einfach vor, er stehe vor Ihnen. Dann schauen Sie ihn mit einem Blick an, der demütiges Bitten besagt. Verharren Sie eine Zeitlang bei diesem Blick und achten Sie auf Ihre Empfindungen. Dann ändern Sie den Blick zu einem Blick der Liebe ... oder des Vertrauens ... oder frohen Lobpreises ... oder der Reue und der Umkehr ... oder der Hingabe. Versuchen Sie, diese oder andere Befindlichkeiten einzig mit den Augen auszudrükken. Das könnte der Innigkeit und der Tiefe Ihrer Kommunikation mit dem Herrn unendlich guttun.

Oder versuchen Sie, ihm nur mit Ihrem Körper etwas zu sagen. Machen Sie daraus einen richtigen Ritus. Bleiben Sie zunächst eine Zeitlang einfach in seiner Gegenwart stehen. Dann heben Sie den Kopf, bis Ihr Blick zur Decke gerichtet ist. Verharren Sie eine Weile in dieser Stellung. Dann heben Sie ruhig beide Hände, Handflächen nach oben, bis sie auf einer Höhe mit Ihrer Brust sind. Halten Sie sie einen Augenblick so. Dann bewegen Sie sie sanft und behutsam aufeinander zu, bis beide Hände einander berühren und beide Handflächen nach oben gerichtet sind, als trügen sie eine Patene oder eine Schale. (Man kann sie auch an sich ziehen und einen Becher oder Kelch bilden lassen.) Diese Stellung soll ausdrücken, daß man sich Gott darbringt. Bleiben Sie drei oder vier Minuten so stehen, und senken Sie dann langsam Kopf und Hände. Sie können dann entweder diese Bereitschaft zur Hingabe noch einmal zum Ausdruck bringen und dabei demselben Ritus folgen – oder eventuell einen anderen erfinden – oder auch dazu übergehen, sonst noch eine Haltung oder Empfindung zum Ausdruck zu bringen.

Ein anderer Vorschlag: Stellen Sie sich aufrecht mitten ins Zimmer. Schauen Sie geradeaus, als wollten Sie in den Horizont blicken. Dann heben Sie ruhig die Hände, bis sie in die Höhe Ihrer Brust kommen, führen Sie sie dann nach außen, bis Ihre Arme weit ausgestreckt sind, die Handflächen nach außen. Bleiben Sie drei oder vier Minuten in dieser Stellung. Sie können sich ihrer bedienen, um das Verlangen und die Sehnsucht nach dem Kommen des Herrn auszudrücken. Oder um eine Geste des Willkommens zu setzen – die ihm gilt oder allen Menschen, die

Ihre Brüder sind und die Sie in Ihr Herz willkommen heißen.

Schließlich auch diesen Vorschlag: Stehen Sie einen Augenblick lang in der Gegenwart des Herrn. Knien Sie dann nieder und falten Sie die Hände in Brusthöhe zum Gebet. Verharren Sie eine Zeitlang so. Dann gehen Sie langsam, ganz langsam, auf alle viere nieder. Sie sind wie ein Lasttier vor dem Herrn. Gehen Sie nun noch tiefer hinunter, bis Sie flach auf dem Boden liegen, und strekken Sie die Arme seitlich aus, bis Ihre ganze Gestalt ein Kreuz bildet. Bleiben Sie ein paar Minuten so ausgestreckt liegen, um Anbetung, demütige Bitte oder Ohnmacht darzustellen.

Beschränken Sie sich nicht auf die Beispiele, die ich Ihnen gebracht habe. Seien Sie schöpferisch, und gestalten Sie selbst Ihre wortlosen Ausdrucksweisen für Anbetung, innige Liebe, Reue oder was auch immer. Bald werden Sie feststellen, was das Beten in der Körpersprache vermag. Der heilige Augustinus stellte das schon vor Jahrhunderten fest und sagte, sein Herz erhebe sich jedesmal, wenn er die Hände zum Gebet erhebe, aus einem geheimnisvollen Grund, den er nicht kenne, ebenfalls nach einer kleinen Weile und bewege sich auf Gott hin. Da fällt mir ein, daß das genau das ist, was der Priester in der Messe tut, wenn er sagt: „Erhebet die Herzen": Er hebt seine Hände empor. Es ist schade, daß wir nicht den Brauch haben, auch unsererseits die Hände emporzuheben, wenn wir antworten: „Wir haben sie beim Herrn."

Ein Körper in Ruhe

Meine bisherigen Anleitungen werden sich bewähren, wenn Sie beim Beten Ihren Körper tätig einsetzen wollen; mit anderen Worten, wenn Sie mit den Gesten Ihres Leibes beten wollen. Sie werden Ihnen dann nützen, wenn

Sie, wie ich es nennen würde, Frömmigkeitsübungen pflegen.

Es gibt allerdings noch eine andere Gebetsweise, sogar viele andere Gebetsweisen: das Gebet der völligen Ruhe, das Gebet in Bildern und Gedanken, bei dem körperliche Bewegung eher ein Hindernis als eine Hilfe wäre. Hier ist völlige Regungslosigkeit des Körpers erforderlich, eine Regungslosigkeit, die der inneren Ruhe und Sammlung dient und Ablenkungen beheben kann. Um diese Regungslosigkeit zu erreichen, schlage ich vor:

Setzen Sie sich in einer bequemen, aber nicht saloppen Haltung hin, und legen Sie die Hände in den Schoß. Dann lassen Sie all die Empfindungen bewußt werden, die ich Ihnen jetzt nenne, Empfindungen, die Sie haben, ohne sich ihrer jedoch ausdrücklich bewußt zu sein. Empfinden Sie mit Bewußtsein, wie Ihre Kleidung auf Ihren Schultern liegt ... Nach drei oder vier Sekunden gehen Sie dazu über, bewußt zu empfinden, wie Ihr Rücken die Kleidung oder die Stuhllehne spürt ... Dann das Empfinden Ihrer im Schoß ruhenden Hände ... Dann das Empfinden des Druckes Ihrer Oberschenkel gegen den Stuhl ... Dann das Empfinden der Berührung Ihrer Schuhe durch die Fußsohlen ... Dann machen Sie sich Ihre sitzende Haltung bewußt ... Machen Sie dann noch einmal die ganze Runde von Schultern, Rücken, Händen, Oberschenkeln, Füßen und Händen ... Verweilen Sie nicht länger als drei oder vier Sekunden bei jeder dieser Empfindungen.

Etwas später können Sie sich Empfindungen in anderen Körperbereichen zuwenden. Wichtig ist es, darauf zu achten, daß Sie diese Empfindungen *spüren, nicht denken.* Viele Menschen haben in verschiedenen Körperbereichen oder für ihre Körperbereiche schlechthin überhaupt kein Empfinden. Sie besitzen nur so etwas wie einen inneren Lageplan ihres Körpers. Wenn sie diese Übung machen, bewegen sie sich wahrscheinlich von Planquadrat zu Planquadrat oder von Bild zu Bild – von Händen, Füßen und

Rücken – statt von Gefühl zu Gefühl oder Empfinden zu Empfinden.

Wenn Sie eine Zeitlang bei dieser Übung bleiben, werden Sie merken, daß Ihr Körper sich entspannt. Stellen sich Spannungen ein, so achten Sie auf jede einzelne Spannung, die Sie empfinden. Achten Sie darauf, wo Sie die Spannung empfinden und wie sie beschaffen ist; mit anderen Worten, wie Sie sich selbst in dem betreffenden Bereich anspannen ... Auch das wird allmählich eine größere körperliche Entspannung bewirken. Und noch etwas wird geschehen: Ihr Körper wird völlig regungslos werden. Verharren Sie eine Zeitlang in dieser Regungslosigkeit. Kosten Sie sie aus, ruhen Sie in ihr. Bewegen Sie sich nicht im geringsten, mag der Drang zur Veränderung, zum Zappeln oder zum Kratzen auch noch so stark sein ... Wenn der Bewegungsdrang zunimmt, machen Sie sich diesen Drang, sogar den Impuls, bewußt; er wird sich nach einer Weile legen, und Sie empfinden wieder die tiefe körperliche Regungslosigkeit. Diese Regungslosigkeit ist eine ausgezeichnete Voraussetzung für das Gebet. Jetzt schreiten Sie zum Gebet.

Körperliche Regungslosigkeit ist natürlich kein Allheilmittel für die Schwierigkeiten, die sich bei Ihrem Beten noch einstellen werden. An erster Stelle rangiert unter ihnen der Mangel an Sammlung. Ihr Körper kann Ihnen allerdings bei der Bewältigung dieses Mangels helfen.

Menschen mit Yoga-Erfahrung berichten, sie empfänden, wenn sie den Lotus-Sitz ausführen, oft nicht nur völlige körperliche, sondern auch geistige Regungslosigkeit. Einige gehen so weit, zu sagen, in dieser Haltung sei es ihnen unmöglich zu denken. Das Bewußtsein verlischt, und sie können nur in Beschauung verweilen, aber nicht denken. So sehr kann der Körper unseren Bewußtseinszustand beeinflussen. Der Lotus-Sitz ist allerdings eine Übung, die man sich nur nach vielen Mühen und nach monatelangem strengem Training aneignen kann. Sie wird für die meisten nicht in Frage kommen. Doch auch ohne den Lotus-Sitz gibt es vieles, was der Körper zur Behebung von Ablenkungen beitragen kann.

Etwas, das Sie tun können, falls es Ihnen hilft, besteht darin, die Augen nur unmerklich geöffnet und auf einen drei oder vier Fuß von Ihnen entfernten Punkt fixiert zu halten. Viele finden das sehr hilfreich. Wenn Sie die Augen schließen, scheinen Sie irgendwie eine leere Projektionswand zu errichten, auf die Ihr Bewußtsein dann munter allerlei Gedanken und Bilder projiziert. Halten Sie Ihre Augen halb geöffnet, so hilft Ihnen das, sich zu konzentrieren. Natürlich ist es wichtig, die Blicke nicht umherschweifen zu lassen oder an einen in Bewegung befindlichen Gegenstand zu heften; daraus könnte sonst erneut eine Ablenkung entstehen. Sollten Sie feststellen, daß es Ihnen beim Beten hilft, wenn Sie die Augen offen halten, dann lassen Sie sie auf einem Gegenstand oder einem Punkt ruhen, der nur wenig von Ihnen entfernt ist, und versenken Sie sich ins Gebet. Noch eine Warnung: Achten Sie darauf, daß Sie Ihre Blicke nicht auf einem leuchtenden Gegenstand ruhen lassen. Das führt unter Umständen zu einer milden Form von Hypnose.

Was Sie noch tun können, ist, gerade Haltung zu bewahren. Es ist mysteriös, daß ein gekrümmtes Rückgrat Ablenkung zu begünstigen scheint, während ein aufrechtes Rückgrat sie fernzuhalten scheint. Wie ich höre, gibt es Zen-Meister, die mit einem bloßen Blick auf die gerade Haltung oder die Krümmung des Rückens eines ihrer Schüler feststellen können, ob er abgelenkt ist oder nicht. Ich bin freilich nicht sicher, ob ein gekrümmter Rücken notwendigerweise Unaufmerksamkeit besagt. So habe ich manchmal ohne Ablenkungen gebetet, wenn auch die Haltung meines Rückens nicht gerade war. Aber ich glaube doch, daß eine gerade Haltung sehr hilfreich ist, das Bewußtsein zu beruhigen. Es gibt tibetanische Mönche, die der geraden Haltung als einer Meditationshilfe so großen Wert beimessen, daß sie empfehlen, bei Meditationsübungen flach auf dem Rücken zu liegen. Das ist zwar schön und gut, nur neigen die meisten Leute, die ich kenne, dazu, daß ihnen wenige Minuten, nachdem sie sich ausgestreckt haben, die Augen zufallen!

Das Problem von Spannung und Rastlosigkeit

Viele Menschen unserer Tage können leider einfach nicht mehr stillsitzen. Sie sind so getrieben, daß sogar eine oder zwei Minuten Stillsitzen ihre Spannung noch zu steigern drohen. Und doch ist es für das Beten wichtig, daß wir stillhalten können. Es besteht natürlich kein Zweifel, daß man auch weiterbeten kann, wenn man in Bewegung ist, was ja auch oft geschieht. Normalerweise ist das aber kein tiefes Gebet. Sobald ein Augenblick tiefen Betens über den Menschen kommt, der da auf und ab marschiert, neigt er dazu, stehenzubleiben, als ob er sich in etwas verfangen habe, in etwas versunken sei. Es gibt wohl tiefe mystische Erlebnisse, die einen Menschen überkommen und in ihm den Wunsch wecken, zu hüpfen und zu tanzen und sich umherzutummeln; doch sind sie eher die Ausnahme als die Regel. Normalerweise verlangt tief-innerliches Beten, daß man stillhält – oder es bewirkt es. Daher rate ich nicht unbedingt dazu, beim Beten auf und ab zu marschieren. Versuchen Sie folgendes, wenn der Bewegungsdrang sehr groß ist:

Machen Sie sich den Drang, den Impuls, den Sie verspüren, bewußt. Achten Sie darauf, wie sich das physisch auf Ihren Körper, auf die Spannung, auf den Bereich, in dem Sie die Spannung empfinden, und auf den Widerstand, den Sie dem Drang und dem Impuls entgegensetzen, auswirkt. Wenn Sie nach ein paar Minuten noch nicht zur Ruhe gekommen sind, gehen Sie ganz langsam in Ihrem Zimmer auf und ab wie folgt: Setzen Sie das rechte Bein vor, und achten Sie genau darauf, wie sich die Bewegung anfühlt, wenn Ihr rechter Fuß angehoben wird, dann wie es sich anfühlt, wenn er vorgeschoben wird, wenn er wieder auf dem Boden steht und wenn das Körpergewicht sich auf ihn stützt. Dann machen Sie es mit dem linken Fuß ebenso. Vielleicht hilft es Ihnen, sich zu konzentrieren, wenn Sie innerlich den Vorgang so artikulieren: „Rechter Fuß hoch. Rechter Fuß voran. Rechter Fuß halt. Rechter Fuß fest ... Linker Fuß hoch. Linker Fuß voran. Linker Fuß halt. Linker Fuß fest ..." Das wird Ihnen sehr helfen, Ihre körperlichen Spannungen und Ihren Zwang zur Bewegung zu dämpfen. Dann verharren Sie eine Weile in einer Stellung, und sehen Sie einmal, ob Sie sie lange genug beibehalten können, um zu beten.

Wenn Sie aber so gespannt und rastlos sind, daß nicht einmal dies hilft, rate ich Ihnen, in Ihrem Zimmer oder in einer stillen Gartenecke auf und ab zu gehen. Das nimmt vielleicht etwas von Ihrer Spannung. Achten Sie darauf, daß Ihre Augen beim Auf-und-ab-Schreiten nicht auch auf Wanderschaft gehen; es wäre der Ruin Ihrer Konzentration und Ihres Betens. Bedenken Sie aber, daß dies nur eine vorläufige Konzession an Ihre Rastlosigkeit ist, und versuchen Sie immer wieder, zu einer Ruhestellung zurückzukehren und Ihren Körper ans Stillhalten zu gewöhnen.

Noch etwas könnten Sie tun, wenn Sie sich einfach bewegen müssen. Beten Sie mit Ihrem Körper, wie ich es vorhin vorgeschlagen habe, bewegen Sie ihn in langsamen, ruhigen Gesten. Oder ändern Sie Ihre Haltung alle drei bis vier Minuten – jedoch ganz langsam und nicht ruckweise –, denken Sie an die Blütenblätter der aufblühenden Blume. Es kann sehr wohl sein, daß Sie nach einer Weile in einer dieser Haltungen verweilen, und dann braucht man nicht mehr zu wechseln.

Ihre Lieblingshaltung

Wenn Sie sich um praktische Gebetserfahrung bemühen, werden Sie auch bald die Haltung entdecken, die Ihnen beim Beten am ehesten liegt. Sie werden diese Haltung, fast ohne je zu wechseln, jedesmal einnehmen, wenn Sie beten. Die Erfahrung wird Sie auch lehren, wie weise es ist, bei dieser Haltung zu bleiben und sie nicht zu leicht zu ändern. Es mag merkwürdig erscheinen, daß sich durch die eine Haltung Gott besser lieben oder mit ihm leichter Verbindung aufnehmen lassen sollte als durch eine andere. Doch genau das ist es, worauf Richard Rolle, ein berühmter englischer Mystiker, hinweist.

Welche Haltung Sie auch für Ihr eigenes Gebet am geeignetsten finden, sei es eine kniende, stehende, sitzende oder am Boden ausgestreckte, ich rate Ihnen, sie nicht zu leicht zu wechseln – mag sie auch zunächst etwas schmerzhaft zu sein scheinen. Nehmen Sie den Schmerz in Kauf; die Früchte, die Ihr Gebet Ihnen einträgt, sind es sehr wohl wert. Nur wenn der Schmerz so stark wird, daß er Sie ablenkt, sollten Sie Ihre Haltung wechseln. Und dann tun Sie es behutsam, sehr langsam, „wie die Blütenblätter einer Blume, die sich allmählich öffnet oder schließt", um einen indischen geistlichen Schriftsteller zu zitieren.

Ideal wird die Haltung sein, die Ehrfurcht vor Gottes Gegenwart mit gelassener Ruhe des Körpers verbindet. Vieles Üben wird Ihnen diese Gelassenheit, diese Stille und diese Ehrfurcht eintragen; und dann werden Sie feststellen, daß Ihr Körper für Ihr Beten ein wertvoller Verbündeter ist und gelegentlich sogar ein positiver Ansporn.

Die Anfälligkeit unseres Gebetslebens

Manche werden unruhig, wenn so viel von „Hilfen" für unser Gebetsleben die Rede ist. Ist unser Gebetsleben denn etwas, das man pflegen, schützen, umsorgen und betütern muß? Ist es nicht reichlich übertrieben, wenn wir so introspektiv sind, über unser Gebetsleben wachen und es mit allerlei Schutzvorrichtungen umgeben?

Das ist es tatsächlich. Aber es trifft dennoch zu, daß unser Gebetsleben, wie alles Leben auf unserem Planeten, sehr anfällig ist; und je früher wir uns darüber Rechenschaft geben, um so besser. Wie fürsorglich hat die Natur doch unser Leben mit Hilfen aller Art umgeben, ohne die wir nicht überleben würden. Der atmosphärische Druck braucht nur über einen gewissen Punkt hinaus anzusteigen oder abzufallen, das Klima braucht nur übermäßig heiß oder kalt zu werden, und sofort wird das Leben – tierisches, pflanzliches und sogar menschliches Leben – ausgelöscht. Wir müssen jeden Tag essen und trinken und jede Minute Luft in unsere Lungen einatmen, wenn wir überleben wollen. Und wie müht sich die Heilkunst ab, unsere Gesundheit und unser Wohlergehen zu schützen. Dank all dieser Vorsichtsmaßnahmen können die Menschen heutzutage länger und gesünder leben.

Nicht als ob unser Gebetsleben immer all diese Hilfen und Stützen brauchte. Es kommt die Zeit, da der zarte Trieb zu einer robusten Eiche heranwächst und dem Anprall der Stürme des Lebens standhalten kann und sogar dabei gedeiht. Aber bis es so weit gediehen ist, werden wir gut daran tun, es dauernd zu schützen, zu hegen und zu pflegen. Vielleicht wird unsere eigene Erfahrung uns gezeigt haben, wie leicht unser Gebetsleben Schaden nimmt oder gar eingeht, wenn wir versäumen, es mit Sammlung, Stille, geistlicher Lesung und einem ganzen Heer von anderen Hilfen zu umgeben, die denen mit der Zeit ungeschlacht vorkommen, die nicht warten können und

Früchte von Bäumen ernten wollen, die sie nicht sorgsam gezogen haben.

Die Auswahl des Ortes zum Beten

Eine häufig verkannte Gebetshilfe ist der Ort. Der Ort, den Sie sich zum Beten aussuchen, kann sich auf Ihr Gebet sehr stark zum Guten oder zum Bösen auswirken. Ist Ihnen schon aufgefallen, daß Jesus sich immer seine Orte zum Beten ausgesucht hat? Wenn es überhaupt jemand gegeben hätte, der das nicht zu tun brauchte, wäre er es gewesen, denn er war der Meister des Gebetes, immer in Verbindung mit seinem himmlischen Vater. Und doch ist es ihm nicht zu viel, auf einen Berg zu steigen, wenn er längere Zeit im Gebet verbringen möchte. Das scheint sein Lieblingsort zum Beten gewesen zu sein, der Berggipfel; er steigt auf einen Berg, um zu beten, vor der Bergpredigt, als man ihn zum König machen will, und am Tag seiner Verklärung. Oder er sucht den Garten Getsemani auf, der auch eine seiner Gebetsstätten gewesen zu sein scheint. Oder er geht an einen, wie das Evangelium ihn nennt, „einsamen Ort". Er zieht sich zurück und sucht sich einen Ort aus, der zum Beten einlädt.

Es gibt anscheinend Orte, die sich zum Beten besonders eignen. Die Stille eines Gartens, das schattige Ufer eines dahinströmenden Flusses, der Friede eines Berges, die unendliche Weite des Meeres, eine Terrasse unter dem nächtlichen Sternenhimmel oder im zarten Licht der Morgenröte, der Morgenstern, der Sonnenaufgang, das weihevolle Dunkel einer dämmrigen Kirche – all dies scheint in uns geradezu Gebet zu erzeugen, wenn wir uns ihm überlassen.

Wir werden freilich nicht immer den Luxus genießen, an solchen Orten zu wohnen – zumal diejenigen nicht, die in modernen Riesenstädten leben müssen –, aber wenn wir uns einmal an ihnen aufgehalten haben, können wir sie im Herzen mit uns tragen. Dann genügt es sogar, sie sich in der Erinnerung vorzustellen, und schon erweisen sie sich für unser Gebet so segensträchtig wie damals, als wir wirklich dort waren. Selbst Bilder von diesen Stätten können eine Gebetshilfe sein. Zu meinem Bekanntenkreis gehört ein sehr frommer und heiligmäßiger Jesuit, der eine kleine Sammlung jener schönen Landschaftsbilder besitzt, die man heute in Kalendern findet. Er hat mir gesagt, er betrachte sich, wenn er müde sei, einfach eins dieser Bilder, und stelle fest, daß er sich ins Gebet versenkt habe. P. Teilhard de Chardin spricht einmal vom „geistlichen Potential der Materie". Die Materie ist tatsächlich geistgeladen, und das ist nirgendwo so offensichtlich wie an diesen „frommen Stätten", wenn wir nur lernen wollten, das Gebetspotential auszuschöpfen, mit dem sie aufgeladen sind.

Wir müssen uns davor hüten, uns als Engel zu wähnen, die über all diese Hilfen erhaben wären, die „heilige" oder schöne Stätten unserem Gebet bieten können. Es gehört Demut dazu, unsere Einbettung in die Materie und unsere Abhängigkeit von der Materie sogar dort zu akzeptieren, wo es um unsere geistlichen Belange geht. Mir fällt dabei ein Jesuitenpater ein, der uns, als ich noch Seminarist war, gesagt hat: „Der Fehler, den wir Jesuiten machen, wenn wir Laien beim Beten helfen wollen, besteht in der Vorstellung, weil wir selbst keine Hilfe brauchten, brauchten sie auch keine. Laien brauchen die Hilfe, die eine weihevolle Atmosphäre dem Gebet bietet – die Atmosphäre einer Kirche mit Statuen und Bildern, die an Gott erinnern. Das ist nun bei uns Jesuiten anders aufgrund unserer Geistesbildung. Wir können am Schreibtisch unsere Arbeit abbrechen und uns hier und jetzt ins Gebet versenken, umgeben von unseren Büchern, Papieren und unserer Werktagsatmosphäre."

Jetzt, da ich einige Erfahrung als Betreuer von Jesuiten

im Gebet und im geistlichen Leben besitze, bin ich ziemlich überzeugt, daß dieser gute Pater recht hatte mit dem, was er über die Laien gesagt, aber nicht mit dem, was er über seine Mitbrüder aus dem Jesuitenorden gesagt hat, die immerhin doch auch Menschen und ebenso auf eine fromme Umgebung und eine fromme Atmosphäre angewiesen sind, wenn sie beten wollen, wie die Laien; eher sogar noch mehr aufgrund ihrer bisweilen übersteigerten Geistesbildung.

Damit der Exerzitant um so besser die geistlichen Früchte ernten kann, um die er sich in der ersten Exerzitienwoche bemüht, mit anderen Worten, um so eher die Gnade der Zerknirschung, der Umkehr und das Bewußtsein seiner Sündhaftigkeit erlangt, empfiehlt der heilige Ignatius in seinen Geistlichen Übungen, daß er sein Zimmer mit den Fensterläden verdunkelt und so um sich herum eine von Dunkelheit bestimmte Atmosphäre schafft. Versuchen Sie das einmal selbst. Oder gehen Sie noch einen Schritt weiter, und zünden Sie in einem ganz dunklen Zimmer eine Kerze an. Dann fangen Sie an, zu beten, und sehen Sie einmal, ob das für Ihr Beten einen Unterschied ausmacht. (Passen Sie aber auf, daß Sie nicht unverwandt ins Kerzenlicht starren, damit Sie nicht in eine leichte hypnotische Trance fallen.) Das ist in meinen Vorstellungen der Gedanke, der sich mit dem Kerzenlicht verbindet: ein festliches Weihnachtsessen. Das Kerzenlicht wirkt auf unsere Stimmung und schafft eine ganz eigene Atmosphäre, wie es ja auch das silbrige Licht von Neonröhren tut. Achten Sie einmal auf die Wirkung, die ein wolkenverhangener Tag auf Sie ausübt und ein strahlender Tag nach der Regenzeit, wenn alles frisch und voller Leben ist – dann werden Sie verstehen, daß all diese „materiellen" Gegebenheiten uns tatsächlich zutiefst affizieren; sie wirken auf unseren Gemütszustand; viele Heilige haben auch daraus immer wieder reichen geistlichen Nutzen gezogen.

Immer am gleichen Ort beten: „heilige" Stätten

Ich möchte Ihnen einen Rat geben, der denen, die damit noch keine Erfahrung gemacht haben, seltsam vorkommen wird: Beten Sie, soweit möglich, entweder an solchen Orten, wie ich sie oben erwähnt habe – angesichts der Schönheiten der Natur –, oder an einer „heiligen" Stätte. Was meine ich mit „heiliger" Stätte? Eine dem Gebet vorbehaltene Stätte, eine Kirche oder Kapelle oder einen Gebetsraum. Wenn das nicht möglich ist, halten Sie einen Winkel in Ihrem Zimmer oder in Ihrem Haus für das Gebet frei und beten Sie täglich dort. Der Ort wird die Aura des Heiligen annehmen, und nach einer Weile werden Sie feststellen, daß es dort leichter ist zu beten als anderswo.

Nach und nach werden Sie, wie ich es nennen möchte, ein Gespür für heilige Stätten entwickeln. Sie werden merken, wie leicht es ist, an Stätten zu beten, die durch die Gegenwart und die Gebete heiliger Menschen geheiligt worden sind, und Sie werden verstehen, warum man zu heiligen Stätten pilgert. Ich kenne Menschen, die ein Haus betreten und mit ziemlicher Sicherheit den Grad der Heiligkeit der dort wohnenden Gemeinschaft bestimmen können. Sie können ihn „an der Atmosphäre spüren". Es ist auch mir nicht leichtgefallen, das zu glauben, aber ich habe zu viele Beweise dafür, als daß ich es noch länger bezweifeln könnte.

Ich habe einmal bei einem buddhistischen Meister Exerzitien gemacht, der uns sagte, wir würden es wahrscheinlich leichter finden, im Betsaal zu meditieren als auf unseren Zimmern. Zu meiner Überraschung habe ich festgestellt, das das stimmte. Er hat das den „guten Schwingungen" in dem Raum zugeschrieben, Schwingungen, die sich dort eingestellt hatten als Folge all der Gebete, die man in diesem Raum verrichtet hatte. Ich habe es auf Autosuggestion zurückgeführt, da ja der Meister darauf angespielt hatte. Als ich dann auch einen ähnlichen

Exerzitienkurs für eine große Gruppe von Jesuiten hielt, habe ich mich geflissentlich gehütet, irgendeinen Vorschlag im Hinblick auf die Wahl des Gebetsraums zu machen. Zu meiner Überraschung haben dann viele Teilnehmer angefangen, mir von sich aus zu erklären, es fiele ihnen viel leichter, in der Kapelle zu meditieren und Frieden und Ruhe zu finden als auf ihren Zimmern! Schließlich hat mir auch noch ein Mitbruder, der in einem anderen Haus einen Exerzitienkurs gehalten hat, erzählt, ein Sannyasi – ein Hindu-Heiliger –, der in der Nachbarschaft wohnte, habe ihn nach dem Exerzitienkurs einmal gefragt: „Was haben Sie in Ihrem Haus allabendlich zwischen neun und zehn gemacht? Von meinem Haus aus konnte ich eine sehr große Zunahme der guten Schwingungen spüren." Der Jesuiten-Exerzitienmeister war verblüfft: jeden Abend zwischen neun und zehn haben sich alle Exerzitienteilnehmer in der Kapelle zu einer Anbetungsstunde vor dem Allerheiligsten versammelt. Wie hatte dieser Sannyasi das auf der anderen Straßenseite spüren können, da doch niemand ihm gesagt hat, was da im Gange war?

Das bringt mich auf einen anderen Punkt. Viele Menschen haben das Charisma, vor dem Allerheiligsten zu beten. Irgendwie regt sich in ihnen das Gebet, wenn sie sich vor dem Altarssakrament befinden. Wir hören von Heiligen, die dieses Charisma in so hohem Grad besaßen, daß sie fast instinktiv sagen konnten, ob das Allerheiligste irgendwo aufbewahrt wurde oder nicht, obgleich keinerlei äußere Zeichen vorhanden waren, nach denen sie sich richten konnten; oder sie konnten sogar nur durch dieses Gespür, das sie für das Altarssakrament besaßen, eine konsekrierte Hostie von einer unkonsekrierten unterscheiden. Ihr Charisma mag nicht so stark sein wie das dieser Heiligen, aber es mag stark genug sein für die Feststellung, daß Sie ganz anders beten, wenn Sie vor dem Allerheiligsten beten. Wenn das der Fall ist, rate ich Ihnen, dieses Charisma „auszubeuten" und es nicht verkümmern zu lassen, denn es wird sich für Sie sehr segensreich auswirken. Beten Sie vor dem Allerheiligsten, sooft Sie nur können.

Noch eine letzte Bemerkung zum Thema des Gebetsortes: Ganz gleich, wo Sie beten, sorgen Sie dafür, daß es dort sauber ist. Ich habe einmal ein buddhistisches Buch über Meditation mit konkreten und detaillierten Anweisungen zur Herrichtung des Meditationsraumes gelesen: Kehren Sie ihn aus, hieß es in dem Buch, dann wischen Sie den Boden auf; legen Sie ein makellos reines Laken auf dem Boden aus; dann nehmen Sie ein Bad zur Reinigung Ihres Körpers, tragen Sie helle Kleidung, die ebenfalls makellos rein ist; zünden Sie ein Paar Räucherstäbchen an, um dem Raum eine duftende Atmosphäre zu geben. Dann beginnen Sie mit Ihrer Meditation. Ganz ausgezeichnete Ratschläge. Haben Sie schon gemerkt, daß es für Ihre Andacht nicht egal ist, ob die Eucharistie an einem Altar gefeiert wird, der verwahrlost ist, ob der Priester schäbige Paramente trägt und das Altartuch schmutzig aussieht? Ändern Sie das ganz und gar, und Sie werden staunen!, schrubben Sie alles, bis es sauber ist, den Altar, den Fußboden, die heiligen Gefäße, die Leuchter; legen Sie schneeweißes Linnen als Altartuch auf, und kleiden Sie den Priester in schlichte, aber gefällige Paramente – und Sie kommen sich innerlich vor wie neu!

Ich entsinne mich, daß ich einmal im Himalaja ein kleines Buddha-Heiligtum betreten habe. Vor einem Buddha-Bild standen da unterschiedlich große Silberschälchen, alle mit Wasser gefüllt. Sie glänzten und funkelten, und das Wasser war kristallklar; und schon ihr Anblick löste etwas in mir aus und tut es auch heute noch, wenn ich mich ihrer erinnere. Irgendwie versenken sie mich in die Gegenwart Gottes.

Schenken Sie also dem Ort, an dem Sie beten und Gottesdienst feiern, Ihre Aufmerksamkeit. Es wird nicht lange dauern, bis Sie merken, wie segensreich sich das auf Ihr Beten auswirkt.

Gebetshilfen: die Zeit

Ich habe schon früher davon gesprochen, daß die meisten nur mit ziemlichem Widerstreben unsere tatsächliche Abhängigkeit von der Materie akzeptieren und sich auch dementsprechend verhalten. Die Materie setzt uns anscheinend Grenzen; sie scheint uns an die Kandare zu nehmen; daher paßt es uns auch nicht, daß wir uns nach einer Gebetsstätte umsehen sollen, die dem Gebet förderlich ist – warum sollen wir nicht Wesen sein, die einfach überall beten können, ohne uns mit einer Gebetsstätte aufzuhalten? Es paßt uns nicht, auf die Hilfe unseres Körpers angewiesen zu sein, nach Haltungen zu suchen, die dem Gebet förderlich sind – warum denn nicht ganz ohne Haltung? Warum müssen wir denn von unserem Körper abhängig sein?

Es gibt vielleicht keine Abhängigkeit, die wir mit größerem Widerstreben akzeptieren als unsere Abhängigkeit von der Zeit. Wie herrlich wäre es, wenn wir zum Beten keine Zeit brauchten; wenn wir unser ganzes Beten in eine einzige Minute komprimieren könnten, und der Fall dann für uns erledigt wäre. Es gibt so, so viel zu tun: da sind Bücher zu lesen, Arbeiten abzuschließen, Besprechungen zu führen... Für die meisten reichen die vierundzwanzig Stunden am Tag einfach nicht für all das, was wir zu tun haben. Und so scheint es wirklich sehr bedauerlich zu sein, daß wir so viel kostbare Zeit auf das Gebet verwenden müssen. Könnten wir doch irgendwie mit einer Art Instantgebet auskommen, wie wir Instantkaffee und Instanttee trinken! Oder nehmen wir einmal an, wir sagten einfach, alles, was wir tun, sei Gebet. Das wäre wohl eine elegantere Methode, sich aus der Klemme zu ziehen.

Aber im Verlauf von Monaten und Jahren zeigt es sich, daß diese Formel einfach versagt. Es gibt ebensowenig eine Art Instantgebet, wie es so etwas wie eine Instantbeziehung gibt. Will man eine tiefe und feste Beziehung zu einem Menschen aufbauen, muß man bereit sein, jede Menge Zeit in sie zu investieren. So ist es auch um das Gebet bestellt, das letztlich eine Beziehung zu Gott ist. Im Lauf der Jahre kommen wir auch darauf, daß wir uns getäuscht haben, als wir uns von dem Glauben einwiegen ließen, alles, was wir täten, sei Gebet. Es wäre korrekter gewesen, zu sagen, alles, was wir tun, *müßte* Gebet sein. Doch leider ist das, was sein müßte und im Leben vieler heiligmäßiger Beter auch schon wirklich ist, für uns noch keine Wirklichkeit. Wir hatten einfach, als wir mit diesem „Alles-ist-Gebet-Programm" anfingen, die tief-innige Einheit mit Gott noch nicht erreicht, die unerläßlich ist, wenn man alles, was man tut, zum Gebet machen will ...

Vielleicht kann man ohne weiteres sagen, daß für den Menschen von heute die beiden größten Hindernisse, die sich dem Gebet in den Weg stellen, (a) die Nervosität, die es ihm unmöglich macht, Ruhe zu halten, und (b) der Mangel an Zeit sind.

Gebetsrhythmus: Kairós gegen Chrónos

Wenn Sie keine ganz besondere Begabung für das Gebet vom Herrn empfangen haben, eine Begabung, die den Menschen nach meiner Erfahrung nur sehr selten geschenkt wird, werden Sie sehr viel Zeit ins Gebet investieren müssen, wollen Sie darin Fortschritte machen und Ihre Beziehung zu Gott vertiefen. Beten lernen ist ganz wie das Erlernen einer beliebigen anderen Kunst oder Fertigkeit. Es verlangt viel Übung, eine Menge Zeit, viel Geduld – da man heute obenauf und morgen am Boden ist, man heute einen großen Durchbruch geschafft zu haben glaubt und sich morgen fragt, ob man nicht wieder auf Feld 1 zurückgefallen ist – und schließlich regelmäßige, sogar tägliche Übung. Wenn Sie Tennis oder Geige spielen lernen, wird es niemals genügen, einen Tag eine Menge Zeit darauf zu verwenden und es am nächsten zu vernachlässigen; es wird nie genügen, zu „spielen, wenn man dazu aufgelegt ist"; man muß regelmäßig spielen, ob man dazu aufgelegt ist oder nicht, wenn Hände und Körper sich an den Schläger oder das Musikinstrument gewöhnen sollen und man den sechsten Sinn entwickeln will, der zum Virtuosen macht. Wenn man nur sporadisch, hier ein bißchen und da ein bißchen, übt, braucht man gar nicht erst zu versuchen, die Kunst zu meistern; man verschwendet nur die Zeit, die man so unregelmäßig auf sie verwendet. Zu beten, wenn „man dazu aufgelegt ist", ist genauso schlimm wie Spielen, wenn man dazu aufgelegt ist – vorausgesetzt, man will es in der Kunst zum Meister bringen. Je weniger man betet, um so schlimmer wird es.

Vor etwa zehn Jahren wurde eine Theorie unter dem Etikett „Gebetsrhythmus" angepriesen. Meiner Meinung nach hat sie viel Unheil angerichtet – zumindest hat sie in meinem Gebetsleben Schaden angerichtet –, und ich glaube, sie ist, wenn sie auch ziemlich viel von der Popularität verloren hat, deren sie sich vor einem Jahrzehnt bei Priestern und Ordensleuten erfreute, noch so im Schwang, daß sie weiterhin großes Unheil anrichtet. Ich möchte sie deshalb einmal darstellen und widerlegen. Wohlgemerkt, ich bin nicht gegen jede Theorie, die unter dem Namen Gebetsrhythmus läuft. Ich bin nur gegen den Typ, den ich jetzt vorführen will.

Nach dieser Theorie sind die verschiedenen Menschen im Hinblick auf das Gebet ebenso verschieden veranlagt, wie sie im Hinblick auf Körperertüchtigung verschieden veranlagt sind. Zweifellos braucht jeder, um gesund zu bleiben, ein gewisses Maß an Konditionstraining. Aber die einen brauchen mehr, die anderen weniger. Einige brauchen täglich ihr Training, andere nicht. Sie trainieren in unregelmäßigen Abständen, je nachdem der Körper danach verlangt. Regelmäßiges Training, Training nach Fahrplan, scheint ebenso unvernünftig – wenn auch vielleicht nicht so schädlich – zu sein wie Essen nach vorgegebenem Zeitplan. Man ißt, wenn man Hunger hat. Anders zu handeln, ist sowohl unvernünftig als auch schädlich.

Das gleiche gilt für das Beten. Zweifellos braucht man zum Beten Zeit. Es fragt sich nur, wieviel Zeit – und welche Zeit. Sollte es jedesmal eine längere Zeitspanne sein, etwa eine ganze Stunde oder mehr? Sollte es regelmäßig geschehen, etwa einmal täglich oder gar mehr als einmal am Tag? Das wäre Beten nach der Uhr und nicht nach den Regungen der Gnade und den individuellen geistlichen Bedürfnissen.

Im Griechischen gibt es zwei Wörter für Zeit: *chrónos,* das die Dauer bezeichnet – Minuten, Sekunden, Stunden – und *kairós,* das die Stunde der Gnade, aber nicht die Uhrzeit, bezeichnet. Das ist der Sinn, in dem Jesus dieses Wort gebraucht, wenn er von seiner „Zeit" oder seiner „Stunde" spricht: er meint dann seinen kairós, die ihm von Gott gesetzte Zeit, die Stunde der Gnade. Also, besagt dann diese Theorie, wollen wir nicht nach einem vorgegebenen Fahrplan, sondern nach unserem je eigenen kairós beten. Wir wollen nach der Stunde der Gnade Ausschau halten, wach sein für den Ruf Gottes zum Gebet und für unsere eigenen geistlichen Bedürfnisse, und wenn der Ruf kommt oder das Bedürfnis sich meldet, wollen wir beten und dem Gebet alle erforderliche Zeit schenken, bis das Bedürfnis erfüllt oder dem Ruf Gottes entsprochen ist.

Diese Theorie ist wirklich sehr verlockend, da sie so vernünftig zu sein scheint. Leider habe ich mich auch von ihr einnehmen lassen und ein paar Jahre nach ihr gelebt – mit keinem geringen Schaden für mein Gebetsleben. Und ich wüßte von keinem unter den vielen, vielen Priestern und Ordensleuten, deren geistlicher Begleiter ich war, für den es von Segen gewesen wäre, nach dieser Theorie zu leben. Lassen Sie mich ausführen, warum.

Vor allem wird es, wie schon gesagt, um so schlimmer, je weniger Sie beten. Sie schieben es immer wieder auf die lange Bank. Es gibt dutzendweise Dinge, die Ihre Zeit und Ihre Aufmerksamkeit erheischen, Notfälle aller Art, Situationen, die keinen Aufschub dulden, Krisen...; und es dauert nicht lange, bis Sie feststellen, daß es schon eine Ewigkeit her ist, seit Sie zum letzten Mal etwas länger gebetet haben, ausgenommen vielleicht die Messe oder eine liturgische Handlung. Allmählich beginnen Sie, den Appetit auf das Gebet zu verlieren; Ihre „Gebetsmuskeln" oder Ihre „Gebetskräfte" schwinden sozusagen, und Sie beginnen, von Katastrophensituationen abgesehen, in denen Sie Gottes Hilfe verzweifelt benötigen, mehr oder weniger ohne Gebet zu leben.

Ich behaupte, der Mensch ist von Natur aus ein betendes Lebewesen. Wenn er den Lärm beruhigen könnte, den er in sich trägt, wenn man ihm helfen könnte, wieder zu sich zu kommen, würde in seinem Herzen spontan Gebet aufbrechen. Doch trägt der Mensch auch ein eingefleischtes Widerstreben gegen das Gebet in sich. Häufig nimmt er sich vor, zu beten, wieder zu sich zu kommen, sich seinem Gott zu stellen, aber er verspürt einen Widerstand in sich – eine kaum vernehmliche Stimme, die ihn weglockt. Wie oft haben wir es nicht erlebt, daß wir, wenn wir uns über die Stimme hinweggesetzt und zum Gebet begeben haben, immer wieder versucht werden, es aufzugeben, aus der Kapelle oder dem Gebetsraum wegzulaufen, diese fremde Welt hinter uns zu lassen, in die wir uns da hineinwagen, und zu den vertrauten Szenen, Klängen und Beschäftigungen unserer täglichen Routine in der Welt zurückzukehren, in der wir uns mehr zu Hause fühlen?

Das bringt mich zu meinem zweiten Argument gegen

die „Bete-wenn-Du-den-Ruf-dazu-vernimmst"-Theorie. Ich habe eben gesagt, das Gefährliche daran ist, daß man den Ruf von Mal zu Mal weniger vernimmt; Sie verlieren ihm gegenüber Ihre Feinfühligkeit. Es ist ein anderer Ruf, der Ruf vom Gebet weg, der Ihr Bewußtsein völlig besetzt hält. Der heilige Ignatius spricht in seinen „Geistlichen Übungen" von dieser Stimme, die uns vom Gebet weglockt, als einer Erfahrung, die jeder macht, der sich Gott und einem Leben des Gebetes schenken will. Es gibt, wie er sagt, Zeiten der Tröstung, in denen das Beten sehr leicht und eine große Freude ist. Aber dann kommen Zeiten der, wie er sie nennt, „Trostlosigkeit", in denen das Beten ungemein schwierig wird. Man verliert den Appetit auf das Gebet. Man kann sogar seiner überdrüssig werden. Wenn das passiert, sagt Ignatius, sollen wir, weit davon entfernt, aufzugeben und vom Gebet zu lassen, um in einer besseren Stimmung zu ihm zurückzukehren, darin einen Angriff des Bösen Feindes sehen und ihm tapfer widerstehen, indem wir (a) die dem Gebet eingeräumte Zeit nicht im geringsten beschneiden, (b) unseren Gebetsstundenplan in keiner Weise ändern und (c) sogar ein wenig Zeit zu der hinzugeben, die wir für das Gebet festgesetzt hatten. Dieser letzte Rat erweist sich auch psychologisch als sehr segensreich; denn wenn man weiß, daß man für die erstbeste Neigung, vom Gebet zu lassen, anfällig ist, zieht man sich wahrscheinlich, wenn auch unbewußt, mehr und mehr solche Neigungen zu; während diese Neigung, wenn man ihr energisch und mit zusätzlicher, dem Gebet gewidmeter Zeit entgegentritt, irgendwie dahin tendiert, zu verschwinden!

Die ganze Art und Weise, auf die Ignatius vorgeht, ist natürlich der Theorie, die ich hier widerlege, diametral entgegengesetzt. Und schon die Erfahrung wird Ihnen zeigen, wie weise und wie segensreich dieses Vorgehen ist. Wie oft haben Menschen mir erzählt, daß sie, durch ihr Gebet gezwungen, Zerstreuungen bekämpft, der Versuchung, aufzustehen und wegzugehen, widerstanden, die Stimme mit ihrer hartnäckigen Einflüsterung, sie verschwendeten ihre Zeit, überhört und ihre Entschlossenheit aufgeboten haben, die ganze Zeit festzubleiben, die sie für das Gebet vorgesehen hatten ..., und daß dann gegen Ende dieser Zeit ein völliger Umschwung eingetreten ist und sie von Licht, Gnade und der Liebe Gottes überflutet worden sind. Wären sie in der Annahme weggegangen, dies sei nicht ihr „kairós", so hätten sie all die Gnaden verpaßt, die Gott für sie als Siegespreis für ihr Ringen und ihre Treue beim Abschluß ihres Gebetes bereitgehalten hatte.

Das erinnert mich an einen Jesuiten, einen Seminaristen, dem eines Tages, als er ebenso handelte, eine tiefe Christuserfahrung zuteil wurde, eine Erfahrung, die entscheidenden Einfluß auf sein geistliches Leben hatte – er hat die Versuchung abgewehrt, dem Widerwillen und den Zerstreuungen nachzugeben und zu beten aufzuhören. Eines Abends ging er in die Kapelle, um seine tägliche „Pflicht" zu erfüllen, dem Gebet eine volle Stunde zu schenken. Nach zehn Minuten begann er zu spüren, was er schon sehr oft, fast immer, gespürt hatte, wenn er zum Gebet ging – einen starken Drang, aufzustehen und wegzugehen. An diesem Tag hat er sich dem Drang widersetzt, nicht so sehr aus einem sehr geistlichen Grund als aus der rein praktischen Erwägung, daß er gerade zu dieser Zeit eigentlich nichts Besonderes zu tun habe und sie ebensogut in der Kapelle wie auf seinem Zimmer vertrödeln könne. Er blieb also fest. Und zehn Minuten, bevor das Gebet zu Ende gehen sollte, ist es passiert. Christus ist auf eine Weise in sein Leben und in sein Bewußtsein getreten wie nie zuvor und hat sein Herz und sein ganzes Sein mit dem Wissen um seine tröstende Gegenwart erfüllt.

Hier haben Sie einen Menschen, der tief dankbar dafür war, daß er nicht dem gefolgt ist, was er für seinen „Gebetsrhythmus" hätte halten können. Und es gibt noch viel, viel mehr Menschen, die so sind wie er. Probieren Sie es einmal sechs Monate lang aus, und Sie werden sehen, ob es sich nicht auch bei Ihnen bewahrheitet.

Schließlich gibt es noch einen dritten Grund, den ich gegen die Gebetsrhythmus-Theorie geltend mache: Wenn jemand in seinem Gebetsleben schon fortgeschritten ist, gelangt er wahrscheinlich, um mit geistlichen Autoren zu sprechen, zum Gebet des Glaubens. Das ist eine Gebetsform, in der der Beter eigentlich keine spürbare Tröstung erfährt. Normalerweise hat er ein großes Verlangen nach dem Gebet, aber sobald er zum Beten geht, kommt er sich vor, als befinde er sich im Zustand einer Tabula rasa, als vertue er seine Zeit; und gewöhnlich ist er versucht, auf der Stelle mit Beten aufzuhören und es auf ein andermal aufzuschieben. Da ist es ungeheuer wichtig, daß er *nicht* zu beten aufhört, sondern in diesem Stadium weiter Zeit aufs Beten verwendet, wenn er auch meint, das sei Zeitverschwendung. Was da vorgeht, ist, obgleich er es vielleicht nicht einmal weiß, die allmähliche Umstellung auf einen Trost anderer Art, der im Augenblick nur Trockenheit zu sein scheint, und der schmerzhafte Prozeß, in dem sein inneres Auge Licht zu erkennen lernt, wo bei oberflächlichem Hinsehen nur Finsternis zu sein scheint. Mit anderen Worten: er eignet sich in Sachen Gebet einen neuen Geschmack an. Wollte er der Bete-wenn-Du-den-Ruf-dazu-vernimmst-Theorie folgen, so bestünde die Gefahr, daß er überhaupt keinen Ruf zum Gebet vernähme oder, genauer gesagt, den Ruf vernähme, aber im gleichen Augenblick, in dem er dem Ruf folgte, jegliches Verlangen nach Gebet verlöre; und dann gibt er wahrscheinlich genau an dem Punkt auf, an dem er in der Kunst des Betens Fortschritte macht.

Es gäbe noch viel mehr zu den beiden letzten Gründen zu sagen, zur Notwendigkeit und zur Weisheit, mehr statt weniger zu beten, wenn wir uns in geistlicher Trostlosigkeit befinden, und generell zum Gebet des Glaubens, so daß ich mich hier damit begnügen muß, sie einfach als eine Art Widerlegung der Theorie anzuführen, die ich oben vorgetragen habe, und Sie auf eine eingehendere Behandlung dieser Themen an anderer Stelle zu vertrösten.

Doch auf einen Punkt, der in etwa mit dem Thema des Gebets des Glaubens zusammenhängt, möchte ich noch hinweisen: ein wirklich geistlicher Mensch verlangt sozusagen habituell danach zu beten. Er sehnt sich danach, von allem fern zu sein und im Schweigen Umgang mit Gott zu pflegen, in Verbindung zu treten mit dem Unendlichen, dem Ewigen, seinem Seinsgrund, der unser Vater ist, der Quell all unseres Lebens, unseres Heiles und unserer Kraft. Ich kenne keinen einzigen Heiligen, der nicht dauernd diesen Drang verspürte, diesen unwiderstehlichen Impuls, das sozusagen habituelle Verlangen nach dem Gebet. Nicht, daß sie dem Verlangen nachgegeben hätten! Nein, viele von ihnen waren viel zu sehr damit beschäftigt, das Werk zu verrichten, das Gott ihnen übertragen hatte, als daß sie die Zeit gehabt hätten, diesen Drang ganz zu stillen. Aber der Drang war von Dauer und hat in ihnen eine Art heiliger Spannung geschaffen, so daß sie, wenn sie beteten, das Verlangen empfanden, aufzubrechen und für Christus Großtaten zu verrichten, und wenn sie für Christus wirkten, das Verlangen, von allem fern und mit ihm allein zu sein.

Der heilige Paulus hat diese Spannung, wenn auch in anderem Zusammenhang, zum Ausdruck gebracht, als es ihm nicht um das Beten, sondern um sein Sterben und sein Weilen beim Herrn im Himmel ging. Er sagt den Philippern: „Denn für mich ist Christus das Leben, und Sterben Gewinn. Wenn ich aber weiterleben soll, bedeutet das für mich fruchtbare Arbeit. Was soll ich wählen? Ich weiß es nicht. Es zieht mich nach beiden Seiten: Ich sehne mich danach, aufzubrechen und bei Christus zu sein – um wieviel besser wäre das! Aber euretwegen ist es notwendiger, daß ich am Leben bleibe" (Phil 1,21–24).

Paulus ist ein äußerst aktiver Mensch gewesen, der ganz in Anspruch genommen war von seiner Arbeit und dem Leben seiner frühen Gemeinden; doch er hat diese Spannung zwischen der Fortsetzung seiner Arbeit für sie und dem Weilen, fern von ihnen, bei Christus empfunden.

Dasselbe könnte man von anderen sehr aktiven Männern sagen, wie Franz Xaver oder Jean Vianney, der sich ständig der Versuchung erwehren mußte, seine Pfarrei im Stich zu lassen und Einsiedler zu werden, um seine ganze Zeit mit Gott zu verbringen. Dieses starke Verlangen, fern und mit Gott allein zu sein, macht das ganze Leben und Wirken eines Apostels zum Gebet, und er ist ständig von einer Atmosphäre des Gebets umgeben und von ihr durchtränkt. Mahatma Gandhi pflegte es als seine Erfahrung hinzustellen, daß er tagelang leicht ohne einen einzigen Bissen Nahrung leben konnte, aber nicht für eine einzige Minute ohne Gebet. Wenn man ihm auch nur für eine Minute das Gebet nähme, so hat er gesagt, würde er bei dem Leben, das er führte, verrückt.

Vielleicht liegt hier der Grund dafür, daß wir selbst diesen dauernden Hunger nach dem Gebet nicht empfinden und daher Theorien zum Opfer fallen wie der, die ich oben zitiert habe: wir führen nicht das radikale Leben, zu dem das Evangelium uns auffordert, und spüren daher auch nicht das ständige Bedürfnis nach der Nahrung, der Hilfe, der Energie und dem Leben, die nur das Gebet uns geben kann. Wir hungern nicht dauernd nach Gebet; wir spüren diesen Hunger deshalb so selten, weil wir so viele Dinge haben, mit denen wir unseren Geist und unser Bewußtsein vollpacken: unsere weltlichen Interessen, Freuden und Verlangen, sogar unsere Probleme und Sorgen. Wir sind zu sehr von alldem erfüllt, um zu spüren, wie leer unser Herz ist und wie sehr wir Gottes bedürfen, damit er diese große Leere füllt.

Anthony de Mello im Verlag Herder

Daß ich sehe
Meditationen des Lebens
4. Auflage, 192 Seiten, Paperback.
ISBN 3-451-20254-9

Beten fällt vielen Menschen schwer. Dennoch besteht ein großes Verlangen nach echtem Gebet. Anthony de Mello zeigt in 80 kurzen und praktischen Meditationsübungen, wie man beten lernen kann.

Eine Minute Weisheit
5. Auflage, 120 Seiten, Paperback.
ISBN 3-451-20649-8

In diesen kurzen Geschichten und Erzählungen ist die Weisheit der Welt wie in keinem Brennglas konzentriert. Es sind westliche und östliche, antike und moderne Lebenserfahrungen aus mehr als zwei Jahrtausenden.

Der springende Punkt
Wach werden und glücklich sein
2. Auflage, 200 Seiten, gebunden.
ISBN 3-451-22170-5

Wir selbst sind das Glück, das wir suchen: Überzeugende Einsichten, verblüffende Beispiele und scharfsinnige Unterscheidungen. Das unkonventionelle Lebensprogramm eines weltbekannten Autors: menschlich, humorvoll, befreiend.

Verlag Herder Freiburg · Basel · Wien

Warum der Schäfer jedes Wetter liebt
Weisheitsgeschichten
4. Auflage, 192 Seiten, gebunden.
ISBN 3-451-21184-X

„Geschichten, mit feinem Humor gewürzt, liebenswürdig, menschlich und köstlich. Eine Minutenlektüre, die es in sich hat! Sie stellt uns behutsam auf den Boden der Realität" (Die Zeit im Buch).

Warum der Vogel singt
Geschichten für das richtige Leben
9. Auflage, 120 Seiten, Paperback.

ISBN 3-451-20046-5

„Einübung ins Staunen und Ermutigung dazu, als Mensch zu leben. Miteinander, trotz allem. ‚Tiefer nach innen... – einfacher nach außen.' Ein Büchlein für den Nachttisch oder für die Jackentasche..." (Deutsches Pfarrerblatt).

Wer bringt das Pferd zum Fliegen?
2. Auflage, 176 Seiten, gebunden.
ISBN 3-451-21492-X

„Ohne dem Ernst hinter den großen Worten je auszuweichen, greift de Mello immer wieder mit Kreativität in den unerschöpflichen Schatz seiner Weisheitsgeschichten. Die Frage nach dem Sinn des Lebens muß sich jeder selbst stellen und beantworten, doch kann der Blick auf das Komische des Lebens dabei nur dienlich sein" (Sendbote).

Verlag Herder Freiburg · Basel · Wien